公共管理硕士(MPA)系列规划教材

非营利组织管理

主编 刘 蕾

Feiyingli Zuzhi Guanli

中国矿业大学出版社

内容提要

本书共分为七章，分别是：绪论，非营利组织的内部治理与战略管理，非营利组织的人力资源管理，非营利组织的营销、筹款和项目管理，非营利组织的财务与税务管理，政府向非营利组织购买公共服务，非营利组织的评估与问责。

本书以理论介绍为主线，辅助案例分析和问题引导，帮助读者通过理论联系实际加深对非营利组织管理的理解。本书可作为公共管理硕士教材，也可供相关管理人员参考使用。

图书在版编目(CIP)数据

非营利组织管理/刘蕾主编. —徐州：中国矿业大学出版社，2017.8

公共管理硕士(MPA)系列规划教材

ISBN 978-7-5646-3502-2

Ⅰ. ①非… Ⅱ. ①刘… Ⅲ. ①非营利组织—组织管理 Ⅳ. ①C912.21

中国版本图书馆 CIP 数据核字(2017)第 073376 号

书　　名　非营利组织管理
主　　编　刘　蕾
责任编辑　史凤萍
出版发行　中国矿业大学出版社有限责任公司
（江苏省徐州市解放南路　邮编 221008）
营销热线　(0516)83885307　83884995
出版服务　(0516)83884895　83884920
网　　址　http://www.cumtp.com　**E-mail**:cumtpvip@cumtp.com
印　　刷　徐州中矿大印发科技有限公司
开　　本　787×960　1/16　**印张** 13.25　**字数** 253 千字
版次印次　2017 年 8 月第 1 版　2017 年 8 月第 1 次印刷
定　　价　30.00 元
（图书出现印装质量问题，本社负责调换）

总 序

公共管理硕士(Master of Public Administration)作为一种专业硕士学位，旨在培养在公共部门尤其是政府机构中从事公共事务管理的领导者、管理者、决策者以及中高级管理人员，契合了中国公共管理日益科学化与现代化的需求，能够满足国家和社会对高层次复合型公共管理人才的需要。在20世纪末，国务院学位委员会于1999年5月第17次会议上正式批准在我国设置公共管理硕士(MPA)专业硕士学位。公共管理硕士(MPA)偏重于应用性与实践性，是国际上通行的专业学位，与工商管理硕士(MBA)、法律硕士(JM)并列为文科高层次职业研究生教育的三大支柱。

中国矿业大学顺应我国公共管理学科快速发展的潮流，积极推进公共管理专业建设与学科发展。国家安全生产监督管理局于2004年12月致函国务院学位委员会，推荐在中国矿业大学设立公共管理硕士(MPA)专业学位授权点，并达成委托中国矿业大学每年为其培养一批公共管理硕士(MPA)人才的协议。淮海经济区各级地方政府人事管理部门(如徐州市、连云港市、淮安市、商丘市、宿州市、枣庄市、临沂市等)纷纷与中国矿业大学签订委托培养公共管理硕士(MPA)人才的相关协议。2005年2月，国务院学位办批准我校成为公共管理硕士(MPA)专业学位第三批培养单位。中国矿业大学高起点、高标准开展公共管理硕士(MPA)教育，结合公共管理学科特点及学科特色，设立了区域行政管理、土地(矿产)资源管理、教育经济与管理、社会保障、公共安全与危机管理5个专业研究方向，充分体现了中国矿业大学公共管理硕士(MPA)教育的办学特色和方向。12年来，中国矿业大学MPA教育已经得到了全国MPA教指委、国家安监总局、淮海经济区各级政府部门及非政府公共机构的广泛关注和广大学生的热烈欢迎。在2013年全国第三批MPA培养院校教学合格评估工作中，中国矿业大学MPA教育经过自评、专家匿名评审、专家组实地评估，成绩优秀。为了进一步适应培养更高水平公共管理人才的需要，突出中国矿业大学MPA教育的办学特色，中国矿业大学对公共管理学科有关院系进行重新规划，实现学科与教育资源的优化重组，于2016年11月在文学与法政学院基础上，整合高等教育研究所，成立了“公共管理学院”，打破了院系壁垒，调整完善了专业师资结构，进一步实现教育资源共享，提高了中国矿业大学MPA教育的整体实力和教育质量。

为进一步加强中国矿业大学公共管理硕士(MPA)教育的内涵建设和特色发展，2016年6月公共管理学院筹集专项资金，成立公共管理硕士(MPA)系列教材编写委员会，由段鑫星任编委会主任，王超、王义保任副主任，根据MPA教指委的课程大纲要求，结合我校多年来MPA教育的经验，拟定了公共管理硕士(MPA)系列教材编写方案。

这套教材努力在“专”“精”“实”上突显特色。“专”表现为参与教材编写的教师都是从事MPA教学的一线教师，系列教材融入了他们多年专注、专心与专业的教学经验，特别是对于一些概念的阐释，更贴近MPA学员的实际，案例选择从课堂中来，从学员的现实生活中来；“精”表现为每一部教材的篇幅都要求短而精，努力以精练、简约、规范的学术语言表达思想，让学员易学易懂；“实”表现为注重实效与实用，努力做到内容“管用”，针对MPA学员的学习特点，重视理论与案例相结合、理论与实际相结合，用理论观照现实。

根据这一构思，我们计划编写出版《公共管理学》《公共政策分析》《政治学概论》《公共经济学》《宪法学与行政法学》《非营利组织管理》《公共伦理学》《社会科学研究方法》《电子政务》《公文写作》《领导科学与艺术》《制度分析与设计》《社会主义建设理论与实践研究》等一套13本教材。这些教材既有教指委的核心课程教材，也有一些具有特色的方向课教材。期待这套教材能够受到MPA学员的喜欢，能够对探索MPA教学起到积极的作用。

这套教材的推出，离不开全国MPA教指委的指导，离不开中国矿业大学出版社的鼎力支持！

我们期待MPA同行、MPA学员能够对本套教材提出宝贵的意见与建议！我们也会根据大家的批评、建议不断修改、完善，努力为MPA教育贡献一份绵薄之力！

编委会

2017年8月

目 录

第一章　绪　论

本章重点

1. 理解非营利组织的定义、属性、角色和功能
2. 了解中西方非营利组织的历史发展
3. 了解世界各主要国家和地区非营利组织的发展
4. 了解我国非营利组织的法律制度框架

非营利组织管理，简而言之就是对非营利组织的定义、发展及其在社会治理和公共服务中发挥作用等内容进行研究的一门学科。本章将对非营利组织的相关概念及其在国内外的发展状况进行阐述，奠定学习基础。

第一节　非营利组织的定义和属性

一、非营利组织的定义

由于国内外相关学者在知识背景和研究立场上存在差异，并且不同国家学者对处在政府与企业之间的制度空间的关注重点也不同，对于非营利组织这种组织形态有各自不同的概念界定，西方学者们依据自己研究的侧重点，提出了很多内涵相似的定义，主要有几下几种：

“第三部门”说：强调非营利组织的独立性，相对于第一部门（政府）和第二部门（企业），把非营利组织看作是与政府、企业相平等的一个组织。

“志愿部门”和“辅助性活动”说：强调非营利组织是政府管理和企业活动的补充，其运营行为对于政府和企业来说仅仅只是具有辅助性功能。

“慈善组织”或“免税组织”说：从资金来源的角度侧重强调非营利组织的运营主要依靠私人慈善性捐款，强调国家应给予非营利组织免税待遇，并按照相关政策法规提供某些特殊的资金、技术支持。

虽然当代西方学者对于非营利组织的定义界定尚未统一，但是不难发现，上述学者提法虽然有侧重，但是基本内涵还是大体相同的。

借鉴国外的研究成果，并结合我国国情以及中国非营利组织特点，我国当代学术界对于非营利组织形成了非常多的定义，但是总体归纳来看，比较具有代表

性的界定方法可以分为两种：正面定义法和剩余定义法。其中正面定义法具体分为四类定义：法律意义上的定义、依据组织资金来源的定义、以组织的宗旨及功能定义、以结构及运作方式定义。而剩余定义法是把非营利组织界定为除了政府部门和营利机构之外的一切社会组织的总称。国内许多学者主张采用剩余定义法法界定非营利组织，认为非营利组织是指政府和企业之外的其他公共组织，包括非营利性社会团体、民办非企业单位、事业单位、各类非营利性中介组织、基金会等，其中事业单位由于在我国带有明显的政府职能引起了国内外学者的较大争议。①

对于非营利组织的定义，本书比较倾向于王名教授的定义，非营利组织是不以营利为目的、主要开展各种志愿性的公益或互益活动的非政府的社会组织。②非营利组织的相近概念有非政府组织、社会组织、事业单位、公益组织、慈善组织、草根组织、志愿组织等。在我国，通常使用"社会组织"一词来概括。

二、非营利组织的属性

目前国际上普遍认可的是萨拉蒙教授在 1997 年对全球 42 个非营利组织进行考察之后提出的非营利组织五大特征：① 组织性，组织拥有完备的制度、章程、组织结构、组织形式以及组成人员等，组织经过了合法的注册；② 非政府性，即组织具有民间性的特征，与政府相分离；③ 非营利性，组织存在的目的不是为了盈利，组织成员不能进行利润分红以及各种利益索取的行为；④ 自治性，组织拥有足够的自我管理能力，拥有独立的决策、执行能力和人事的任免权，不受外界干扰；⑤ 志愿性，组织在志愿者招募、活动及管理中具有明显的自愿参与的成分。

国内也有很多学者提出各种非营利组织特征，通过总结归纳，非营利组织具有以下三个特征：非营利性、非政府性以及志愿公益性或者互益性。

（一）非营利性

非营利性是非营利组织最重要的一个属性，也是非营利组织区别于企业组织的根本属性。虽然在市场中企业千差万别，领域广阔，但是都以追求利润、以营利为目的。而非营利组织则与其不同，虽然非营利组织也会运用商业模式进行营利，但这只是其进行发展的一个手段，非营利组织存在和发展是为了解决社会问题。

具体而言，非营利组织的非营利性体现在以下三个方面：

1. 组织存在和发展不以营利为目的

这是非营利组织和企业最根本的区别，虽然各个领域的企业千差万别，但终究离开不了其本质——盈利。对于一些社会急需但利润很小的领域，企业是不

① 王向南：《中国非营利组织发展的制度设计研究》，东北师范大学 2014 年学位论文。

② 王名：《非营利组织管理概论》，中国人民大学出版社 2010 年版。

想进入解决的，而非营利组织可以。非营利组织虽然对其愿景和使命有不同的描述，但是解决社会问题是非营利组织存在和发展的核心宗旨。而解决社会问题自然要求非营利组织不以营利为目的。虽然近年来强调用商业模式来发展非营利组织，但是商业模式只是一个手段，用商业手段提升组织自我造血能力，进而更好开展活动，解决社会问题。

2. 剩余收入不能用于利润分红

非营利组织可以适当运用商业手段进行一定形式的经营性活动，这些活动相应地会伴生出超出经营总成本的剩余收入。在市场中，企业的剩余收入可以很自然地被当作利润在投资者或者股东中进行分红，但是非营利组织不可以，因为非营利组织服务的人群是全体公众，且非营利组织也没有股东，所以非营利组织的剩余收入不能作为利润在组织成员之间进行分红。不管开展的是何种形式的经营活动，非营利组织的剩余收入只能用于组织所开展的各项社会公益活动以及组织自身发展。

3. 不得将组织的财产以任何形式转变为私人财产

非营利组织的产权界定很明确。严格来说，非营利组织的资产不归组织所有，也不归捐赠者所有，因为它们是属于“公益或互益的资产”，所以应该是属于全体社会公众。非营利组织在一定意义上是作为受托人来行使公益资产的所有权。因此，如果非营利组织经营不善，面临解散，那么它们的剩余资产不能像企业那样在成员之间进行分配，而只能转交给其他公共部门（政府或者其他非营利组织）。

（二）非政府性

非政府性是非营利组织的第二个基本属性，同时是非营利组织区别于政府的根本属性。从广义上来看，社会公共部门包括政府和非营利组织，与私人部门企业相对应。虽然同属于社会公共部门，但非营利组织不是政府机构或者政府的附属机构，而是相对独立、平等的组织。

作为非营利组织，其非政府性体现在以下三个方面：

1. 独立自主的自治组织

非营利组织不是政府的一个机构或者部门，政府的机构部门没有绝对的独立自主，只有相对的独立性。非营利组织也不隶属于企业，它是一个独立自主的社会性组织，拥有特定的注册程序和独立自主的决策、执行等机制和能力。

2. 自下而上的民间组织

政府作为国家政权的组织形式，其部门形成、组成和权力的行使方式是自上而下的。非营利组织依靠广大公民，代表广大公民，动员联系服务广大民众，形成一个自下而上的民间社会。

3. 具有竞争性的公共部门

公共部门的两大主体是政府和非营利组织，政府由于其官方色彩，无论是公共物品的提供还是公共资源的获取等，都具有很强的垄断性。虽然同属公共部门，但是非营利组织并没有政府的背景和权力，只能采取各种竞争手段来获取社会资源，提供社会公共物品，解决社会问题，实现组织的使命和愿景。

（三）志愿公益性或互益性

志愿公益性或互益性，是非营利组织的第三个基本属性，也是非营利组织最具有特征的一个属性。非营利组织的内在驱动力不是利润动机，也不是权力原则，而是以志愿精神为背景的利他主义和互助主义。正像企业是组织化的资本、政府是组织化的权利一样，非营利组织可以说是组织化的志愿精神。①

非营利组织的志愿公益性或互益性主要体现在以下三个方面：

1. 志愿者和社会捐赠是非营利组织的重要社会资源

非营利组织拥有大量志愿者无偿参与公益活动，同时非营利组织还可以号召社会捐赠，为社会公益活动无偿募集钱财或者物资等。这些都是非营利组织重要的社会资源，与企业通过税收集中社会资源和政府通过税收集中社会资源的方式大大不同。

2. 活动的社会公开性和透明性

第一部门政府，由于安全或者保密等问题以及政府工作人员的原因，很多内容公开度和透明度不是很大。而对于第二部门企业，特别是非上市企业，由于其私人性以及活动具有一定内部性和排他性，企业不可能做到对全社会完全公开和透明。但是对于非营利组织而言，非营利组织服务的是社会公众，使用的是社会公共资源，提供的产品具有社会公共性，所以这就要求非营利组织对其开展的各种活动，活动的运作过程以及组织的财务情况等向社会公众公开并保持透明，时刻接受社会的监督。

3. 提供竞争性的公益性或互益性的公共物品

非营利组织和企业相比，虽然产品都具有竞争性，但是企业提供的是私人物品，与非营利组织提供的公共产品有区别。政府虽然也提供公共产品，但是政府提供的公共产品缺乏竞争性，更多提供的是垄断性公共产品。

三、非营利组织的角色和功能

（一）非营利组织的角色

在当今飞速发展、急速变迁、价值多元的中国社会，非营利组织如何在政府和企业之外开创自己的发展领域，如何更好地展现其独特的功能，这就需要非营

① 王名：《非营利组织管理概论》，中国人民大学出版社 2010 年版。

利组织扮演好以下几个角色：

1. 政策推动者

非营利组织存在和发展就是为了解决社会问题，这首先需要敏锐地感知社会各方面的需求，由于非营利组织在实际工作当中更深入群众，更接近基层，所以更容易了解和获得群众的需求，更容易发现社会问题。非营利组织通过直接对话、个人游说以及借助媒体宣传等形式，动员引发社会上的舆论，让政府开始关注相关领域并开始着手解决问题，试图影响政府的政策向所期望的方向制定。

目前很多国家和国际组织已经认识到非营利组织对于国家政策制定的推动作用。比如1992年，数千个非营利组织被联合国邀请参加环境与发展大会，共同讨论环境和发展问题。而且，非营利组织还被联合国允许用“顾问或者咨询机构”的身份进入联合国各专门机构，对国际事务提出建议并且接受咨询。

2. 问题处理者

面对日新月异的社会变化和日益增多的社会需求，传统的政府一元管理制度越来越显露出弊端，民众对政府信任度、依赖度下降，进而引发政府自身合法性危机和很多社会问题的发生。这也为非营利组织的发展提供了很好的社会环境，为有限政府的产生创造制度前提。随着近年来非营利组织的发展，非营利组织成为公共服务的重要提供者，满足社会和人民多样性、多层次的需求，极大地缓解了因需求得不到满足而产生的社会问题，缓解了政府的管理压力。另外，非营利组织本身就倡导着一种公益、互助、利他、志愿的精神，这不仅有助于非营利组织之间的合作共存，也能促进人与人之间的合作交流，促进社会风气的改善。①

3. 服务提供者

不可否认的是，政府是国家公共服务的主要提供者，但是随着社会的发展，越来越多、越来越复杂的事务使得政府没有足够的精力兼顾所有领域的公共服务，而且政府所提供的公共服务的质量参差不齐。非营利组织在近些年不仅数量上极大的增多，而且所涉及的领域不断丰富，专业化水平不断提升，能够弥补政府在公共服务上供给不足的问题。

非营利组织弥补政府失灵和市场失灵，通过开展各种活动做政府和企业没有做、不能做和不愿做，但是社会上又十分需要的活动。作为政府购买公共服务重要的承接社会服务的组织，非营利组织需要不断扩大服务领域，提升公共服务的质量，创新提供公共服务。

---

① 刘婷：《社会组织在推进国家治理现代化中的角色定位研究》，河南大学2015年学位论文。

4. 政府的合作者

随着近年来经济、社会的发展以及人民的社会公共需求不断增多，传统的行政政府已经远远不能满足国家发展的需要，传统政府包揽一切的一元主体行政向多元主体行政过渡已经成为历史的必然。作为政府在公共服务领域有力补充的非营利组织，必将成为政府的合作者。①

非营利组织能够提供多元高效的公共服务，所以政府常采用购买非营利组织服务的方式与其合作，共同推进公共服务水平的提升。

(二) 非营利组织的功能

改革开放以来，中国的非营利组织得到了前所未有的发展，特别是近十年来，非营利组织在质量、数量以及服务领域方面有了重大的突破。非营利组织的功能体现为以下四点：

1. 动员社会资源

非营利组织能够动员慈善捐赠和志愿服务。非营利组织可以通过慈善募捐活动募集善款，吸纳社会捐赠。非营利组织可以通过活动，招募社会上各个领域的志愿者参与到这样一个公益活动之中，从而动员社会上的志愿者资源。非营利组织的固有特征使得非营利组织不能像政府那样拥有强制的权力进行征税获取公共资源，也不能像企业那样提供经营获取市场利润，从而获取大量资源。但是，由于非营利组织所具有的志愿性、公益性等属性，赋予它动员社会资源的广阔空间。通过动员社会资源，非营利组织向社会传达其使命和愿景，从而汇集来自社会的慈善捐赠资源和志愿者资源，并相应用于更多的社会公益活动之中。

2. 提供公益活动

非营利组织提供公益活动的原因大致有以下三点：

(1) 非营利组织的存在就是要解决其所针对的社会问题，按照愿景和使命去开展各种形式的公益社会活动。非营利组织作为第三部门可以被认为是社会资源配置的一种，即解决社会公众的服务需求。

(2) 弥补政府失灵和市场失灵。由于非营利组织具有自发性、志愿性、公益性等特点，它能够较好地处理各种社会问题，维护并增进社会公共利益。

(3) 非营利组织可以通过政府购买服务等方式与政府合作，合作互助，共同发展。

虽然政府和非营利组织都提供公共服务，但是非营利组织在服务的提供方式上往往显示出很强的志愿性、竞争性和参与性，而这是政府所不能做到的，也

① 周健：《论非营利组织在我国社会管理格局中的角色定位》，载《求实》2013 年第 2 期，第 54～57 页。

是非营利组织提供公共服务的独特优势。

3. 社会协调和治理

非营利组织作为一种公民自发形成的组织，其在表达、传递、实现民情和民权方面具有突出贡献。同时非营利组织以志愿参与、利他互助、慈善公益等理念实现人际沟通，在人与人、人与社会、人与自然之间搭建理解、对话、互动的桥梁，有助于化解人与人之间、不同群体及利益集团之间、人与社会之间以及人与自然之间的各种矛盾和冲突。①

4. 政策倡导和影响

我国改革开放除了给国家带来飞速发展之外，还带来了一些社会问题，比如个人主义、金钱主义等。作为服务社会的组织，非营利组织十分关注社会问题，倡导一种社会的公共精神。例如，非营利组织通过开展公益活动，号召广大人民一起参与，学习并且实践公共道德，宣传道德风尚等。非营利组织的存在，并不仅仅是一个提供公共服务的组织，它代表了一种公共精神，倡导政府、人民建立合乎需求的价值和制度。同时，非营利组织在立法和公共政策的倡导方面也发挥着重要的影响。作为代表社会公众利益的社会组织，非营利组织积极参与公共立法和政策的制定，努力谋求特定群体的社会公正，表达该群体的利益诉求和政策主张。

第二节 非营利组织的国际发展

一、世界非营利组织的发展史

（一）资本主义早期的非营利组织

资本主义从十六七世纪开始萌芽至 19 世纪最终确立，在其产生与发展的过程中，一方面，社会生产力迅速发展，社会财富以前所未有的规模和速度膨胀、不断积累；另一方面，由于资本主义的固有矛盾和根本制度缺陷，各种严重的社会问题涌现，社会矛盾日益激化。这时，社会上开始出现一些带有政治色彩的民间社会团体和主要开展慈善救济等社会公益活动的非营利组织，部分由于尖锐阶级矛盾而组成的组织也引发了一系列无产阶级运动。为了缓解社会矛盾，资产阶级政府不得不颁布法律，允许各类民间结社的存在，并鼓励和保护民间慈善与救济活动的发展。可以说，资本主义生产方式的确立和发展，以及资产阶级政权的建立，是早期非营利组织产生和发展的直接背景。

17 世纪末，英国颁布了《慈善法》和《济贫法》，1824 年废止了《禁止结社法》，

---

① 王名：《非营利组织的社会功能及其分类》，载《学术月刊》2006 年第 9 期，第 8～11 页。

1834 年又颁布了《新济贫法》等。在这些法案的影响和带动下，英国出现了越来越多开展慈善救济活动的民间非营利组织。一大批产业工人自发成立的工人协会在社会上的影响力也日益加大。1836～1848 年的宪章运动就是利用工人协会发动和组织的人类历史上第一次工人运动，其间成立的如"伦敦工人协会"、"全国宪章派协会"也都是规模很大的非营利组织。宪章运动之后出现了一大批称为"工联主义"的工人协会，其数量在 1860 年初的英国发展到 1600 个，遍及英国的 405 个城市。

早期的非营利组织主要可以分为宗教慈善色彩浓厚的操作类非营利组织和充满道义诉求的倡议类非营利组织。操作类非营利组织有着深刻的宗教和道德根源，植根于欧洲的宗教文化，现存最古老的宗教类的国际非营利组织是 1734 年设在瑞士的摩拉维善会堂，是国际三大组织之一，这也为后面的国际非营利组织定下了崇尚道义力量的基调。倡议类国际非营利组织主要是在社会中倡导建立跨国道义共同体的愿望，如泛英反奴组织（The British and Foreign Anti-Slavery Society）、妇女国际非政府组织（WINGOs）以及诸多世界环境保护组织等，他们不仅看到了自身社会的问题，还集中关注并试图通过全球活动纠正乃至消除人权、环保和妇女等方面的问题。

概括而言，在欧美的一些国家里，非营利组织作为一种社会组织的形式开始登上人类历史的舞台。早期的非营利组织带有民主、自治、慈善和道义诉求的色彩，也反映了当时社会不平等的现实。

（二）资本主义成熟期的非营利组织

19 世纪末，资本主义的发展历史进入了被称为"帝国主义"或"垄断资本主义"的成熟时期，垄断和金融寡头的统治成为这一时期资本主义的基本特征。资本主义国家在国内推行着垄断资产阶级的寡头统治，在国外则通过商品输出和资本输出加快殖民扩张，争夺势力范围。而这时，非营利组织的发展也呈现出了一些新的特征。

（1）在各个主要的资本主义国家，致力于社会变革、社会改造的工人团体不断出现，如 1881 年英国工人成立的民主联盟（后改名为"社会民主联盟"）、1883 年俄国工人成立的劳动解放社、1886 年美国工人成立的劳动者联盟（即"劳联"）等。这些工人团体中的一部分和马克思主义相结合，成了后来社会主义运动的重要力量。

（2）出现了一批致力于社会公益事业的基金会和致力于慈善事业的非营利组织。如 1897 年成立的著名的慈善组织救世军（Salvation Army）、1919 年在英国成立的救助儿童会（"Save the Children"International Union）、1942 年在英国成立的专门救助穷人的慈善机构——乐施会（Oxfam UK）等。

(3) 致力于战场救护的非营利组织日益活跃。这些国际非营利组织有力地促成了第一次世界大战与第二次世界大战期间国际公约的签订，最大的成就就是成立了国际红十字会。

(4) 非营利组织的涉及范围扩大至科学、教育、卫生等领域。在科学领域，最著名的是诺贝尔基金会的成立；在教育领域，民办学校纷纷兴起；在卫生领域，美国、新加坡等许多国家均出现了慈善性的医院，受到了社会的广泛关注和政府的有力支持。

总体来看，这一阶段的非营利组织在数量、活动范围和对社会经济发展的影响上都有了极大的进展，一些后来影响巨大的非营利组织开始登上历史的舞台。

(三) 第二次世界大战后的非营利组织

第二次世界大战结束后，整个世界的政治经济格局发生了巨大的变化，世界范围的经济社会亟待重建，非营利组织的发展也呈现出良好的势头，主要体现在了以下几个方面：

(1) 各种形式的社群组织层出不穷，如妇女组织、产业工人组织、社会居民组织、青少年组织等，在社会重建和社会变革中扮演着重要的作用；

(2) 联合国体系诞生，非政府组织开始登上国际政治舞台；

(3) 在战后恢复重建的过程中，一大批致力于慈善救助的非营利组织应运而生；

(4) 人权问题受到国际社会广泛关注，人权非政府组织开始登上国际舞台；

(5) 随着对环境问题的重视，出现了许多关注环境保护的非营利组织，如1961年成立的世界自然保护基金(WWF)、1969年成立的地球之友(Friends of the Earth)、1970年成立的绿色和平组织(Green Peace)等；

(6) 致力于世界和平事业的非政府组织不断发展壮大，为战后世界和平做出了积极的贡献。

(四) 当今世界的非营利组织

1972年，历史上第一次非政府组织的国际会议——“环境NGO论坛”，联合国人类环境大会在瑞典首都斯德哥尔摩的召开。这次具有划时代意义的国际会议标志着非营利组织开始积极介入国际重大事务的决策，成为国际政治舞台上的重要力量。

而在非营利组织自20世纪80年代在全球范围内得到了广泛发展后，形成了一场“全球结社革命”，并被誉为20世纪最伟大的创新。

1990年，美国约翰·霍普金斯大学萨拉蒙教授主持的在全球41个国家开展的国际非营利组织比较项目(Comparative Nonprofit Sector Project，CNP)中，对全球不同地区非营利组织的状况和作用概况做了较详尽的阐述和总结，主要结论概括如下①：

(1) 无论从占国家支出还是吸纳就业而言，非营利组织都是构成区域中的重要经济力量；

(2) 非营利组织在各地区和国家的分布特点是在多数发达国家规模较大；

(3) 志愿者占非营利部门就业人口的绝大比例；

(4) 非营利组织活动领域的分布特点在各地区不同，仍然以就业为指标，2/3的非营利就业集中在3个传统福利领域：教育、卫生保健和社会服务；

(5) 非营利组织的收入来源，以经营收入和政府的支持为绝对主导。

萨拉蒙认为，非营利组织的这场"全球结社革命"方兴未艾。自20世纪90年代始，特别是步入21世纪后，非营利组织发展的重要特征就是逐步进入了全球体系且发展愈加迅速、形式更加多样。非欧洲国家非营利组织也先后发展起来，全球性的政府、市场与非营利组织广泛合作，产业结构和产业形态的转变促进了非营利组织队伍的扩张。而在学术研究方面，非营利组织从实践和理论两个方面与社会治理的现代研究趋于统一，它引起全球社会科学界的广泛关注，成为当今国际学术界的前沿，研究出现了空前活跃的局面。

简而言之，当今非营利组织的发展特点是：

(1) 在世界上几乎所有的国家中存在着一个由非营利组织构成的庞大的非营利部门，在其社会经济生活中发挥着程度不同的作用；

(2) 非营利组织在各个国家的发展不平衡，特别是在欧美发达国家与发展中国家，有着较大的差距；

(3) 在非营利部门就业的人口中包含着大量的志愿者，为非营利组织提供无偿服务；

(4) 非营利组织的各个不同领域发展很不平衡；

(5) 非营利部门的收入来源呈现多元化趋势，包括个人捐款、政府支持、会员费、服务收费，等等。②

二、国际非营利组织的发展

(一) 国际非营利组织的定义

国际上的非营利组织在联合国成立之初就要求参与国际活动，其在国际上更多被称作非政府组织(NGO)。1945年签订的《联合国宪章》规定了关于联合国经社理事会与NGO的联系框架。直到1968年，联合国经社理事会才明确规定，在有关国际公益性事务中发挥作用并申请获得了联合国体系的咨商地位

① 车峰：《非营利组织管理》，中央民族大学出版社2015年版，第37～38页。

② 王名：《非营利组织管理概论》，中国人民大学出版社2010年版，第26～27页。

(consultative status)的 NGO 即国际非政府组织。

根据国际协会联合会(Union of International Associations,UIA)的定义,国际非政府组织应满足以下标准:

(1) 有着国际目标(不含致力于两国友好关系的团体以及纪念个人的团体);

(2) 至少在三个国家从事活动的组织(至少有来自三个国家的个人或集体参与,包括有投票权;同时应允许同类活动领域的其他个人和团体的加入);

(3) 有永久总部和维持持续行动的储备和补给;

(4) 有相当的预算,且这些预算至少来自三个国家的公民、基金会和政府的捐赠;

除了以上这些一般意义上的判断国际非营利组织的标准,一个组织还需要向联合国经社理事会提出正式的申请才能成为正式的国际非营利组织。

(二) 国际非营利组织的地位分类

1968 年联合国经社理事会通过第 1296 项决议,规定具备一定条件经申请并取得联合国认可的非政府组织,有资格参加联合国经社理事会或其他相关国际会议,可提交提案、发言或提交相应文件,从而获得相应的咨商地位而成为国际非政府组织。

这项决议确定了具有联合国咨询地位的国际非政府组织的三类地位:全面咨商地位、专门咨商地位以及注册地位。①

联合国经设理事会设有一个非政府组织委员会,专门负责审核接纳非政府组织,认可他们在联合国的咨询地位。申请注册联合国咨商地位的非政府组织必须遵从联合国宪章的精神和原则,积极致力于有关国际问题的解决。同时,一国非政府组织若申请联合国咨询地位,也须得到该国政府的同意,且该国政府必须在联合国享有席位。

1. 全面咨商地位(General Status)

全面咨商地位一般授予庞大的国际非营利组织。经社理事会议程上的大多数问题都会涉及这些组织的工作领域,因此他们会出席经社理事会的所有会议并发言,拥有提案权,能提交建议书。经社理事可以对这类非政府组织进行一般问题的咨询。这类组织的数量极为有限,其中包括国际红十字会(LRCS)、联合国协会(WFUNA)和国际商工联盟(ICO)等。

2. 专门咨商地位(Special Status)

专门咨商地位授予在经社理事会活动的一些领域中具有专门能力的非营利

---

① 王名:《非营利组织管理概论》,中国人民大学出版社 2010 年版。

组织。这些组织能出席经社理事会的有关会议并发言,可以提交建议书,经社理事会对这类非政府组织能够进行专门问题的咨询。这类组织中有大赦国际(Amnesty International)、基督教青年会(YMCA)等。

3. 注册地位(Roster Status)

注册地位一般是给在其专门领域内有能力对联合国的工作做出贡献,并且在有请求时可以提供咨商的非营利组织。这类非政府组织享有一些权利和责任,但不能出席经社理事会召开的一般会议,而只有在联合国讨论相关的问题时才能出席会议并提交建议书。中国的全国残疾人联合会、日本创价学会、亚洲太平洋青年联盟等就属于这类组织。

(三) 非营利组织的国际化

国际性的非营利组织与非营利组织的国际化是有所不同的。国际性的非营利组织指的是该组织成立之时便是以全球性的议题为基准,如:绿色和平组织、国际红十字会等,而非营利组织的国际化则反映出组织为获取更多的资源或达成组织使命而逐渐走向国际化的形态。

非营利组织国际化的原因可以归结为以下三点:

(1) 使命驱动。使命是非营利组织的基础和方向。许多非营利组织之所以要国际化的原因,即是在其成立之时,便有国际化的使命,例如为增进全人类的福祉等;亦有可能是当某一非营利机构在地区发展得相当良好后继而发现可将此理念或服务推广到全球,从而修正其使命,朝着国际化方向迈进。

(2) 获取资源。与营利性机构相同的是,非营利机构若要生存下去,同样也必须取得生存所需资源。对非营利组织而言,由于其不以营利为目的,资金来源不能像营利组织那样基于产品与服务的高额利润收费,所以若要有足够的资源存活,就需要开拓资源获取的路径,资金的来源特别是国际资源的取得就是很重要的一项考虑。

(3) 全球化驱动。随着全球化时代的来临,许多新的议题、新的需求不断出现。各式各样“超国家”的议题让跨国行动者和跨国组织大展身手,而非营利组织必须通过更多的国际合作来解决陆续出现的超越国家主权范围的全球性的问题。因此,对于非营利组织来说,逐渐走向国际化是全球化时代必要的策略转变。

对于非营利组织来说,走向国际既是一项严峻的调整,同时也是一种全球化时代下的发展机遇。抓住全球化的发展机遇,逐步扩大非营利组织的国际影响力,会为非营利组织的持续长久发展争取更多的国际发展资源和更持续的动力。

三、各主要国家和地区非营利组织的发展

非营利组织的迅猛发展,突出表现在两个方面。一方面,无论在发达国家还

是在发展中国家，非营利组织都致力于各种社会问题的解决，积极参与包括社区建设、地方自治、公共政策制定和执行在内的公共管理过程，成为多元化时代社会发展与改革的生力军；另一方面，在国际舞台上，非政府组织致力于各种全球性问题的解决，积极参与国际决策，成为全球化时代国际治理中一支越来越重要的力量。

非营利组织存在于当今世界的各个国家和地区，这里主要介绍几个，分别对其非营利组织发展的状况做简要概述。①

（一）美国

美国是目前国际上非营利组织发展情况较好的一个国家，其非营利组织的历史已经有300年了，比美国政府还早。美国的非营利组织活动有着悠久的历史，其组织机构数量庞大，经济实力雄厚，社会影响广泛。

在美国，非营利组织也常被称为"独立部门"。美国的非营利机构是一个具有重要的社会影响和经济实力的部门，据萨拉蒙1995年的调查显示，美国的非营利组织占国内生产总值的6.9%和非农就业人口的7.8%。在美国，全社会几乎事事处处都离不开它们。它们是处于政府与私营企业之间的社会组织，从事着政府和私营企业"不愿做、做不好或不常做"的事。

在活动领域方面，美国的非营利组织绝大部分集中在健康护理等医疗卫生保健领域以及高等教育领域。

在管理方面，经过多年实践，美国政府对非营利组织已建立起一系列管理、扶持和监督机制，而非营利组织自身也形成了一套独特的运作模式。在美国，非营利组织可以选择是否进行注册，注册的非营利组织可以分别以非公司形式的社团、公司形式的社团和信托组织（基金会）三种法律形式存在，没有注册的非营利组织则不是独立的法律主体，活动范围仅限于所在州，并需要承担无限责任。美国的非营利组织注册程序相当简单、便捷，只需要提供机构章程，写明机构名称和目标，声明不为任何私人利益牟利的宗旨，然后交由州内政司批准即可。因为没有一套统一的专门针对非营利组织的法律法规，非营利组织主要受《税法》的规范，因此美国的非营利组织比大多数其他国家宽泛得多。

从资金来源看，美国非营利组织的收入58%来自于会费、服务费、投资收入及其他收入，30%来自政府捐款和合同，只有12%来自个人。尽管个人捐款似乎很少，但是美国社会的绝大部分成年人都参加过志愿工作，以个人的行动为之创造价值。拥有大批的志愿者队伍也是美国非营利组织的显著特征。

---

① 王名：《非营利组织管理概论》，中国人民大学出版社2010年版。（数据资料来源：[美]莱斯特·萨拉蒙等：《全球公民社会：非营利部门视野》）

另外，值得关注的是，美国的各种基金会高度发达，已成为美国非营利组织成长及其公益活动的重要支持力量。美国的现代基金会起源于19世纪末20世纪初，随着不断的发展，这些基金会持续努力地探寻各种社会问题的根源，散财聚财能力不断增强，成为非营利组织积聚资源的公益力量。

（二）英国

在英国，对民间组织一般不用“非营利组织”或“非政府组织”这样的概念，使用最多的是“慈善组织”的概念，或者称之为“志愿部门”，强调其公益性的一面。这些非营利组织一直比较兴盛，在整个国民经济中举足轻重，其支出相当于国内生产总值的4.8%，仅次于美国，相对规模居世界第二位。

英国的民间公益组织有着悠久的历史。早在12～13世纪，英国就出现了500多家民间志愿性的公益慈善组织。1601年，英国颁布了世界上第一个有关民间公益组织的法规——《慈善法》，该法规不仅划定了公益慈善组织的范畴，强调了这类组织所具有的公益性、慈善性和民间性等原则，还提出了政府鼓励和支持民间慈善事业的法定框架，给出了进行各种形式社会募捐以筹措公益资源的法律依据。这项法规对于英国民间公益事业的发展起到了重要的作用。18世纪以后，伴随英国工业化的进程，越来越多的公益慈善性非营利组织涌现出来。

从活动领域上看，英国的非营利组织活动最为集中的领域是教育研究、文化娱乐和社会活动。在非营利组织的总开支中，教育占42%，文体休闲占21%。

从资源上看，英国非营利组织对政府资助的依赖较大，也存在许多的社会募捐。但也同美国一样，英国慈善组织也拥有着广泛和大量的志愿者资源。慈善组织的有酬员工只占其经常就业的约1/3，超过整个经济领域就业人口规模的6%，绝大多数是各种形式的志愿者，而平均每一个16岁以上的成年人每个月都会从事某种形式的志愿服务。

另外，英国的慈善组织与政府的合作关系良好，政府支持非营利组织发展的各项政策极大地鼓励了非营利组织参与各种公共服务和社会事务。

（三）德国

德国有着悠久的民间结社的传统，非营利组织也比较发达，虽然在总体上并不大，占国内生产总值的3.9%和非农就业人口的4.9%，但却是德国社会的重要组成部分，不仅满足了人们的各方面需要，还形成了重要的经济力量，对于经济和社会发展做出了重大的贡献。

德国的非营利组织基本可以分为互益性和公益性两大类。公益性组织涵盖了医疗、环保、教育、体育、文化等领域，是德国社会福利服务事业的重要支柱；互益性组织以行业协会和商会最为突出，这类组织在经济协调和宏观管理等方面发挥着不可代替的作用。从结构上来看,德国非营利组织在卫生服务和社会服务两个领域的贡献最为突出。在这两个领域,只要民间组织有能力,政府就不会涉入,而对于无法自立的非营利组织会提供必要的财力资助。

从资源来看,德国的非营利组织和英国相似,都是以强有力的政府支持为特征的非营利类型,其长期与政府保持着密切的合作关系,64%的收入是来源于政府的。

因此,在管理上,德国政府对非营利组织管理的介入也更多,十分注重追惩和奖励。一般情况下,政府不会干预非营利组织的内部具体事务。有关部门只检查从政府领取资助的非营利组织的财务和项目执行情况,违法的非营利组织由司法部门负责解决,对有贡献的非营利组织,政府予以物质和精神的褒奖。这种奖惩分明的行政管理方式,大大减少了政府管理人员的数量,效果也很好。

(四)澳大利亚

澳大利亚的非营利组织总体上是一个很大的部门,占国内生产总值的5.6%和非农就业人口的7.2%。历史追溯到200多年前的欧洲殖民地时代,一开始的时候是在英国殖民者的智囊团当中流行,那时非营利组织的重要性没引起普遍的重视。经过两个多世纪的发展,现在澳大利亚的非营利组织已经是继政府、企业之后的“第三部门”,在人们的生产、生活中扮演着重要角色。

在活动领域方面,澳大利亚的非营利组织大多数集中在教育、科技、社会服务和医疗保险等方面。

(五)日本

1868年日本的明治维新在国内开始了一次自上而下向国外学习先进文明的过程,全面吸收西方国家的各项制度。这为非营利组织的发展创造了条件,标志性事件就是1896年颁布《民法典》。在这部沿用至今的民法典中,专章提到了公益法人的设立、管理、解散、处罚等事项,为非营利组织的出现创造了一个合法的环境。由于日本在1998年之前长期采取限制非营利组织发展的“主管官厅负责制”,即非营利组织登记注册必须获得主管官厅的许可,因此90%以上的组织是没有登记注册的“任意团体”。但1998年之后,日本改变了这一做法,颁布了《特定非营利获得促进法》(NPO法),鼓励非营利组织进行法人登记。

日本的非营利组织总体规模不大,占国内生产总值的4.5%和非农就业人口的3.5%,分为民间互助与公益慈善、海外公益救援以及市民公益活动三个不同的源流。

在活动领域方面,日本非营利组织的活动领域涵盖了生活的方方面面,其中公益保健是主要活动领域,占非营利组织从业人员的47.1%,另外还有社会福利和国际合作领域。在海外开展合作是日本非营利组织十分引人注目的部分，这些组织基本成立于 20 世纪 60 年代以后，主要在发展中国家开展各种形式的援助和援救活动。

考虑到日本的经济发展水平，日本则是发达国家中非营利部门最不发达的国家之一。官办或官助多，民间色彩较弱，对政府的依赖性很强。立法限制和政府机构的官僚等原因，都导致了日本非营利组织的潜力没得到充分的发挥。

（六）孟加拉国

孟加拉国虽是亚洲的一个发展中国家，但却有着一批相当发达的非营利组织。孟加拉非营利组织发达的主要原因在于经济的落后和政府的弱小，政府难以提供起码的社会福利，非营利组织便取而代之成为社会公共物品的提供者。孟加拉国非营利组织最具特色的就是 1976 年由孟加拉经济学家穆罕默德·尤努斯（Muhammad Yunus）提出的小额信贷模式的 GB 扶贫模式的开发和普及。另外，孟加拉国非营利组织在医疗保健、教育服务等方面的发展也是可圈可点。总之，这些非营利组织为国家社会改变贫困做出了极大的贡献。

（七）印度

印度和孟加拉国一样，有着发达的非营利组织，被称为 NGO 大国。印度在历史上有着悠久的慈善和志愿精神的传统，各个宗教领域都从不同侧面倡导善行，鼓励志愿活动，其有记载的志愿服务和慈善组织的历史都可追溯到公元前 1500 年。18 世纪后期，印度为英国殖民统治，更是受到了英国慈善组织的影响，充分地将英国慈善事业的成果融入印度本国的社会与文化之中。据估计，印度现有超百万的 NGO，遍布全国，主要涉及教育、医疗保险、农村发展、妇女儿童保护等领域。

（八）中国的香港和台湾地区

中国的香港和台湾地区都有较为发达的非营利组织。

在香港，非营利组织通常被叫作“志愿机构”，他们一方面受到宗亲会、同乡会等华人社团积善济贫精神传统的影响，另一方面体现着自上而下的志愿精神且具备民主自治的性格。中国香港非营利组织有许多不同的表现形式和存在形态，并已渗透到中国香港经济、政治、文化、宗教、社会以及居民生活的各个方面，与政府保持着良好的合作伙伴关系，成为支撑中国香港经济和社会事业发展的重要力量。

在中国台湾地区，非营利组织历史悠久，20 世纪 80 年代中期之前，中国台湾的非营利组织一直受到严格的限制，直到 1987 年解禁之后，各种形式的非营利组织才开始迅速出现并成长起来，在社会中发挥着重要的作用，成为台湾社会治理的主导力量。

第三节 我国非营利组织的现状和特点

一、起源与历史发展

中国非营利组织的发展并非始自今日，而是有着悠久的历史和漫长的过程。

中国历来就有慈善助人的文化传统，民间结社和民间公益活动的历史源远流长。例如，先秦的“社邑”“朋党”，隋唐的“同年会”“怡老会”“行会”，北宋的“合会”“文社”，明末的“善堂”，清末的“会党”“公所”，近代的“学会”“商会”等。这些早期的民间组织尽管不能与现代严格意义上的非营利组织相提并论，但却是我国非营利组织的雏形。

从中国现代的历史来看，非营利组织的发展主要经历了三大阶段。

（一）第一阶段：20世纪初至1949年新中国成立

在这一阶段，中国正处于半殖民地半封建社会，被各种势力合力瓜分争夺，中国社会上也开始出现大量的民间非营利组织。据资料显示，这段时期的民间非营利组织至少包括了以下六类①：

第一类：行业协会，包括各种“会馆”“行会”等。它们多数是由传统的手工业者和早期的工商业者，为了维护行业群体利益、保持行业秩序井然而组织的，其中一部分是由传统商会和行会转变而来，另一部分是随着民族工商业的发展而兴起的新兴行业组织。

第二类：互助与慈善组织，包括各种“互助会”“合作社”“慈善堂”“育婴堂”等。其中的一部分是由中国传统的互助组织和慈善组织延续而来，另一部分主要由外国传教士建立。

第三类，学术性组织，包括各种“学会”“研究会”“学社”等。其中的一部分组织是清末洋务运动时期思想启蒙和西学东渐的产物，另一部分则是新文化运动和五四运动等近代民主革命的产物。

第四类，政治性组织，如学联、工会、妇联、青年团等革命性社团，以及相反的如“三青团”“干社”等反革命社团，还有在抗战时期兴起的各种战地服务组织、救国会等，这类组织通常都具有很强的政治色彩。

第五类，文艺性组织，如各种剧团、剧社、文工团、棋会、画社等，主要由文艺界人士根据其所涉及的艺术领域创建。

第六类，“会党”或秘密结社。这类组织在近代的存在十分神秘，其构成与

① 王名：《非营利组织管理概论》，中国人民大学出版社2010年版，第47页。

活动通常不为人所知，它们往往带有着反政府的倾向，比较典型的有“哥老会”“洪帮”“青帮”等，所以其中一部分组织会为当时的革命党人所利用。

在这一时期，出于规范非营利组织管理的需要，出台了一些与非营利组织相关的法规。1932 年 10 月，国民政府发布了《修正民众团体组织方案》，这可能是中国历史上第一部有关非营利组织的专门法规，对国民党党部以及国民党政府与民众团体的关系进行了相关的规定，确定了成立这类组织所必须遵守的原则，规范了组织申请登记的程序，强调了民众团体对国民党的绝对服从和中央的统一管理。1942 年，共产党领导的陕甘宁边区政府也颁布了《陕甘宁边区民众团体组织纲要》以及《陕甘宁边区民众团体登记办法》，对民间的非营利组织进行了相关的法律规范。

（二）第二阶段：新中国成立至 1978 年改革开放前

1949 年新中国成立，中国的社会发生了根本性变化，新生的政权根据社会主义原则，对民间结社进行了彻底的整顿和规范。

1950 年，周恩来亲自主持并参与讨论与制定的新中国公民结社的第一个行政法规《社会团体登记暂行办法》颁布，确立了社会团体的类别、登记的范围等内容。1951 年，中央人民政府内务部又颁布了《社会团体登记暂行办法实施细则》。在这两个文件的规范下各级政府对旧社会遗留下来的各种社会团体进行了整顿。在这个过程中，以下两个方面的变化对非营利组织的发展产生了重大影响：第一是一部分民间非营利组织被依法取缔，其中包括了会党组织和反动政治团体、带有浓厚封建色彩的互助组织和慈善组织、部分带有宗教性质的民间组织。第二是一部分非营利组织的社会化，一些政治倾向明显的团体从民间组织范畴当中脱离出来，被定义为了“民主党派”，转化为政党组织，如民盟、九三学社等。

经过清理整顿之后，我国各种社会团体和民间组织的数量大大减少，并且直至改革开放前，发展速度也一直比较缓慢。根据统计，20 世纪 50 年代我国全国性的社团只有 44 个；60 年代时，也不到 100 个，地方性社团只有大约 6 000 个。

1966 年开始的“文化大革命”使中国的民主与法制遭到严重破坏，依法成立的社会团体绝大多数被迫停止活动，更是阻碍了社会团体在法制基础上的健康发展。

这一阶段的大部分社会团体和群众组织从严格意义上讲，都只是各级党政机关的附属部门，与党政机关融为一体，被纳入正式的科层制结构管理中，独立性较弱，自主性较差。而在这样的背景下，作为社会自我管理组织形式的重要体现的非营利组织，在发展时面临的艰难困境可想而知。

（三）第三阶段：1978 年改革开放至今

1978 年改革开放之后，中国的经济、政治、文化及社会生活等方面都发生了巨大的变化,民间非营利组织在这个阶段得到了长足的发展。这主要表现在四个方面:非营利组织的数量迅速增加;非营利组织的种类大大增多;非营利组织的独立性增强;非营利组织的合法性提高。随着经济的发展和社会政治条件的完善,积蓄已久的民间结社热情以惊人的规模爆发。这一过程大致可分为20世纪80年代的爆发式增长期、20世纪90年代的曲折发展时期和21世纪以来的全面发展时期。

(1) 20世纪80年代我国非营利组织的爆发式增长,集中表现在组织数量的激增上。在整个80年代,各种社会团体的数量增长飞速,社会组织的发展呈现出空前的势头,至1989年,全国性社团组织剧增到1 600多个,地方性社团达到20多万个,已远非改革开放初期的情形。

(2) 20世纪90年代我国非营利组织的曲折发展,集中体现在组织数量增长缓慢及限制其发展的一系列政策措施上。从每年新增的主要非营利组织来看,相对于20世纪80年代中期的迅速增长,90年代后的非营利组织数量的增速显著下降。据统计,到1998年底,全国性社会团体达到1 800多个,地方性社团总数达16.56万个,数量基本与80年代末持平。出现这种停滞现象的主要原因是,为了应对前一时期爆发式增长带来的问题,在制度层面开展了相应的规范管理,如建立了归口管理、统一登记的行政体制等。虽然非营利组织的发展在这段时间因受到了较多约束而发展壮大受阻,但是规范管理也在一定程度上消除了盲目发展带来的消极影响,同时将社会组织的法制化纳入了轨道。

(3) 21世纪以来非营利组织的全面发展,主要表现在组织数量增长明显和各种类型的非营利组织普遍发展上。

从民政部统计看,在各级民政部门登记注册的社会组织总数,2001年突破20万家,2005年突破30万家,2008年达41.4万家。截至2015年底,全国共有已有66.2万家社会组织,其中社会团体32.9万个,各类基金会4 784个,民办非企业单位(2016年慈善法颁布后改为"社会服务机构")32.9万个。近年来,社会组织的发展壮大迅速,不仅在民政部注册的数量上大大增加,所涉及的领域范围也越来越广,在社会生活中发挥着积极的作用(表1-1)。

表1-1　　2008～2015年社会组织发展情况

指标	2008年	2009年	2010年	2011年	2012年	2013年	2014年	2015年
社会团体/万个	23	23.9	24.5	25.5	27.1	28.9	31	32.9
基金会/个	1 597	1 843	2 200	2 614	3 029	3 549	4 117	4 784
民办非企业/万个	18.2	19	19.8	20.4	22.5	25.5	29.2	32.9

(资料来源:中华人民共和国民政部《2015年社会服务发展统计公报》)

二、活动领域

调查资料显示，非营利组织涉及的主要领域分布如图 1-1 所示。

① 教育领域，占 26%；② 公益慈善等社会服务领域，占 13%；③ 卫生保健领域，占 10%；④ 农业及农村发展领域，占 10%；⑤ 科技和研究领域，占 7%；⑥ 文化活动领域，占 6%；⑦ 工商经济领域，占 5%；⑧ 职业及与从业人员相关领域，占 4%；⑨ 体育领域，占 4%；⑩ 生态环境保护领域，占 1%；⑪ 法律咨询与援助领域，占 1%；⑫ 宗教领域，占 1%；⑬ 其他领域，占 12%。从分布情况看，我国的非营利组织已存在于社会经济生活的各个主要领域，提供着人民社会生活中不可或缺的各种服务。①

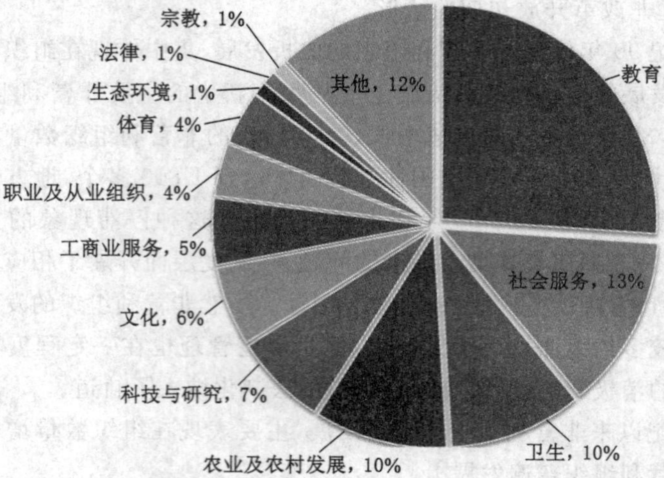

图 1-1　我国非营利组织主要活动领域分布图

三、我国非营利组织的法律制度框架

我国现行的非营利组织相关法律法规基本上是从 20 世纪 80 年代后期建立起来的。随着社会生活与经济实力的不断发展，相关法律法规也在不断地完善。总体来看，我国目前已初步形成了较为全面的法律制度框架。

（一）第一层次：国家法律

这一层次的非营利组织相关法律主要指由全国人民代表大会或全国人民代表大会常务委员会制定通过的法律。

1. 主要法律

国家法律的核心是宪法。我国宪法明确规定了公民有结社自由，法律保护

① 王名：《非营利组织管理概论》，中国人民大学出版社 2010 年版，第 51 页。

公民的结社权。《中华人民共和国宪法》第三十五条规定，中华人民共和国公民有言论、出版、集会、结社、游行、示威的自由。新中国成立以来，我国宪法虽然经过4次重大修改，但这一条款始终未变。这说明在基本法层面，我国非营利组织的合法性是一直存在的。

此外，2016年3月16日第十二届全国人大四次会议审议通过的《中华人民共和国慈善法》(以下简称《慈善法》)、1999年6月28日第九届全国人大常委会第十次会议通过的《公益事业捐赠法》，都是促进我国公益慈善领域规范和发展并与非营利组织密切相关的重要的国家大法。

2. 重要进展——《慈善法》的出台

(1)《慈善法》出台的背景与经过

《中华人民共和国慈善法》于2016年3月16日正式出台，标志着我国的慈善发展终于有了一部基本法。

自现代以来，我国慈善事业快速发展，特别是21世纪以后，慈善组织以前所未有的速度成长，慈善领域从业人员快速增加，人们的慈善意识也不断加强，形式各样的慈善组织在社会中发挥着越来越大的影响力，政府也开始愈加重视慈善事业在构建社会和谐中的重要作用。除此之外，伴随慈善事业的蓬勃发展，慈善行业的法制缺陷逐渐凸显出来，最突出的问题就是各类非营利慈善组织被曝出筹款用款不透明的丑闻，这使得社会各界不得不开始正视对慈善行业相关组织和人员的规范监督。

基于这样的背景，2005年民政部向全国人大和国务院法制办公室提出了起草慈善事业促进法的立法建议，我国的慈善立法工作开始。但由于法律制定过程的复杂烦琐以及社会各界对慈善问题的看法存在着诸多的问题和争论，将近10年来慈善法的出台一度被搁置。

2013年第十二届全国人大常委会公布的五年立法规划中，慈善事业法位列第一类项目，确定了由全国人大内务司法委员会牵头起草，意味着慈善法开始了由人大直接主导的立法程序，无须再像先前那样面临复杂的立法流程和部门的利益牵扯。全国人大接手慈善法法案的草拟工作，大大提高了慈善法出台的科学、高效和高质量。2014年2月，全国人大内务司法委员会召开慈善事业立法领导小组第一次全体会议，基本规划了立法的时间表和路线图。2015年10月，《中华人民共和国慈善法(草案)》首次提请全国人大常委会审议，在其后的一个月草案向社会广泛征求意见之后，《中华人民共和国慈善法》于2016年3月16日第十二届全国人民代表大会第四次会议正式通过，并确定于当年9月1日起开始实施。

(2)《慈善法》的主要内容

《慈善法》共包含12章112条，除总则和附则，主体部分包括慈善组织、慈善募捐、慈善捐赠、慈善信托、慈善财产、慈善服务、信息公开、促进措施、监督管理和法律责任10个部分。

① 总则部分：主要界定了慈善主体以及慈善活动的类别，规定了慈善活动“合法、自愿、诚信、非营利”的原则。

② 慈善组织部分：主要是对慈善组织的主要形式、成立要求、章程要素、登记程序、活动范围等内容进行了规定。

③ 慈善募捐部分：规定了慈善组织取得公募资格的相关条件和对募捐形式与信息的公开公布。

④ 慈善捐赠部分：主要是对捐赠人的捐赠行为及受捐方的接受行为做了相关的法律规定。

⑤ 慈善信托部分：专门界定和规范了慈善范畴内的、区别于商业信托的公益信托，为公益慈善新的融资渠道提供了法律依据。

⑥ 慈善财产部分：主要是对慈善组织的财产进行了明确的规定。

⑦ 慈善服务部分：强调了志愿者在公益慈善事业发展中的重要作用，并对志愿者的素质和权益问题做出了规定。

⑧ 信息公开部分：主要明确了对县级以上各级人民政府建立健全慈善信息统计、公开制度的要求。

⑨ 促进措施部分：主要是针对慈善组织的税收优惠、媒体宣传、人才培养、国家荣誉制度等做出了相关的激励和规范。

⑩ 监督管理部分：明确了县级以上人民政府对慈善组织的监管方式，鼓励全方位的监督等。

⑪ 法律责任部分：针对慈善组织面临的不同情况说明了具体的法律承担。

⑫ 附则部分：对上述未涉及的部分进行了补充，明确了法律正式实施的时间。

(3)《慈善法》出台的意义

① 完善了非营利的慈善组织的法律界定。新出台的《慈善法》对非营利性的慈善组织进行了更为规范贴切的界定，将慈善组织分为社会团体、基金会和社会服务机构(原称为民办非企业)三大类，在原本三大类组织界定之上有了一个基本的大纲性法律。

② 调动非营利组织的积极性。在《慈善法》的相关法规中，非营利组织的登记程序大大简化，政府也被要求给予非营利组织财力、监管等对非营利组织发展十分必要的支持，极大地便利了非营利组织的发展；而《慈善法》中做出的政府针对慈善组织的税收等优惠政策也将大大调动非营利组织的积极性。这些法律上

的支持都将提升非营利组织的发展信心和社会优越感，激励非营利组织的发展前进。

③ 激励社会各界参与公益慈善事业。《慈善法》对捐赠人的捐赠行为给予了法律上的支撑，对志愿者给予了规范和鼓励，充分地尊重捐赠人的捐赠意愿，强调开展慈善活动的自愿性，使得捐赠人和志愿者愿意持续地关注和参与慈善活动；《慈善法》的出台在慈善领域涉及社会方方面面的当下，与各领域联系密切，因而也得到了各界的广泛关注，其中相关的法规一定程度上激励了更多组织和个人参与公益。

④ 明确信息公开和监督制度。在信息公开和监督管理上的制度规范有利于非营利组织重视自我监督，完善组织内部机制，从而提高组织的社会信誉，树立起良好的口碑和社会公信力。

（二）第二层次：国家法规

与全国人大或人大常委会制定的国家法律有所不同，国务院还制定颁布了许多国家层级的与非营利组织相关的规范性文件。目前，此类针对不同类型非营利组织的法律法规有以下几类：

(1)《社会团体登记管理条例》，由国务院于 1989 年 10 月 25 日颁布，并于 1998 年 9 月 25 日重新颁布，2016 年 1 月 13 日修改公布并实行。该条例主要是为了保障公民结社自由，维护社会团体的合法权益，加强对社会团体的登记管理，促进社会主义物质文明、精神文明建设，其核心内容是关于社会团体的登记制度。

(2)《基金会管理条例》，是基于国务院于 1988 年 9 月 9 日通过的《基金会管理办法》，于 2004 年 6 月 1 日取而代之重新公布和施行的基金会相关法规。《基金会管理条例》对基金会登记管理的总原则，基金会的设立、变更和注销，基金会的组织机构，基金会财产的管理和使用，政府和社会对基金会的监督管理，基金会的法律责任等都做了具体的规定。

(3)《社会服务机构登记管理条例》，原为《民办非企业单位登记管理暂行条例》，由国务院于 1998 年 9 月 25 日通过。随着 2016 年《中华人民共和国慈善法》的通过，“民办非企业单位”更名为“社会服务机构”，《民办非企业单位登记管理暂行条例》随之改名为《社会服务机构登记管理条例》。

(4)《事业单位登记管理暂行条例》，由国务院于 1998 年 10 月 25 日颁布，并于 2004 年 6 月 27 日重新修订发布。该条例对非营利组织的设立、登记、监管等进行了相关的规定。

(5)《外国商会管理暂行规定》，由国务院于 1989 年 6 月 14 日正式发布，并于 2013 年 12 月进行了相关修订。该规定主要对外国商会在我国的成立、管理等进行了相应的规范。

国务院制定和颁布的这些法规明确了各类非营利组织的组织特征、法律地位、登记条件,确定了管理体制和管理权限,规定了监管职责及对违法行为的惩处措施,基本确立了我国非营利组织的管理制度。而在《社会团体登记管理条例》、《基金会管理条例》和《社会服务机构登记管理条例》(简称"三大条例")的基础上,一个包括三种基本形式的非营利组织、统一实行归口管理并纳入双重管理体制的非营利组织行政法规体系基本建成。

(三)第三层次:部门法规

这一层次的法规主要指由国务院所属部门根据授权制定的有关非营利组织的行政法规。以民政部为例,其发布的与非营利组织相关的规章有:1999年9月17日颁布的《社会团体设立专项基金管理机构暂行规定》、2000年4月10日颁布的《取缔非法民间组织暂行办法》、2001年7月30日颁布的《社会团体分支机构、代表机构登记办法》、2006年1月12日颁布的《基金会信息公布办法》、2010年12月27日颁布的《社会组织评估管理办法》,等等。

(四)第四层次:地方法规

为支持管辖区域内的非营利组织发展需要,我国各级地方政府也会发布许多非营利组织相关法规。地方层面的立法主要有两种:执行性立法和创制性立法。

执行性立法是指地方政府为了执行或实现法律法规或者相应上级机关的规范性文件而进行的立法。例如:《天津市社会团体登记管理规定》(2002年)、《河北省社会团体登记管理办法》(2010年)等。

创制性立法是指地方政府在法律、法规、规章或上级机构没有相关规定时,根据实际情况需要而进行的立法。如在志愿服务方面,在国家层面还未有相关立法时,许多地方已根据实际需要进行了立法,如:《北京市志愿服务促进条例》(2007年)、《上海市志愿服务条例》(2009年)、《广东省志愿者服务条例》(2010年)等。

这些法律法规共同构成了我国非营利组织赖以生存和发展的基本制度环境,搭建起了我国非营利组织法律制度的基本框架。

四、中国非营利组织发展存在的主要问题

(一)有关法律法规尚未健全

《慈善法》已出台施行,非营利组织发展的法律环境在不断地改善,中国政府也在积极地建立起有关非营利组织较为完整的法律制度框架,但与国外相比,中国有关非营利组织的法律法规还很不完善,国家立法工作依旧落后于非营利组织的发展,不能完全满足非营利组织日新月异的发展需要,这就很大程度上制约

了非营利组织的发展。而各个法律法规之间的冲突和不协调也为非营利组织的前行带来一些障碍,新旧法律出台的衔接工作仍有待改进。

（二）组织资源缺乏

非营利组织的资源不足是一个相当普遍和非常严峻的问题,主要体现在两个方面:一是经费不足。我国非营利组织的收入主要来源于政府资助和社会捐赠,而非营利组织本身的自我造血能力还有待提升,这就使得一些非营利组织处在严重的资金不足中,从而无法开展正常的活动,生存困难。

二是缺乏高素质的专业人才。非营利组织的运作需要有一支专业化的队伍来进行,但是在中国,非营利组织的专业从业人员很少。一方面,在绝大多数自上而下的非营利组织中,工作人员大多来自政府机构,其中有许多是从一线退下来的离退休人员,这些人员受到原职位工作的影响,创造性、灵活性较弱,对于非营利组织的运作也非全然了解,很大程度制约了非营利组织的发展;另一方面,在很多自下而上的非营利组织中,由于组织实力较弱,几乎没有固定的人才渠道,主要依靠志愿者开展活动,稳定的、专门的技术人才不足,这势必影响到非营利组织的创新能力以及服务质量的提高。

（三）非营利部门能力不足

非营利组织的动员、活动、管理、创新等能力都还较为弱小。宏观来看,在动员社会资源、实现组织宗旨和创新发展方面,非营利组织实力受限,无法满足多元化的社会需求。微观来看,非营利组织领导决策、战略规划、构建治理机制等能力尚待提高,而工作人员的项目执行力、服务能力、学习能力等个人素质也有待发展。

（四）管理体制落后

我国的非营利组织在管理体制方面也较为落后,对非营利组织的自主性发展带来许多不利影响。一部分非营利组织由于是从政府的职能部门转变而来的,或是很大程度上依赖于政府部门的资源支持,在管理上还十分受制于政府,这在很大程度上束缚着非营利组织的发展。现今,越来越多的非营利组织也开始尝试探索,结合运用企业的管理运作模式,使组织的管理能够与时俱进,更具有灵活性和生命力。

（五）监督体系不完善

非营利组织的监督可以分为两种:一是来自组织外部的监督制约,二是来自组织内部的自我监督,即非营利组织的他律和自律。目前我国非营利组织的监督机制还很不完善。

来自组织外部的监督主要分为政府和社会两方面。

一方面,政府对非营利组织的监管能力有限。登记部门的民政部门在面对数量庞大的非营利组织时往往力不从心。而社会对非营利组织的监督又处于缺位的状况，缺少独立的第三方专门对其进行监督，媒体对非营利组织的监督作用也非常有限，公众又缺乏制度化的渠道来反映非营利组织违背非营利准则的问题。

另一方面，来自组织内部的自我监督也同样不完善。在外部监督欠缺的背景下，对非营利组织的监督也主要是通过组织内部的自律来实现。而由于非营利组织管理机制和内部自我监督机制的不成熟，这种单一的监督方式难免会造成非营利组织的腐败以及滥用公共资源现象的出现，降低了非营利组织的公信度，进而也影响了非营利组织获取资源的能力。

思考与练习

1. 什么是非营利组织？
2. 非营利组织具有哪些功能？
3. 非营利组织的国际化可能面临什么机遇和挑战？
4. 《慈善法》的出台对我国非营利组织的发展有哪些积极意义？
5. 中国非营利组织的现阶段发展存在哪些问题？如何完善？

案例分析

徐州市云龙区花时间读书会

徐州市云龙区花时间读书会活动开始于2012年底，是由中国矿业大学教师刘蕾和几位志同道合的同志共同创立的非营利组织。主要活动地点：On the way 咖啡馆、博库书城、中国矿业大学等。读书会以营造良好的社会读书氛围，宣传爱读书的理念，分享读书心得和经验，同时组织公益类读书活动为己任，目前已有上千人次以不同形式参加了读书会的相关活动。通过参加读书会的活动，他们学习了阅读技巧，培养了阅读兴趣，扩展了阅读领域，宣传了阅读理念。花时间读书会主要通过以下几方面内容开展活动：

一、宣扬读书理念，营造读书氛围

读书会希望能够在提高市民的读书热情、通过阅读提高自我追求方面发挥作用，主要做了以下几方面工作：

(1) 读书类宣讲。宣讲活动一般针对社会大众进行，在博库书城、中国矿业大学等地进行专业书籍导读活动，如《如何阅读一本书》等，受众约为三百人次。读书会邀请在读书方面有经验并且专门做过相关研究的学者或书友与大家分享阅读经验，畅谈阅读感受，推荐阅读书目，获得很好的社会影响，营造了良好的社会文化氛围。

(2) 专家讲座。邀请国内外专家进行大型读书专题讲座，如曾组织读书会成员参加中国红学会前副会长胡文彬先生的讲座《谁读懂了〈红楼梦〉》。书友们结合多年反复阅读《红楼梦》的心得，带着问题聆听了大师的讲座，并且把握难得的机会在讲座之后与大师进行了面对面的交流，对于经典书目有了进一步的理解。

(3) 书目推送活动。读书会的发起人刘蕾老师曾应邀参加政见网站向国内外学者发起的“冰书”挑战活动，在国内外媒体上进行必读书目推荐活动，同时利用新媒体不定期地推荐阅读书目。

(4) 搭建新媒体平台。创建了微博账号、微信公众号、微信群、QQ 群等平台，定期推送相关阅读知识，营造良好的社会阅读氛围，也为收集读书会成员语录、读书心得搭建平台。

二、组织会员活动，提高阅读体验

花时间读书会针对会员设计了丰富的活动项目，并以读书为纽带，提高大家的生活质量。

(1) 读书类沙龙。读书会成员提前共同阅读相关书籍，由在该领域有一定研究的导读老师定期带领大家进行分享。第一季，读书会设定的阅读主题为：美学。书友们共同阅读了《如何阅读一本书》《孤独六讲》《解忧杂货店》《美的历程》《红楼梦》《我们仨》等六本书。第二季，读书会设定的阅读主题为：快乐。书友们共同阅读《快乐之道》《我的天堂电影院》《泰戈尔诗选》《万历十五年》等书籍。

(2) 线上读书活动。利用 QQ 群平台组织线上读书活动，许多不在本地的书友也踊跃参加，如曾经共同探讨小说《解忧杂货店》。对于小说类的书籍，读书会经常采用这种方式，在轻松愉悦的氛围下完成了书目的分享。

(3) 户外活动。我们提倡的理念是读书与实践的结合，因此读书会也经常走到户外，结合经典建筑阅读并分享相关美学类、建筑学类书籍。如在云龙湖金山塔旁阅读《美的历程》这本书，通过对于中国传统文化和建筑的意象分析，我们共同研究金山塔等建筑特色及文化和历史的意义。

(4) 周边活动。以书为纽带，我们举办了单身男女读书会、亲子读书会等相关活动，丰富活动内容，提高会员参与热情。

(5) 鼓励会员利用工作之余到其他城市学习读书会的先进经验。过去两年来，读书会成员多次来到北京的单向街书店、杭州的晓风书屋、南京的先锋书店、大连的猫的天空之城书店、青岛的不是书店等地学习读书活动开展的经验，对花时间读书会今后的发展提出了很好的建议。

三、志愿公益活动，读书与分享结合

花时间读书会还组织公益类读书活动，读书会成员义务成为留守儿童、民工子弟儿童的导读老师，辅导他们阅读《目送》等亲子类读书活动。读书会的书友在工作之余志愿担任公益类读书活动的导读老师，在学校和社区陪伴儿童阅读书籍，辅导他们提高阅读能力的同时，也感受到社会给予的温暖。

花时间读书会经过两年的发展，已经初具规模，并且在社会上产生一定的影响力，总结一下，主要基于以下几点原因：

(1) 志愿参与，目的明确。花时间读书会的成员都是热爱读书、积极参与的志愿者，他们在自己读书成长之余，也愿意将自己的心得和经验传递给其他朋友。花时间读书会一直秉承非营利组织的社会责任感，通过组织公益活动提升自身的品牌价值，以影响更多的朋友多读书、读好书，全面提高自身综合素质。

(2) 用好媒体，重视宣传。读书会的成员充分开发了新媒体，利用新媒体传播阅读正能量。通过微博、微信、微信公众号、QQ 群各自的特点开发相关的功能，如利用微博的传播力强的功能宣传活动内容，利用微信公众号聚焦力强的特色定期进行书目推荐，利用 QQ 群可以语音聊天的功能举办线上读书分享活动，取得了很好的效果，扩大了读书会的影响力。

(3) 精心组织，善于学习。读书会根据活动类型，从时间、地点、活动形式、活动内容及参加人员等各方面做了精心的安排，充分调动了书友的参与读书活动的积极性和创造性，使各项活动有条不紊、有声有色地开展。同时读书会还鼓励书友利用出差机会，到青岛、南京、杭州、大连等地学习举办读书会的先进经验。

(4) 形式丰富，辐射力强。读书会希望通过小型分享会、大型讲座、亲子阅读专题讲座、老年健康阅读专题讲座、青年发展阅读专题讲座、女性阅读专题等不同形式聚焦阅读人群，使更多的阅读爱好者能够参与到读书会的活动中，从读书中获益。

思考题：

1. 花时间读书会的主要活动在哪个领域？主要服务的是哪一类人群？

2. 花时间读书会采取了哪些形式开展活动？

3. 以花时间读书会为例，简述非营利组织在社会中有哪些作用？

第二章　非营利组织的内部治理与战略管理

本章重点

1. 了解非营利组织内部治理的定义及意义
2. 掌握非营利组织内部治理机构
3. 理解非营利组织领导的特殊性
4. 了解非营利组织战略管理的概念及作用
5. 掌握战略管理的基本方法和工具

提高非营利组织的项目运行能力，就需要注重非营利组织的内部治理与战略管理。注重内部治理，能够提高非营利组织服务与产品的专业化，确保组织顺利运行和健康发展。注重战略管理，能够使一个组织由被动发展转为主动发展，促进可持续化运营。

第一节　非营利组织的内部治理

一、内部治理的定义

治理一词由拉丁文衍生而来，其原意为控制、操纵。非营利组织的内部治理，一般是指理事会成员和执行主任（秘书长）发挥关键作用的行动领域，与组织目标、组织的基本活动、决策、参与者以及环境有关。

非营利组织内部治理的关键不仅仅是理事会与秘书处权责划分问题，更是组织是否真正、有效地为公共利益服务。或者说，有效的内部治理就是保障组织按照其宗旨行事，保证其非政府性、非营利性、志愿性、独立性或自主性。[①] 非营利组织的内部治理结构对组织发展具有绝对性的影响。[②]

二、内部治理的意义

第一，协调各主体之间关系，确保组织顺利运行和健康发展。

对于非营利组织而言，所涉及主体较多，非营利组织的健康发展需以各方利

---

① 张冉：《非营利组织管理》，北京大学出版社 2014 年版，第 156 页。
② 康晓光：《非营利组织管理》，中国人民大学出版社 2011 年版，第 169 页。

益主体的关系协调作为前提。通过内部治理，完善组织内部制度和结构，平衡各方主体之间的利益关系，倡导奉献、志愿、互利的原则，从而保证组织的顺利运行和健康发展。

第二，有效防止权力集中现象，促进组织管理的规范性。

权力集中是指非营利组织由个人或少数人所把控，组织内部易出现"大家长"。这种情况非常不利于组织的顺利运行和健康发展，组织成员难以从组织中获得足够的成就感和信任感，这样的组织人员流动率往往较高。内部治理能够较好地平衡各主体之间的利益关系，避免组织权力过于集中。

第三，有利于组织树立良好的社会形象，提升公信力。

公信力对于非营利组织而言，意义重大。组织一旦陷入诚信危机，公众对其的信任感将锐减。不断完善组织内部的自我监督和审查机制，有利于提高公众的信任感，赢得社会认同，从而获得更好的发展机会。

三、内部治理结构

内部治理结构，又称组织结构，是表明组织各部分排列顺序、空间位置、聚散状态、联系方式以及各要素之间相互关系的一种模式，是个管理系统的"框架"。组织结构设计，是通过对组织资源的整合和优化，确立组织某一阶段的最合理的管控模式，实现组织资源最大化和组织绩效最大化，也就是说要在人员有限的状况下通过组织结构设计提高组织的执行力和战斗力。组织的管理者在进行组织结构设计时，必须要考虑到工作专业化、部门化、控制跨度、集权与分权等因素。

典型的国际标准的非营利组织的组织机构设计通常包括理事会、委员会、顾问委员会、执行主任以及管理团队，结构图见图 2-1。

（一）理事会

1. 理事会的定义

理事会是非营利组织的重要领导机构。理事会在法律上对一个组织负有监管责任。理事会通常由选举产生，是非营利组织的最高权力机构。理事会对于组织负有绝对的责任，以确保组织有力、有效、合法地完成其使命[①]。理事会成员不收任何报酬，也不因为在理事会工作而获得任何补贴。理事会要通过讨论制定出非营利组织的愿景、目标、组织章程和规则等重大事项，并监管组织的日常运行，确保组织不断朝着愿景和使命前进，不偏离公益目标。国外的非营利组织大多采用理事会制度作为组织的基本治理制度。在中国，尤

---

① 朱丽亚：《温洛克非营利组织参考资料系列》04 人力资源管理，温洛克民间组织能力开发项目 2005 年版。

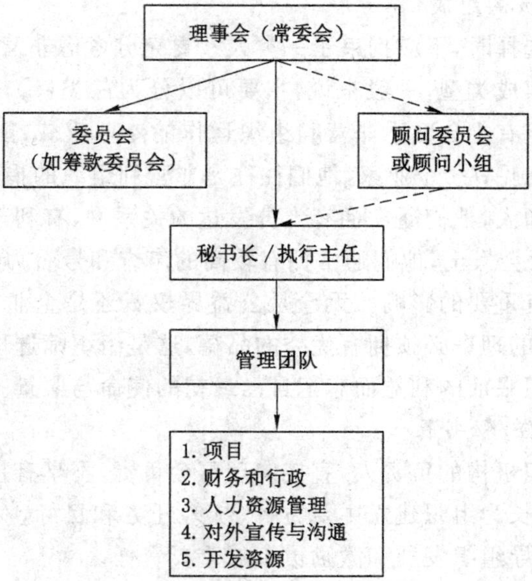

图 2-1　国际非营利组织结构图

其是草根非营利组织在基本治理制度方面仍存在很大的挑战。很多组织在创办初期,创办人包揽组织的决策权以及执行权,易出现权力集中的现象,不利于组织的进一步发展。

2. 理事会的职责

根据美国大学理事会治理协会总裁 Rechard T. Ingra 的概括,理事会的职责可分为以下十条。

职责一:制定使命宣言。职责二:任命组织秘书长。职责三:财务监督。职责四:筹集资源。职责五:确保组织守法,维系组织的公信力。职责六:保证有效的组织规划。职责七:吸纳新的理事会成员,评估理事会的绩效。职责八:提高组织的公众形象。职责九:审批、监测并改进组织的项目和服务。职责十:支持非营利组织的秘书长并评估其绩效。

（二）理事

1. 理事的个人责任

理事个人应承担的责任主要包括:列席理事会的会议和典礼;了解组织的使命愿景、服务内容、政策和项目等;为委员会服务,并主动承担特别任务;个人向组织捐款;向他人介绍宣传组织;向理事会推荐能够为理事会和组织的工作做出很大贡献的合适人选；规避利益冲突和遵守保密政策等。

2. 理事会成员的组成

在进行理事选择时，不应拘束于一类人。要充分考虑非营利组织的现状，由此来决定理事的组成类型，一般来说，主要可以分为三类：① 公益权威，非营利组织的理事会中应有十分熟悉非营利组织运作的专业权威，能够为非营利组织的发展提供宝贵意见；② 企业家，他们往往是非营利组织的捐赠人，有时也可能是组织的主要捐赠人，他们通常拥有十分发达的关系网，有利于帮助组织吸引更多的捐赠方；③ 社会人士，他们通常拥有较高的声誉和号召力，对于提升非营利组织的公信力具有重要的影响。无论是公益界权威还是企业家，抑或是社会名流，若想成为组织的理事必须拥有优秀的品德，这是组织筛选理事的底线。非营利组织不可以为了眼前的利益而忘记自己最初的使命与愿景。

（三）执行主任/秘书长

秘书长是组织机构的负责人，直接向理事会负责，不享有投票权。在理事会的协助之下，秘书长为组织建立主要方针、统筹任务和目标，对所有组织的支持者负责，担任着引导组织发展和激励员工的重要责任。

一般而言，非营利组织执行长应履行的职责主要有：① 创造性的建设桥梁者：将组织置于变迁的环境中，将组织的未来发展方向与外在的机会相配合并以预测变迁、创设新方向的方式取得所需的资源；② 策略规划者：建立真实并具有挑战性的目标，并动员组织的资源完成使命；③ 人力资源的开发者：开发组织内的人力资源，使组织内的职员、理事、志愿者等均有能力并能获得高度认同；④ 服务提供者：维持组织的正常运作，使组织所提供的服务成为高质量的服务传输，并能涵盖所有顾客及主要相关者的需求。①

（四）顾问委员会

顾问委员会是不收报酬的一些志愿者，他们的任务是给组织的正式成员如理事或者员工等补充专业知识和技术。由这些人组成的顾问委员会有时也被称为“指导委员会”或“督导委员会”。顾问委员会的职责仅限制在提供建议和为理事会议及员工的决策提供相关信息的范围内。

（五）常务委员会或执行委员会

理事会可以下设一个常务委员会或执行委员会，在不可能或没有必要召开全体理事会时代表理事会行使职权。设立常务委员会可以提高非营利组织的工作效率，但常委会绝不可以取代全体理事会。委员基本都是专家、权威，主任委员一般都由理事担任，委员会的工作必须向理事会报告。在下列情况下需要设

① 张冉：《非营利组织管理》，北京大学出版社 2014 年版，第 166 页。

立常务委员会：

① 理事会庞大；

② 理事分散在全国各地或世界各地；

③ 理事会需要定期采取某些行动或经常做出某些决定。①

（六）管理团队

管理团队由非营利组织的骨干员工组成。在执行主任的领导下，管理团队根据理事会制定的政策做出关于组织工作的具体决议。管理团队负责管理组织的项目、财务、行政、资源开发、对外联系、宣传推广以及人力资源开发等。它要通过执行主任定期向理事会汇报工作并积极参加理事会的政策制定。管理团队每年还要对整个组织、所有项目和所有员工的工作绩效进行评估。管理团队负责带领员工努力实现组织中所确定的战略规划。

（七）理事、理事长、秘书长以及员工之间的关系

理事负责监管非营利组织的运行，但不直接干预组织的管理，由此理事应该避免跨过秘书长直接管理组织员工，实现组织决策权与执行权的分离。

包括非营利组织的理事长在内，所有成员仅有一票，理事会任何成员不能不经理事会会议单独做出决定。

秘书长由理事会任命，并向理事会负责。秘书长不能担任理事，也不能参与投票，但应列席会议。如果有特殊情况，经理事会和秘书长同意，组织其他员工也可参与会议。

理事要负责听取组织的工作报告，审核财务预算，在这一过程中，理事应恪守诚信、透明的原则，向捐助人负责，向社会负责。

理事长要负责引导组织开展各项工作，并有目的地培养未来组织的领导人员，更重要的是要通过自身的行动，成为其他人的榜样，树立组织的良好形象。

表 2-1 便于更好地了解理事工作与秘书长工作的区别。

表 2-1　　非营利组织理事工作与秘书长工作对比②

治理	管理
定义是什么？	
治理是确保组织及其资源管理具有公信力和高效率	管理是指导工作的过程，以确保员工和资源能发挥最大作用，实现组织目标

① 康晓光：《非营利组织管理》，中国人民大学出版社 2011 年版，第 87 页。

② 朱丽亚等：《温洛克非营利组织参考资料系列》04 人力资源管理，温洛克民间组织能力开发项目 2005 年版。

续表 2-1

<table>
<tr><th>治理</th><th>管理</th></tr>
<tr><td colspan="2">非营利组织里谁负责？</td></tr>
<tr><td>理事会全体</td><td>秘书长及员工</td></tr>
<tr><td colspan="2">主要角色和任务是什么？</td></tr>
<tr><td>● 确保组织具有使命、策略以及长期目标
● 代表利益相关方监督执行主任和高级管理者的工作
● 确保建立各种体系，使组织向所有利益相关方展示其公信力和透明度，特别是财务方面
● 确保组织根据其适用文件开展工作，且不触犯任何国家法律
● 确保组织具备所有相关政策，并且不断更新。听取报告以确保组织的资金和其他资源仅用于组织根据适用文件开展工作，并确保组织运营具有足够资源
● 确保理事会工作顺利，会议高效进行，且所有成员完全参与</td><td>● 将使命和战略变为现实
● 执行、坚持所有的组织政策
● 管理组织员工的效率和效力以确保最大的产出和活动的效果
● 规划、监控、评估组织活动，制定所有必要政策、体系以及程序，以保证建立一个负责任的组织
● 管理组织以确保其根据使用文件和国家法律开展工作
● 管理资源，保证为实现目标而适当地、经济地使用资源。记录、展示资源使用情况
● 支持理事会的工作，例如提供会议场地和行政支持</td></tr>
<tr><td colspan="2">具体任务有哪些？</td></tr>
<tr><td>● 指导组织的使命和策略
● 审议政策
● 确保有效地确定目标和战略规划
● 确保计划得到评估和反馈
● 任命执行主任并定期评估其绩效
● 提供专业知识、智慧和支持
● 支持筹资
● 代表组织开展公关活动
● 帮助解决问题
● 听取并研究报告以保证组织的透明度，特别是在财务和资源使用上
● 自身管理，保证效率和效果</td><td>● 制定使命和策略供理事会批准
● 运用战略规划流程以定义目标和战略意图
● 执行政策并确保组织遵循政策
● 管理评估和反馈流程
● 撰写建议书
● 和捐款方联络以筹集资金，并根据要求向其提供反馈
● 代表组织对外交往
● 寻求帮助，解决主要问题
● 保留记录和体系以展示组织的透明度和问责制
● 管理组织的所有日常运营
● 监督员工
● 管理资源和工作</td></tr>
</table>

续表 2-1

治理	管理
运作良好的表现是什么?	
● 组织可以向理事会和其他利益相关方展示公信力 ● 理事会定期召开会议,并有足够成员出席以决定政策 ● 有例证和证据表明理事会代表组织制定了策略和政策决定 ● 没有迹象表明理事会干预组织日常活动	● 组织活动高效有效,实现了目标 ● 员工了解组织的使命以及自己应当怎样帮助组织实现目标 ● 已制订战略和运营计划 ● 任何问询的人,可以随时提供组织的相关信息,特别是财务信息 ● 组织愿意与外部的利益相关方分享关于本组织工作及内部运营的信息
有哪些重要区别?	
● 理事会成员不是组织雇员 ● 理事不拿报酬,不享受员工福利 ● 理事不是每天上班,通常每隔数月召开一次会议 ● 理事不对组织日常活动做出决定	● 秘书长及员工为组织雇员 ● 秘书长及员工获取报酬并享受员工福利 ● 秘书长及员工每天都为组织工作 ● 秘书长及员工负责日常的决策

第二节　非营利组织的领导

一、非营利组织领导与领导力概述

(一) 领导的含义

广义上来讲,领导是指一个人对其他人或组织的行为观念施加影响的过程。

中国台湾学者江明修认为,非营利组织领导就是决定非营利组织使命和目标,促进组织资源运作,并引导组织持续、维持、创造和发展的一种动态历程。

非营利组织的领导成员主要是指理事会成员,一般由出资人、社区居民代表、会员代表、社会工作者和一些领域的专家构成。这一类成员在某一程度上也属于志愿者,愿为组织的发展进行劳动捐赠,领取的薪酬多为名誉薪酬,或者是无薪酬。①

① 张冉:《非营利组织管理》,北京大学出版社 2014 年版,第 206 页。

(二) 领导力的含义

领导力是指非营利组织的领导者不仅需要具备对组织愿景和使命的领悟能力,更要善于通过激发说服或以身作则等方式来动员员工为实现组织愿景而努力。领导力是决定领导者领导行为的内在力量,实现群体或组织目标、确保领导过程顺畅运行的动力,[①]领导力要求组织的领导人有杰出的领导能力或素质。

领导力可以分为两个层面:一是个体领导力,即组织各级管理者和领导者的领导力。二是组织领导力,即组织作为一个整体,对组织外部人员和团体的影响力。这个层面的领导力涉及组织的决策、战略规划及人员管理等综合能力。[②]

(三) 非营利组织领导的趋势

一是非营利组织领导的系统化。在非营利组织规模从小到大的过程中,由依靠员工之间相互信任的领导模式转变为复杂化、具体化的系统领导方式。

二是组织领导的专业化,组织越发展所需的资源也就越来越多,因此也越来越倾向于雇佣专业的宣传人员、财务人员等其他类别的管理者,开展更为专业的管理任务。

三是非营利组织管理的类政府化和企业化,随着组织规模的扩大,组织很有很能出现"官僚化"趋势。组织要防微杜渐,避免"大组织化"现象。

二、非营利组织领导者基本能力

领导者的基本能力取决于领导者所拥有的特质。非营利组织领导与管理,按主题分类大致可分为治理、人力资源管理、财务管理、信息管理、战略管理等几部分,分别对应了非营利组织的领导者应具备的特质。

领导效率的高低主要取决于领导者的特质,成功的领导者在某些方面存在共性。

(一) 共性特质

包莫尔在领导特质理论中将领导特征归结如下:

① 合作精神,即愿与他人一起工作,能赢得人们的合作,对人不是压服,而是感动和说服。

② 决策能力,即依赖事实而非想象进行决策,具有高瞻远瞩的能力。

③ 组织能力,即能发掘部属的才能,善于组织人力、物力和财力。

④ 精于授权,即能掌握大权,分散小权。

⑤ 善于应变,即机动灵活,善于进取,而不抱守残缺、墨守成规。

⑥ 敢于求新,即对新事物、新环境和新观念有敏锐的感受能力。

---

① 张瑜:《中国非营利组织领导力问题研究》,首都经济贸易大学2013年学位论文。

② 张瑜:《中国非营利组织领导力问题研究》,首都经济贸易大学2013年学位论文。

⑦ 勇于负责，即对上级、下级的产品用户及整个社会抱有高度的责任心。

⑧ 敢担风险，即敢于承担企业发展不景气的风险，有创造新局面的雄心和信心。

⑨ 尊重他人，即重视和采纳别人的意见，不盛气凌人。

⑩ 品德高尚，即品德上为社会人士和组织员工所敬仰。

个体的性别、年龄与教育背景等特质对领导行为有着不同层面的影响。每个人的人格特质都不同，而卓越领袖所具备的闪光品质，诸如诚实、激情、创造力等基本特质仍可作为检验领导有效性的重要标志。此外，识别并开发个体的智力水平以及情商等特质将有助于领导力的培养。前者将在一定程度上预示个体的决策分析以及统筹调控能力，而后者则与其移情能力、情绪控制能力以及逆境承受能力等息息相关。①

（二）特需特质

由于非营利组织的特殊性，所以对领导者在道德层面提出了更高的要求。

公众对于非营利组织认可源自对组织的信任，一旦信任崩塌，公众对非营利组织的捐款额会大幅下降，志愿者招募难度将会提升，而这种脆弱的、高标准的信任关系一旦断裂，则很难恢复。这就要求非营利组织的领导者具备正直、责任、同情和宽恕的特质，在非营利组织工作中展现出真诚、无私包容且具有亲和力的一面，同时身体力行，以组织的公益目标、宗旨为使命不断努力。此外，他们也应是一个“梦想的制造机”，具有高度的敏感性，掌握社会的脉搏，且随时提出切实可行的新点子，为组织将共同的愿景描绘得更为清晰、真实。②

三、非营利组织的领导方式

领导方式作为一种抽象和提升了的态度和行为，具有稳定性、抽象性的特点，它实际上是一种理想类型。领导方式按照不同的标准进行划分，可以得出不同的分类。

（一）奇魅式领导

奇魅式领导是由韦伯首先提出的概念，用以说明领导者以独有的天赋作为权威的基础，有别于根据传统或职位的权威形式。奇魅式领导探讨领导者如何使成员认同其独特的个人特质，并能服从其命令与意志，以及奇魅式领导如何建构出使命蓝图，以获得成员的效命。这种领导方式常见于发展初期的草根组织。发起人以其自身的人格魅力或社会资源成立起非营利组织，组织成立之初往往难以建立完善的自身治理体系，发起人集决策执行权于一身。成员之所以留在

① 刘松博：《领导学：Leadership》，中国人民大学出版社2013年版，第81页。

② 林明源：《台湾非营利组织领导行为与组织绩效之关系研究》，中南大学2006年学位论文。

非营利组织工作，多是因为发起人的个人魅力，组织凝聚力较强。但这种领导方式也有其缺陷：首先，员工或志愿者留在组织工作，可能仅是因为某个人的原因，而并不是对组织本身的认同，一旦领导者离职，那么这个组织可能就难以为继。其次，奇魅式领导方式容易导致专断，不利于组织的发展。

（二）交易式领导

交易式领导，顾名思义强调交换，即在领导者与员工之间存在着一种契约式的交易。在交换中，领导为员工提高报酬、实物奖励、晋升机会、荣誉等，以满足员工的需求。员工则以服从领导，完成任务作为回报。在非营利组织中，这种领导方式并不多见，但不可否认，这一领导方式在某些情况下最为有效。领导者与员工双方协商约定各自的权利与义务，员工在努力实现自身目标的同时，不断努力工作，帮助组织实现目标，最终双方目标都能实现，在此基础上建立起相互之间的信任关系。

（三）转换型领导

在非营利组织中，同样存在转换型领导的身影。转换型领导又称变革型领导，这一概念由 Burns 首先提出。他认为，转换型领导是拓展和提升员工的利益，让他们产生对于组织任务的理解和接受，鼓励员工为了组织整体的利益，超越个人利益。

在非营利组织管理中，领导者强调个人目标与组织目标的一致性，并通过激励员工来增加其个人工作的努力程度，以实现组织目标。基于转换型领导方式，我们不难理解为什么非营利组织的人力资源管理工作越来越受重视，尤其是员工和志愿者激励。

（四）服务型领导

服务型领导，亦称为仆人型领导，这一概念在 1977 年由 Greenleaf 首先提出。他认为领导者首先应该是一个仆人或者服务者，因为领导产生于服务。领导者要有服务他人、满足他人愿望的能力，这样才能够为自己赢得追随者，形成领导力。服务型领导的目标不仅仅是完成组织目标，而是要使整个组织转换成一个真正互益型的服务共同体，每个人都可以发挥自身的潜能，以不断促进组织的发展。进一步来看，服务型领导所关注的员工的情感层次，领导者身上所表现出的是利他主义和平等主义。相较于前三种领导方式来说，服务型领导无疑是更理想的选择，但其应用所需的条件也较前三者更为苛刻。

简言之，不同的领导方式各有其优缺点，非营利组织领导者在选择自身的领导方式时，要综合考虑自身特点、组织性质与发展情况、员工成熟度等因素做出选择。每一种方式并不是固化的，而是应该根据实际情况做出一定的改变或融合，适合自己的才是最好的，切不可盲目追求领导方式的理想化。

四、领导方式的选择

在现实生活中，领导者极少有人完全采用其中的一种方式，较多的情况是几种方式兼而有之。上述几种类型的划分是在抽象领域中进行的，接近于理想类型。至于一个领导者在现实生活中采取何种领导方式，可能要受到各种因素的制约。任何一种领导方式一旦被采用，就可能成为塑造组织内特定气氛的主导力量，因此，领导方式的选择决定着一个组织内部的精神气质。领导方式既有正确与错误之分，也有有效与无效之分。而领导方式的有效程度完全取决于该领导方式与多重变量的匹配程度。因此，领导者能否依据他所处的情境选择有效的领导方式，就成为一个关键问题。对于非营利组织而言，影响领导者选择领导方式的变量主要有以下几个：

一是下属的数量与其成熟度的高低。领导者面对的下属的数量是影响领导者采取何种领导方式的一个变量。一般来说，如果下属数量较少，那么领导者在关怀维度上采取民主型领导方式的可能性也就随之而增大。下属人数较多时，领导者一般会在结构维度上采取集权式、专制型的领导方式。

二是工作对结构化和非结构化的需求程度。有些工作具有典型的结构化特点，即领导者完全可以通过制度化的方式来解决。它遵循的是大家一致认同的惯例、规则或公理。领导者在结构化的处理方式中，既展现了对制度的尊重，又表明了对所有人一视同仁的态度，这是将关怀维度和结构维度有效地结合起来的范例。而有些工作显然缺乏大家一致认同的惯例、规则或公理，在解决这些问题的过程中，领导者和下属都有充分的发言权。

三是个人利益相关性与组织利益相关性的对比。如果一件事情与下属利益的相关性远远大于与组织利益的相关性，参与型、民主型的领导方式就比较有效。如果一件事情与组织利益的相关性远远大于与个人利益的相关性，则专制型的领导方式就比较有效。

第三节　非营利组织的战略管理

一、战略、战略规划和战略管理

（一）非营利组织的战略规划

对于非营利组织而言，战略主要是指组织未来发展的方向和目标，以及实现目标的方法和途径。

（二）非营利组织的战略管理

战略管理一词由安索夫于 1976 年最先提出，其关键在于强调动态管理，被视为是一种崭新的管理思想与管理模式。战略管理是过程取向，战略规划则是结果取向，从一定意义来说，战略规划是战略管理的一个重要过程，也是战略管理的核心。

具体关系可结合图 2-2 进行理解。

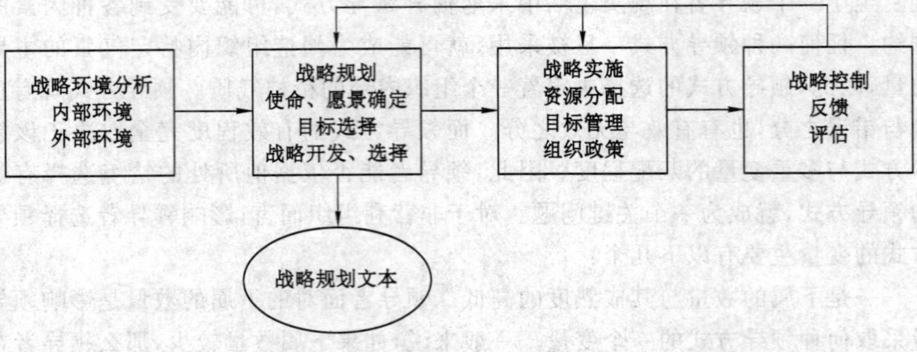

图 2-2 非营利战略管理示意图

二、非营利组织战略管理的意义

战略管理，对于非营利组织的发展成熟有着重要的指导意义。战略规划犹如走钢丝者手中的竹竿，一旦抽离，有极大的可能性会发生问题。非营利组织战略管理的意义在于：

(一) 确定非营利组织的整体发展方向

决定组织发展方向的决策是战略决策。组织规划的第一步就是要确定组织的愿景与使命，愿景与使命的确立便决定了组织发展的大方向。愿景与使命为大众描述了一个非营利组织未来的形象，通过战略管理的后续过程，这种形象会愈加清晰地呈现在大众面前。谋划好整体性问题是组织发展的重要条件，只有大方向把握准确了，才能保证所做的努力是有意义。一旦大方向把握失误，那么所有付出都将是徒劳的。

(二) 认识组织内外部环境

评价一个战略规划要看规划本身与非营利组织所处内外环境的契合度。组织自身不能妄自菲薄，不敢设定长远的目标，也不能夜郎自大，设定虚大空的规划。规划是否可能要进行深入而全面的市场调研工作，不能凭借某个人或某些人的经验来设定。

(三) 及时改错

战略管理是一个完整的动态过程，在战略实施的过程中难免会有与预想不一致的地方，战略管理其本身具有反馈与控制阶段，即对战略规划的实施过程进行实时监控与纠错。如果不进行战略管理，那么非营利组织的发展很可能与发起人最初成立组织的设想发生错位，从而导致组织失败。

三、非营利组织战略管理的程序和方法

（一）基本程序

1. 准备阶段

准备阶段，是非营利组织进行战略管理的开始，这一阶段应完成四项基本任务：一是确认规划开始，二是成立战略管理委员会，三是制定战略管理的程序，四是召开战略规划说明会。[①]

2. 环境分析阶段

环境分析可分为内部环境分析和外部环境分析。组织内部环境是指组织内部的物质、文化环境的总和，包括组织资源、组织能力、组织文化等因素，也称组织内部条件。[②] 对于组织而言，先要从自身入手，进行全面分析，根据现有的条件和能力正确预估组织未来的发展，从而形成组织资源与核心竞争力。

组织的外部环境可分为宏观环境和一般环境。宏观环境包括相关政策法律、社会文化以及国际大环境等。在我国，非营利组织与政府之间联系密切，非营利组织的发展与政府制定的相关政策和活动息息相关。在分析一般宏观环境时，常用 PEST 分析法。行业环境主要包括对非营利组织所在领域的前景评估、对同类组织的分析等。对非营利组织的内外部环境进行了全面而深刻地分析之后，通常借助 SWOT 分析法，总结提炼非营利组织的优势、劣势、机会以及其所面临的威胁。

3. 规划阶段

战略规划是战略管理的核心。在这一过程中，需要充分考虑政府、管理层、员工、志愿者以及受益人等各方的利益，并征求意见。在此前提下，完成组织愿景与使命、中期目标的讨论以及战略规划书的制定。

战略规划的第一步是应确定非营利组织的愿景与使命。愿景和使命两个词常常被混淆使用，二者之间存在联系，但又不完全一致。愿景代表着非营利组织的信仰与立场，是高度凝结概括出来的一种概念，它旨在回答“组织是什么”这一问题，专注于非营利组织品牌的形成。愿景的另一个作用是凝聚非营利组织的向心力。简言之，愿景的立意要高而有情怀，谋略要长远且深刻。使命则回答了“组织为什么存在”这一问题，非营利组织的使命中包含了组织的定位、指导思想以及对周边环境等问题从微观到宏观各层次的认识。使命对于非营利组织而言是一种软约束力，它促使组织在运营过程中时时以使命为动力。

---

① 王名、王超：《非营利组织管理》，中国人民大学出版社 2016 年版，第 43 页。

② 姜文彬：《企业的内部环境分析》，载《内蒙古科技与经济》2009 年第 19 期，第 33～34 页。

战略规划的第二步是形成战略目标。首先战略目标对于非营利组织而言意义非凡，尤其是对刚刚成立的非营利组织而言。其次，战略目标需要与非营利组织的愿景和使命保持一致，受外部环境、组织内部环境以及组织人员等多方面的影响。组织目标必须要能对非营利组织的长期发展起到指导作用，这就要求战略规划要有一定的灵活性。战略目标的形成通常需要借助一些工具，最常用的就是 SWOT 分析法。

战略规划的第三步是确立组织职能。组织职能是确保非营利组织愿景使命实现以及正常运转的职能性保障战略。如果计划在实施过程中遇到问题或困难，有效的保障性职能将启动，有序地为组织提供所需的资源，以保证规划的实行。一般来说，职能可分为财务管理、人力资源管理以及营销管理等多个部分。这些职能的正常有序实现是组织存在的基础。

4. 实施阶段

实施阶段，顾名思义，就是非营利组织按照战略规划进行组织操作的过程，即将预先的设想变为实际行动的过程。战略实施是一个自上而下的动态管理过程。战略实施的前提是，在非营利组织内部达成了战略共识，组织的员工、志愿者以及其他的利益相关者在正确认识组织规划的基础上能够建立战略认同。

实施阶段要求计划完整具体而又有可行性。不同于战略规划制定阶段，规划的实施需要非营利组织全体人员包括志愿者的共同参与和努力，规划的实现不可能仅仅依靠少数人的力量，这就要求规划实施负责人要有调动全员热情的能力，可以处理好人际关系。它需要充分考虑现在非营利组织所具备的各种条件以及内外部环境，在此基础上根据发展方向和战略规划框架，确定各个关键节点。在规划实施的过程中，最佳状态是战略规划可以引导全体员工更加认同组织使命，提高凝聚力，有条不紊地实现组织目标，从而获得生存优势，并创造出更多的社会价值，服务社会，实现使命。在规划实施的过程中必然会遇到各种各样的问题和困难，所以能够对计划进行有效的控制也十分重要。实施阶段里，控制多为事中控制和事后控制，规划实施人员必须具有良好的心理素质，能够做到防患于未然，更要做到临危不乱、冷静灵活。

战略规划的实施过程是一个动态的过程。由于规划的制定受外部环境、内部环境以及组织人员等多方面因素的影响，所以在实际过程中要根据实际情况不断地对计划进行调整和完善。当然，对规划进行的任何调整都一定要符合非营利组织的愿景和使命，不能与组织发展的大方向相背而驰。

5. 反馈、评估与控制阶段

在这一环节，需要对规划实行的效果进行判断评估，并对实施过程中出现的一些问题加以纠正。所以战略规划的实施和反馈两个环节并不是时间上的前后关系，很大情况下二者同时存在，只有这样才能更好地对规划的实施加以控制，进行实时的动态监测和评估。能够进行客观有效的自我评估，也是非营利组织应具备的能力之一。

在规划实施过程中进行监控，以保证规划顺利实施。在关键的时间节点上，可以进行评估，找到前期存在的问题和不足，并对后期的规划进行思考，改变规划中不合理或难以实现的地方，寻找其他方法，保持灵活性。

战略规划在实施过程中如果出现问题，较好的情况是经过一定的调整使计划重新回归正确的运行轨道，而在某些情况下，一些错误的计划并没有调整的余地或空间，只能终止，制订新的计划。越早发现错误，非营利组织所要承担的成本也就越小，但无论如何，前期投入的人力、财务等资源都可能付之一炬，造成了非营利组织资源的浪费和战略管理成本的增加。

（二）战略管理工具

1. PEST 分析法

PEST 是政治（political）、经济（economic）、社会文化和自然环境（social）以及技术（technological）的首字母。PEST 分析是对影响组织主要外部环境因素进行分析。影响非营利组织的外部因素众多，且错综复杂，PEST 工具将这些因素归为四大类，以便分析。①

（1）政治和法律环境（P）。政府的政策对组织发展的影响，政府可以通过财政、法律等政策等方式来影响非营利组织的行为。

（2）经济环境（E）。非营利组织与市场也直接发生关系，所以经济领域的通货膨胀等问题也会影响到非营利组织的发展。

（3）社会文化和自然环境（S）。社会条件包括人口状况、社会价值观、社会认同感等因素。

（4）技术环境（T）。技术条件是一般宏观环境中变化最迅速的组成要素，尤其是对于进行产品开发的非营利组织而言。

在使用 PEST 分析工具时，也应注意到以下几点：

首先，PEST 分析工具所涉及的外部因素众多，非营利组织需要逐步积累经验去确定哪些是最关键的影响因素。

其次，PEST 分析是通过对非营利组织的外部环境进行分析，从而寻找发展的机会，预见组织未来可能面临的问题，提前做好应对准备。

最后，外部环境是不断变化的，组织自身应有相应的信息系统和处理系统，

① 马瑞民、肖立中：《战略管理工具与案例》，机械工业出版社 2009 年版，第 56 页。

从而不断提高组织处理风险的能力和速度。①

2. SWOT 分析法

SWOT 分析法是用来确定组织自身的竞争优势、竞争劣势、机会和威胁，从而将组织的战略与组织内部资源、外部环境有机地结合起来的一种科学的分析方法。②

一般而言，利用 SWOT 分析，可以得出以下几种战略方案（图 2-3）：

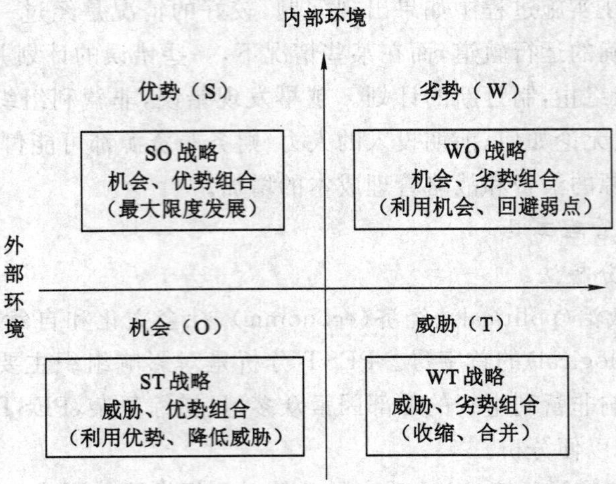

图 2-3 SWOT 分析模型

在制定战略时，非营利组织应试图抓住外部环境的机会并将组织战略建立在优势的基础上，而尽可能消除劣势或规避外部威胁。

使用 SWOT 分析工具时，应注意以下几点：

首先，SWOT 分析不是优劣势、机会和风险的简单罗列，也并非它们的简单配比，每种战略的组合一定要存在内在的逻辑联系。

其次，SWOT 分析的最终目的是为了得出可选择的战略，因此每个备选方案都应有详细的分析以便对比和选择。除此之外，各备选方案实际上是非营利组织处于不同情况下要面对和解决的问题，并非是只选一项，而可以抛弃其他方案。简单地总结，SWOT 分析的目的就是制定和执行合适的战略，利用、创造优势，克服弱点及劣势，寻找及抓住可能的机会回避威胁或化威胁为机会。③

---

① 马瑞民、肖立中：《战略管理工具与案例》，机械工业出版社 2009 年版，第 59 页。

② 马仁杰、王荣科、左雪梅：《管理学原理：Management》，人民邮电出版社 2013 年版。

③ 马瑞民、肖立中：《战略管理工具与案例》，机械工业出版社 2009 年版，第 112 页。

3. 平衡记分卡

平衡记分卡是 20 世纪 90 年代由罗伯特·卡普兰和戴维·诺顿首先发明和使用的将传统的绩效管理转变为战略实施的工具(图 2-4)。

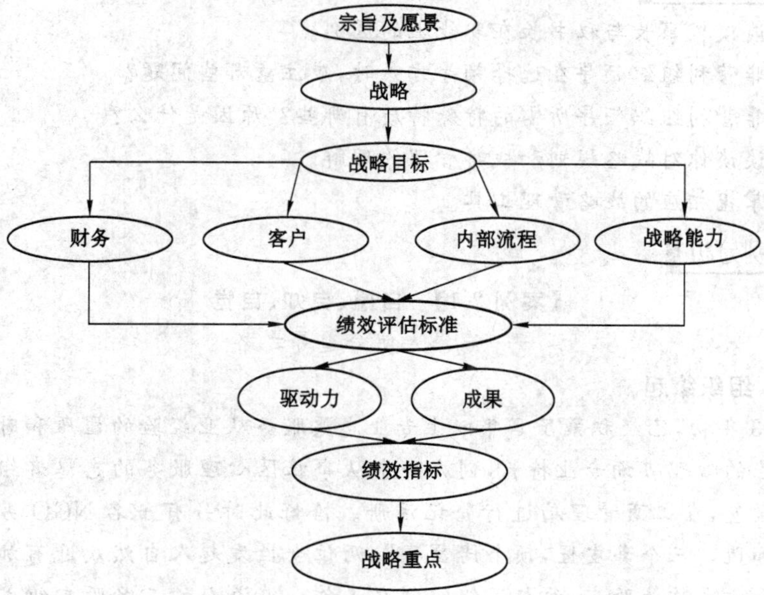

图 2-4　平衡记分卡

在应用平衡记分卡时,应注意,平衡记分卡始终以战略为核心,是战略管理层的工具,各项指标体系实际上就是战略目标的分解,不能脱离战略而存在。①

平衡记分卡的使用可主要分为以下几个步骤:

首先,阐明组织的愿景和目标。在明确目标的过程中,需要组织成员进行充分的沟通,并最终达成共识,能够一起为战略目标而努力。

其次,确定评价标准。这一步骤又可分为三步,首先要组建评价团队,保证团队成员的多样性。其次,建立评价标准,要尽可能地减少人为因素的干扰,力求做到客观、公平、科学。经过讨论和向非营利组织全体成员征求意见后,确定评价指标体系。

第三,处理、分析以及分解数据。要对历史数据进行收集,并以此作为依据预测未来数据,经由专家打分确定各指标的权重。

第四,要制定相应的措施,确定各个层面的措施,具体到部门、小组、个人。

① 马瑞民、肖立中:《战略管理工具与案例》,机械工业出版社 2009 年版,第 215 页。

最后，在实施的过程中要注重反馈，全面关注各个层面的实施情况，并加以控制，及时修正指标，从而保证战略目标的顺利实现。

思考与练习

1. 谈谈理事长与秘书长在职能上的区别。
2. 非营利组织领导在选择领导方式时，应注意哪些问题？
3. 非营利组织领导所需的特殊特质有哪些？原因是什么？
4. 谈谈你对战略规划和战略管理的理解。
5. 掌握相应的战略管理工具。

案例分析

【案例 2-1】 自愿、自知、自觉

——惠泽人使命追寻之路

一、组织缘起

2003 年初，已经积累了 8 年以上专业志愿服务从业经验的翟雁和时乐决定利用自己的心理咨询专业特长，创办一个从事社区心理服务的志愿者组织。她俩自掏腰包，在工商管理局进行登记注册。恰好此时另有一名 NGO 男性从业者自愿加盟，“三个臭皮匠，顶个诸葛亮”，两位女性发起人自然欢迎有加。他以实物投资方式作为股东，参与了组织创立工作。惠泽人的三名股东组成了董事会，实施一票否决制的决策方式，在组织章程中规定了组织使命为“充分整合社会资源，满足当代社会需要，提高人民生活质量，促进建立和谐社会”，三名股东作为组织创始人志愿者，承诺 3 年内不领取薪酬。

二、自愿与感性：激情满怀与使命缺失

到 2004 年 5 月，惠泽人志愿者团队已扩张到 200 多人，获得项目资助 20 多万元。领导人意识到此时必须加强组织管理，逐渐成立了志愿者协会并试行社团民主化运行机制。利用“五一”假期，惠泽人 40 多名志愿者代表来到昌平无名山脚下，选举了 3 名志愿者代表与股东共同组成机构执管会，负责机构的日常决策与管理，形成了新的组织结构，并一致通过了“用生命影响生命，携手共建社会治理”的组织使命。随后的惠泽人股东大会也据此修改了组织章程，明确组织为非营利性质，但是否成立理事会没有形成决议。

2005 年，惠泽人内部出现了越来越多的问题：股东会和执管会讨论的内容不到两个小时就被散布得满城风雨；某志愿者可以因为与某人不和而不再参与志愿服务，也可以因为对津贴拿多拿少不满而愤然离去；组织内部矛盾与冲突随之频出。2005 年底，惠泽人高层管理团队终于出现分裂。

组织问题的发生仅仅只是表象，惠泽人实质面临着使命缺失和志愿失灵的巨

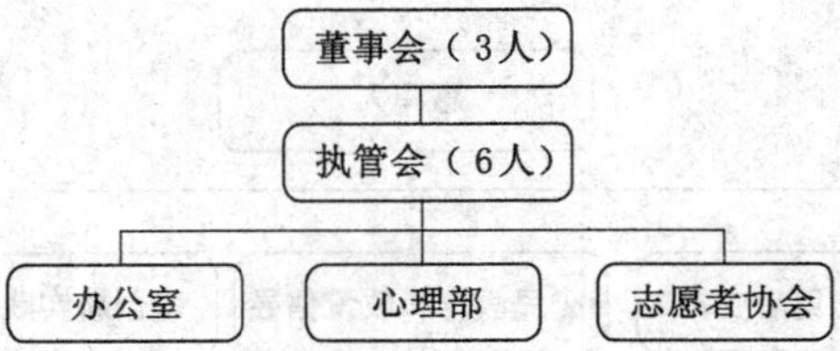

图1 惠泽人2004年组织结构图

大考验。领导人痛定思痛，深刻反思了作为领导人所犯下的重大失误：只顾埋头拉车，没有抬头找路。大家决定：下大决心重建惠泽人，向合作伙伴请求暂时停下手头的工作，正式成立理事会，加强组织治理和高层支持，并弄清楚组织的根本问题。

2006年2月，惠泽人在原有组织岗位上招聘了第一批付薪员工5人，由中心主任和部门主管员工组成执管会；7月，经过近半年的筹备，惠泽人第一届理事会正式成立，由来自研究机构和高校的学者、企业家、志愿者代表和发起人等七人组成。理事会一致通过决议，重新审视并制定惠泽人使命和战略规划。9月，在战略合作伙伴VSO的支持下，由VSO国际专家为惠泽人主持了为期一周的使命重审和战略规划研讨会，并进行了组织发展咨询和辅导。惠泽人发起人、理事代表、顾问、全体员工、新老志愿者代表、合作伙伴和受益者代表都参加了研讨会，经过组织发展回顾与评估、组织内外部环境分析、社会志愿者资源评估、澄清了组织限制与定位，达成了多数共识。但在讨论惠泽人新的使命描述时，争论最为激烈。使命必须精炼并富有感召力。大家为每一个字进行斟酌，体会背后的含义。最终，惠泽人的使命被定义为："通过志愿服务的能力建设、创新实践和宣传倡导，提高志愿者对社会治理发展的贡献"；惠泽人的愿景是实现一个"人人乐于志愿服务的社会治理"；惠泽人的三大战略目标是：提高民间组织志愿服务绩效、探索适合中国国情的志愿服务模式、改善中国志愿服务发展环境。执管会接下来用了整整一个月时间，根据新使命制订出了新的五年组织发展战略规划以及执行策略。

2007年初，执管会根据战略规划重新调整了组织结构，大刀阔斧地取消了心理部，并停止了社区心理服务型项目和日常心理咨询服务，关闭了心理热线，只继续保留了社区心理矫正项目。虽然向志愿者和政府合作伙伴做了解释工作，仍有大批专业志愿者失望离去，政府官员难以认同，也动摇了惠泽人社区心理矫正项目员工的信心，2007年5月，这些在政府部门工作的惠泽人员工和志愿者团队被政府吸纳，转化为当地社区矫正工作的补充力量，惠泽人第一个与政府合作项目至此终止。

三、自觉与德性：坚信、坚守和坚持使命

好的治理结构在惠泽人危机时刻发挥了至关重要的作用。理事会监督着惠

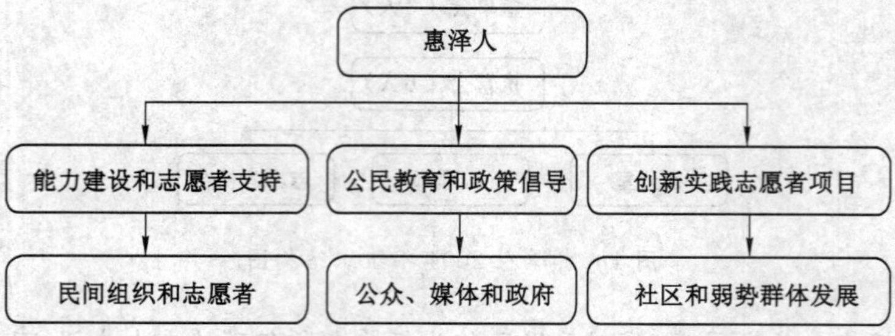

图 2 惠泽人战略执行策略图

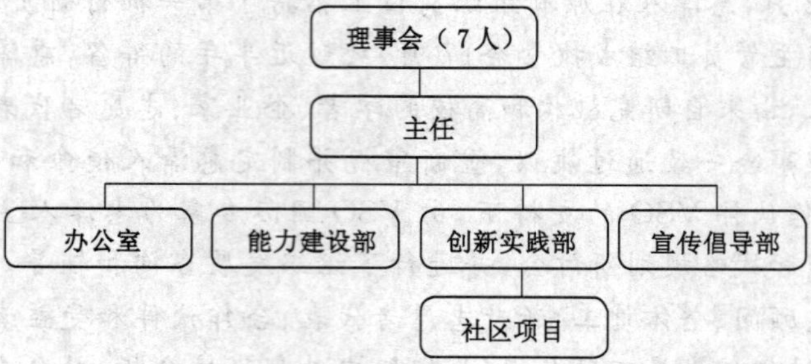

图 3 惠泽人 2007 年组织结构图

泽人项目开发方向和资金的合法使用，并为组织建设提供专业咨询与支持。在理事会的决策下，新的战略规划将工作重点转移到关注志愿者及其组织的能力建设；同时发展政府、市场和 NGO 合作伙伴关系，加强志愿者培训师培养、课程开发和培训体系建设；将原有的社区心理服务项目孵化为社区志愿服务中心，通过政府购买专业服务促进其成为当地社区的志愿服务力量。

惠泽人从一个服务组织转型到支持组织，从 2 名志愿者发起人到拥有 200 多名志愿者的志愿者组织，再到 6 名全职员工和 60 多名较稳定志愿者的专业民间组织；从最初自投资金、自发性开展志愿服务活动，到自觉地根据使命战略规划开展项目工作和专业能力建设。如同孩子成长过程，我们单纯快乐，自以为是，幼稚无知，热情冲动，勇往直前，尝试失败，困惑不解，痛苦彷徨，期待明天；总是在关键时刻，我们得到了社会支持，同伴互助，能力建设，信念支撑；我们走过了与大多数 NGO 相似的组织发展之路：自愿与感性—自知与理性—自觉与德性。

（来源：自愿、自知、自觉——惠泽人使命追寻之路_惠泽人志愿服务发展网 http://www.huizeren.org.cn. 2016-11-05）

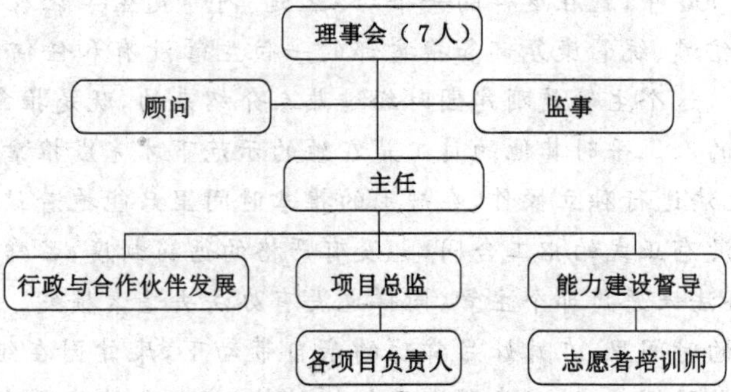

图4　惠泽人2008年组织结构图

思考题：

1. 何谓战略管理？何谓组织使命？两者之间逻辑关联如何？
2. 说明战略管理过程或阶段？惠泽人的战略管理过程或阶段是怎样的？
3. 战略管理在非营利组织管理中应该发挥什么样作用？
4. 评述惠泽人组织结构的变迁。

【案例2-2】　从"非正式制度管理"到"正式制度管理"

——上海市徐汇区致康儿童康健园

一、非正式制度管理引发组织困境

上海市徐汇区致康儿童康健园是一家专为脑瘫儿童提供康复训练及住宿服务的社会福利机构。办园目标是：努力创办能为更多脑瘫儿童服务的优秀康复教育场所，成为有中国特色的非营利组织。该园主要采用创办人吕舜玲女士独特的推拿技术与引导式教育相结合的康复方法，帮助脑瘫儿童建立自信、发挥潜能、实现自我。该园现有30个脑瘫儿童在园。从2003年创立至今，已有11个儿童出园，并正式走进了正规学校大门接受教育。

创立者吕舜玲女士自身是一位脑瘫患者。在她的成长过程中，曾受到过无数的歧视。从那时起，她就已下定决心：无论会遇到多大困难，一定要尽力帮助脑瘫患者！在30岁的时候，她怀着"为脑瘫患者服务"的坚定信念创立了致康儿童康健园。

致康儿童康健园于2003年6月开始筹备，同年11月正式成立，吕舜玲女士担任院长。康健园成立初期，吕舜玲抱着一种服务于患者的态度，想把康健园办成一个患者的"家"。她园内上上下下在她的带领下就像是一个有"家长"的温馨大家庭。

但是，在2004年，就在这样的一个"大家庭"内部发生了让人意想不到的事情。受吕舜玲信赖、统管康复部和推拿部的一位主管没有和任何人打招呼就随便不来上班了。这个主管是刚建园时经过熟人介绍来的，既是推拿部主管，又是掌握推拿技术的人。平时其他的员工是在她的示范下才完成推拿过程的。她走了，其他员工无法进行独立操作，在规定的推拿时间里只能抱着孩子坐在那里无事可做。由于没有正式的招工合同，也没有严格的惩罚制度，吕舜玲对她无可奈何，没有任何办法来惩罚那个主管，同样也没有办法去追索损失。

在接下来的时间里，在妹妹吕舜玫的亲自带动下，康健园在组织结构、组织管理制度上都做了调整，进一步明晰了组织结构，实行权力分管制度，做到权责明确；建立了民主制度、监督制度、激励制度、培训制度、评估制度及奖罚制度。正是这些正式制度挽救了康健园。

二、确立"理念—结构—制度"三位一体的组织管理模式

康健园从"非正式制度管理"向"正式制度管理"过程中的具体做法是：首先提出了组织的价值理念，在这一价值理念的支撑下建立了组织运行结构模式，在组织具体结构中建立了相应的制度，这些制度有：组织的文化制度、员工的招聘制度、奖罚制度、培训制度、民主制度、监督制度、组织的评估制度等，从而形成了"理念—结构—制度"这样三位一体的组织内部管理模式。

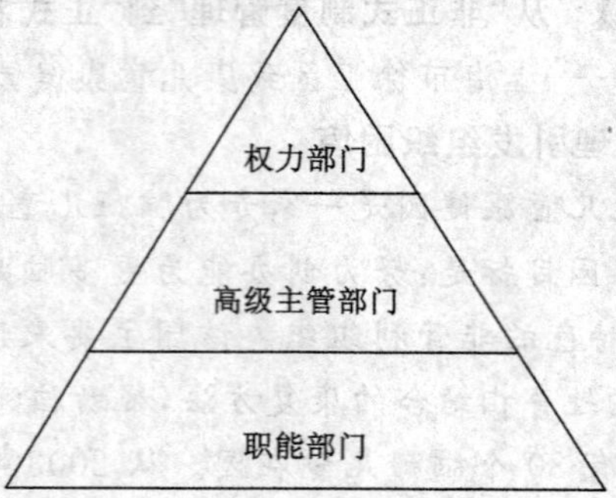

图5　康健园组织结构图

在精心思考和设计之后，康健园建立了由最高权力部门、主管部门和职能部门组成的金字塔形的组织结构。权力部门主管行政，以院长和总监为代表，处于结构的最顶端。员工必须贯彻执行权力部门的决定，服从工作安排。如有不服从安排者，第一次书面警告处分，并扣除部分奖金；第二次开除出园。下级部门必须服从权力部门的调配；遇到特殊事情需要临时调配时必须以大局为重，服从安排。权力部门下设高级主管部门，内设高级主管人员。金字塔的最下层设有职能部门，分别是康复部、推拿部、清洁部及安全部等。在康复部内设有五个班

级，每个班级中有一个组长；推拿部设一个主管，下设组长。高级主管由全体员工共同选举产生，接受权力部门和职能部门的监督。每个月高级主管都要召开一次总结大会，总结一个月内各职能部门及主管部门所取得的成绩、面临的困难及表现的不足，并研究探讨问题解决办法。各职能部门每周要召开一次会，主要研究一周以来在具体的康复工作和推拿工作中发现的新方法和出现的新问题。

康健园重视对员工的全员培训，形成了一个“替补式”的培训模式。原来有资格接受培训的员工只有部门主管，其他员工只能在主管带领下才能开展工作。主管一旦离开，整个园内的技术性工作流程就会整体瘫痪。现在全体员工都有资格接受培训，一人不在，其他人能随时顶替。

康健园时时刻刻都在发现问题，时时刻刻都在进步，这得益于民主制度及评估制度的建立。主管的任命实行民主选举。成功入选的人要严格遵守一系列相关的制度。评估是从各职能部门开始的，从每项基础性工作开始的，包括课程评估、班级评估、小组长评估、部门主管评估以及组织整体运行评估。课程评估每周都要举行一次，渐进性地、有针对性地改进孩子在训练中表现出的不足。每次都要以一个主题为主，解决了这个主题后，下周再换另一个主题，这些主题涉及每一门课程。班级评估是以孩子的各项训练成效、带班组长工作业绩和班级的整体情况为标准进行的。对主管及小组长的评估是根据日常考评表进行的。考评表中包括各种指标，如工作的完成情况、工作的态度情况、考勤情况、发现问题的情况、举报问题的情况等等。组织的整体评估就是以这些基础工作的评估为参考的。

三、康健园管理模式带来的启示

致康儿童康健园走过的制度建设之路，给中国其他非营利组织的治理与发展提供了很好的启示和借鉴。

（一）将正式制度建设与培育社会认同感相结合

在被利益充斥、竞争激烈的当今社会，非营利组织想要在竞争中取胜，其中法宝之一就是培育自己的社会公信力或认同感。这同样也是美国和西方其他发达国家知名非营利组织成功的经验。

（二）将正式制度建设与道德伦理相结合

从事非营利性的福利事业一定要拥有崇高的道德使命感和伦理价值观，这是柔性的，正式的制度则是刚性的。二者柔刚结合，相辅相成，是非营利组织血管中流动着的生生不息的血液。

（三）将正式制度建设与节约组织成本相结合

正式制度本身是例行化的，按照程序执行即可，在某种程度上可以减少不必要的时间上、人力上、物质资源上的浪费。致康园的实践证明，正式制度更能节省组织成本，更有利于组织的长远发展。反思“主管擅自离岗”事件，致康园得出了教训，也看到了正式制度带来的高效率。

（四）将正式制度建设与组织的可持续发展相结合

可持续发展是每个组织的梦想，但是真正做到的却为数不多。可持续发展理念深入到了康健园的每一个角落。因此，致康园出台了“替补型”培训制度，这个制度使康健园形成了一个专业技术强有力、综合素质强劲的员工队伍。队伍组呈梯队状，这主要指的是管理上即老员工带领新员工，但在技术上新员工决不落后。无论新老员工，每个员工都是一流的员工，都能独立完成一项任务，再也不会出现一个员工离去整个组织无法生存的事情了。

（来源：http://www.docin.com/p-1604352090.html）

思考题：

1. 一个组织靠什么生存？一个非营利组织靠什么生存？

2. 非营利组织治理定义与特点？

3. 非营利组织治理一般会存在什么问题？致康园治理出了什么问题？

第三章　非营利组织的人力资源管理

本章重点

1. 了解非营利组织人力资源管理的概念和意义
2. 理解非营利组织人力资源的特殊性
3. 掌握人力资源管理的基本步骤
4. 掌握志愿者管理的基本方法

非营利组织和企业一样，其人力资源管理的核心内容包括招人、用人和留人，但非营利组织具有较高的理想性，强调通过人力资源管理实现组织的宗旨。相对于企业的人力资源管理而言，非营利组织的人力资源管理有其自身的独特性和复杂性。非营利组织的人力资源包括有酬员工和志愿者两大类，人力资源管理理应涵盖这两类人员。

在非营利组织的发展过程中，很多组织都面临过专业人员短缺、志愿者流动率高等问题，这些问题成了制约非营利组织发展的瓶颈。所以，如何进行人力资源管理对于非营利组织的发展而言至关重要。

第一节　非营利组织人力资源管理概述

一、人力资源管理的含义

管理大师德鲁克认为，人力资源是所有资源中最具有生产力、最多才多艺，也是最丰富的资源。它最大的优势在于“具有协调、整合、判断和想象的能力”。由此可知人力资源是不同于其他所有资源的。在过去的研究中，人力资源的地位通常被视为与其他资源无异，这种观点忽视了很重要的一点，人具有主观能动性，人可以发挥自身的特点进行充分的自我利用和开发。

人力资源管理这一概念的内涵在西方理论界尚存在争议，但通常被定义为：一系列具有决策性意义并相互协调一致的关于组织内部人员管理的方法和措施。这一概念是基于“员工是组织最宝贵的资产”的认识，并希望通过对员工个人和集体行为的管理来实现组织所设定的目标。①

对于非营利组织而言，人力资源管理也非常重要。一般来说，非营利组织的人力资源管理是指在一定时期内，推动非营利组织发展的具有智力和体力劳动能力的人的总和，同时也是整个社会人力资源的一个重要组成部分。为非营利组织工作的劳动力资源都可称为"非营利组织人力资源"。②

二、人力资源的构成

非营利组织的人力资源一般由三部分组成。

一是作为组织最高决策机构的理事会成员，他们的主要职责在于制定组织的发展规划、确定组织发展目标和组织内部监督。

二是组织内的有酬员工，包括管理人员以及基层人员。管理人员的主要工作职责是执行理事会所做出的决定、管理组织资源、开发项目、评估和考核雇佣人员等。有酬员工的主要职责是协助秘书长工作、处理日常事务、开展具体活动以及管理和培训志愿者。

三是志愿者。志愿者是指出于自由意志而非个人义务或法律责任，不以获取报酬为目的提供劳动的成员。③ 非营利组织活动的顺利开展有赖于志愿者的参与。这是非营利组织人力资源管理中相对不固定的一部分，通常是根据具体活动进行招募。

三、非营利组织人力资源管理的特点

一般来说，非营利组织人力资源管理具有如下特点：

第一，成员来源的多样性。在非营利组织中，无论是理事、员工抑或是志愿者，通常都面向全社会公开招募，招募过程具有较高的公开性和公平性。非营利组织的服务内容丰富，涉及领域广泛，对各类人才都有需求，这一点在志愿者招募过程中尤为突出。

第二，成员间关系的平等性。相对于企业和政府而言，非营利组织的组织结构呈现出扁平化的特点。成员履行职责，除了相关规定的约束外，同时也是出于对公益事业的责任心和使命感。通过彼此合作、相互协调来完成任务，共同为组织目标的实现而努力。④

第三，成员素质要求的特殊性。非营利组织不以营利为目的，以解决社会问题为己任，由此在人员素质方面有着更高的要求。一般而言，非营利组织成员应

---

① 王俞：《西方人力资源管理概念浅析》，载《中国人才》2003 年第 9 期，第 20～23 页。

② 张冉：《非营利组织管理》，北京大学出版社 2014 年版，第 206 页。

③ 张冉：《非营利组织管理》，北京大学出版社 2014 年版，第 206 页。

④ 张冉：《非营利组织管理》，北京大学出版社 2014 年版，第 207 页。

具有较高的政治素养和道德品质，能够积极参与公益活动，有大局意识和合作精神。

第四，成员培训的特殊性。非营利组织的员工培训不同于企业的培训。其培训内容更广泛，除了技能培训以及岗位培训外，还应对员工进行使命感、责任感的培训。这些素质的获得更多仰赖于组织潜移默化的影响，由此组织应注重组织文化的培育。

第五，成员激励的特殊性。在企业中，激励通常是通过物质途径实现，比如奖金、津贴。对于非营利组织而言，激励以精神激励为主，管理层通过引导、鼓励等方式，激发员工的内在积极性。

第二节 非营利组织人力资源管理的机制

一般认为，人力资源管理共有六个流程，分别是人力资源规划、招聘与录用、员工培训、绩效评估、薪酬与激励。其中，前两个流程可确保组织招募和甄选到有能力且适合组织的人才，第三个流程能够使员工的技能和知识储备不断更新，第四、五项流程则是保证组织员工长期保持较高的绩效，并逐步成长为出色的员工。

一、人力资源规划

（一）人力资源规划的含义

人力资源规划是招募和录用员工的前提，只有确定了人力资源规划，才能够对工作岗位进行分析，进而找到适合组织、适合岗位的员工。

人力资源规划，广义上来讲是组织中所有各类人力资源规划的总称；狭义上来说是组织从战略规划和发展目标出发，根据其内外部环境的变化，预测组织未来发展对人力资源的需求，以及为满足这种需要所提供人力资源的活动过程。按期限来分，可分为长期（五年以上）、短期（一年及以内）以及介于两者的中期计划；按内容分：战略发展规划、组织人事规划、制度建设规划、员工开发规划。

（二）人力资源规划的必要性

人力资源规划并不是可有可无的，人力资源规划是保证组织顺利运行和健康发展的基础。这是因为：

第一，非营利组织中有职位空缺或一人身兼数职的现象，但随着组织的不断发展壮大，组织所需要的专业人才越来越多，由此需要对人员的补充做出规划。

第二，非营利组织中也存在流动率、岗位更替，需要录用新人。

第三，非营利组织的活动往往以项目的形式开展，临时性很强，需要提前做出规划。

第四，降低非营利组织的用人成本。人力资源规划可以对现有的人力结构进行分析，找出当前组织人力资源结构的问题，更好地发挥人力资源的作用，降低用人成本。

(三) 人力资源规划的步骤

一般而言，人力资源规划的具体制定和实施的步骤主要有以下六个方面，即核查现有人力资源、人力需求预测、人力供给预测、起草计划匹配供需、执行计划和实施监控、评估人力资源规划等，步骤如图 3-1 所示。

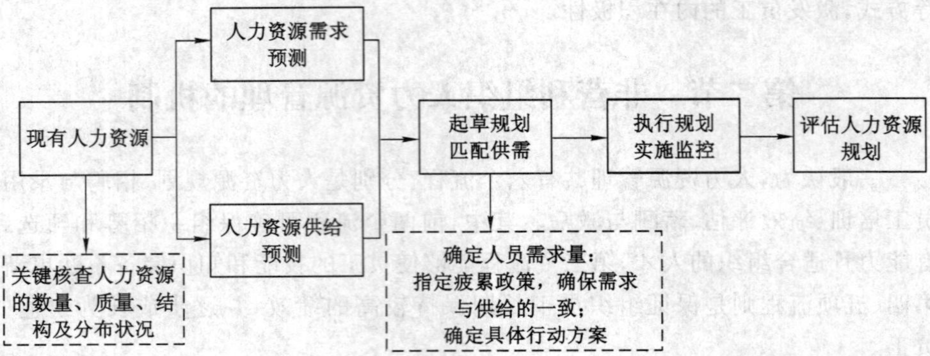

图 3-1 人力资源规划步骤

(四) 人力资源规划的方法

一般来说，对人力资源进行规划主要有三种方法。

第一，经验判断法。这是指非营利组织的管理人员根据以往的人力资源需要以及经验对所需人工数量进行预测。这种方式步骤简单，成本低，主要与管理人员的经验有关，不同的人会做出不同的预测。所以，经验判断法的准确度较低，风险性大。

第二，德尔菲法。20 世纪 40 年代，赫尔墨与达尔克首创德尔菲法，后被美国兰德公司采用。德尔菲法是专家会议预测的一种发展，以匿名的方式通过几轮函询，征求专家们的意见，直到专家组成员意见趋于一致，以达到预测目的。德尔菲法专业性强，通常用于预测性的长期规划，预测结果较为可靠。其所采用的背对背匿名的方式给所有专家都提供了一个平等表达观点的机会，最大程度上减少了相互间的干扰。与此同时，德尔菲法也有其自身的局限性，其通常所需的时间较长，专家的主观因素可能会对问题本身造成影响。①

第三，趋势分析法。这种定量分析方法的基本思路是：确定组织中哪一种因素与劳动力数量和结构的关系最密切，然后找出这一因素随聘用人数而变化的趋势，由此推断出未来人力资源的需求。

二、招聘与录用

（一）工作分析

1. 工作分析的含义

在进行人员招聘之前，非营利组织需对招聘岗位进行工作分析，通过工作分析确定岗位的职权和职责，明确用人要求。

工作分析，又称岗位分析、职位分析等，是人力资源管理的基础性工作，以岗位工作和岗位的任职者为研究对象，通过系统、科学的方法，收集、分析、确定岗位的目的、工作内容、工作职责、工作权限、组织关系、任职资格、任职者素质要求、工作的环境条件、工作设备的要求等信息的过程。② 可以说，工作分析是其他人力资源管理活动的基石。

2. 工作分析的原则

工作分析在人力资源管理乃至组织整个管理体系中占有重要地位，因此在工作分析进行的过程中，必须遵循一定的原则，以确保其成果能够保证良好的效率和效果。这些原则包括：① 系统性原则；② 动态性原则；③ 目的性原则；④ 效率性原则；⑤ 对岗不对人原则；⑥ 实用性原则。

3. 工作分析的流程

工作分析的流程，可分为四个阶段，包括准备阶段、实施阶段、结果形成阶段以及应用与反馈阶段。

在准备阶段，非营利组织应制定总体方案，确定工作分析的岗位、方法以及进行工作分析的人员。

实施阶段的工作：确定工作分析的用途、收集相关资料并进行甄别。在收集资料的过程中可采用访谈、问卷、观察等多种方式。

结果形成与反馈阶段：在此阶段应与有关人员共同审核并确认工作信息，初步形成职位说明书。随后进行反馈调查，员工提出相关意见。

应用与反馈阶段：要制定出正式的工作分析报告，包括岗位描述与工作规范两部分。

---

① 王少娜、董瑞、谢晖等：《德尔菲法及其构建指标体系的应用进展》，载《蚌埠医学院学报》2016 年第 5 期，第 695-698 页。

② 彭剑锋：《人力资源管理概论》，复旦大学出版社 2003 年版，第 105～106 页。

(二) 员工招募

1. 员工招募的含义

员工招募,是指根据非营利组织自身的人力资源需求确定空缺岗位,通过一定途径吸引面试者前来参与面试,填补岗位空白的活动。员工的招募与录用对于非营利组织来说,不仅仅是为组织吸纳人才,同时也是组织进行对外宣传的机会,通过发布招聘广告等方式扩大组织的声誉和知名度。

2. 员工招募的原则

非营利组织的人员招募需要遵循以下原则:

一是公平公开公正的原则。非营利组织因其公益性、志愿性等特点,在公众心目中有着比较崇高的地位。如果非营利组织的人员招募过程违背了公平公开公正的原则,那么将直接影响到组织的发展。

二是因职制宜原则。招募员工要根据职位的性质和工作内容决定。只有合适于岗位的人才才能发挥自身的特长与潜力,为非营利组织的发展带来动力,这样也可以避免非营利组织中出现人浮于事的现象。

三是成本控制原则。受利润非分配性约束,非营利组织难以分配盈余并给予员工较高的薪酬水平。非营利组织的资金更多用于提供对外服务,而不是组织的管理活动。同时,政府和捐赠者对非营利组织在行政管理(包括人事)花费上有严格的控制和要求。因此,非营利组织员工招募过程中,应有效地控制招募成本,不是通过高薪酬与政府和企业进行员工招募的竞争,而是通过组织公益宗旨的彰显、奉献精神的提倡和有效的工作设计吸引人才。①

招募过程中需要对人才进行甄选,进行甄选的方式有很多,比如笔试、面试、心理测评等。要精心设计人才甄选环节,既能通过此方式选出真正适合组织的人才,又不能打击竞争者对于公益事业的热情。

3. 员工招募的途径

员工招募有两种途径,一是外部招募,即面向社会公开招募员工,二是内部招募,即面向组织内部选择合适的人才。外部招募需要组织做好宣传,并与外部的供给方保持良好的关系。内部招募是一种成本较低的招募途径,可以节约招聘、培训的成本和时间。

4. 理事招募

理事招募不同于其他员工招募。理事的招募一般通过推荐、通过媒体途径发布招聘启事两种方式,但推荐形式居多。

经非营利组织的核心理事或者秘书长提名后,要与候选人进行充分的交流

① 张冉:《非营利组织管理》,北京大学出版社 2014 年版,第 215 页。

和沟通，了解候选人是否愿意承担理事的工作，是否认同组织的使命与愿景，能否履行理事的职责。在确定候选人后，通常由理事长邀请候选人加入组织的理事会，并与其进行工作上的沟通和接洽，了解组织的各方各面。

为了给理事们提供服务和指导，成熟的机构都有自己的理事手册。理事手册主要包含以下内容：理事会的权利与义务，理事长、理事、秘书长的工作职责描述，与理事会直接相关的各个委员会的事务，组织的任务和策略，组织章程，最近的年度工作报告和财务报告，近年来的理事会会议记录，主要计划的纲要和员工职责的描述，组织机构图，募款和公关文献资料等。①

（三）员工录用

一般而言，员工录用，主要包括以下几个步骤。首先，签订劳动合同，确定双方的劳资关系，明确员工的权利与义务、工作职责、福利待遇、试用期限等问题。其次，上岗培训，了解非营利组织的方方面面，熟悉工作环境以及工作内容。再次，如果在试用期限内表现良好，符合非营利组织对人才的需要，则员工转正，正式录用，成为非营利组织中的一员。

三、员工培训

（一）员工培训的含义

员工培训，是指通过教育、培养和训练，提高员工的知识和技能，并改善员工的价值观、工作态度和行为方式，使他们能在自己现在或未来的工作岗位上胜任，从而实现组织预期目的和员工个人发展的过程。

（二）员工培训的类型与流程

1. 员工培训的类型

一般而言，员工培训可分为两类：

第一，入职培训。在甄选工作完成之后，员工开始成为组织的一分子。首先需要带领新员工熟悉组织的环境，感受组织文化，让新员工逐渐产生对组织的归属感。归属感的内容非常丰富，它包括对组织愿景与使命的认同感、对自身工作的价值感、对组织内部管理机制的公平感，等等。其次，在新员工正式开始工作之前，一般需要进行岗前培训，为他们讲解其所在职位的具体业务内容。然而在现实中，一些非营利组织员工在正式入职后，经过简单培训或无培训就匆匆上岗，对于某些特定项目和特定工作任务缺乏相应的技能。

第二，在职培训。非营利组织的员工培训，意味着组织可以为员工提供更好的提升的机会和发展前途。如何为非营利组织员工创造学习和发展的机会和条件，培养和提高他们的知识和技能，是一个吸引、激励和留住非营利组织中优秀

---

① 康晓光：《非营利组织管理》，中国人民大学出版社 2011 年版，第 86 页。

人才的重要问题。非营利组织通常采用扁平化的组织架构，这意味着员工有较少的晋升机会。员工培训往往能够成为一种弥补和激励的手段，使员工在职场上得到横向发展的机会，保持工作的积极性和对组织的忠诚度。

2. 员工培训的流程

首先，培训需求分析，即采用科学方法，确定培训必要性及培训内容的过程，或者说是要弄清楚谁最需要培训、为什么培训，培训什么等问题的过程。

其次，培训方案设计。培训方案设计要全面，具体内容可借鉴"6W＋1H"的模式，即 Where(何地培训)、When(何时培训)、Why(为何培训)、Who(培训者)、Whom(被培训人员)、What(培训什么)以及 How(如何培训)。[①]

再次，培训过程的开展。培训的具体实施过程中培训效果的控制，可采用互动性强的方式，如新老员工交流会、角色模拟等。

最后，培训效果评估。为了避免员工培训流于形式化，非营利组织应该对员工培训效果进行评估，以便及时调整培训方案，真正了解员工的特点及不足，以便日后有针对性地开展培训工作。通常，培训评估采用唐·柯克帕屈克所提出柯氏四级评估模型，主要包括反应、学习、行为以及成果四个层次(图 3-2)。

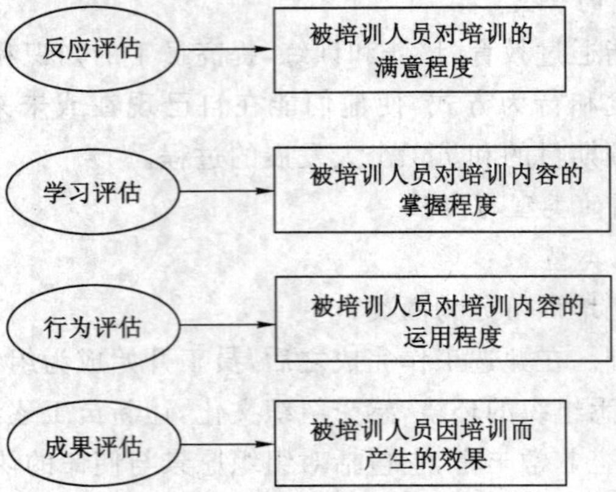

图 3-2 柯氏四级评估模型

柯氏四级效果评估的四个阶段是依次递进的，每个阶段都有每个阶段的目标及意义，不能跳过某一环节而进行。柯氏四级评估的第一、二阶段可以在员工培训完成后进行，操作难度较小，评估指标清晰。第三、四阶段一般在培训完成后半年进行，所要花费的时间、金钱也多于前两个阶段。柯氏四级评估

---

① 张冉:《非营利组织管理》,北京大学出版社 2014 年版,第 221 页。

法认为，如果培训的最终结果只是为了实现增长知识、提升技能、转变态度这样的目的，只需要用到前面两个级别的评估就可以了。但是如果培训目的是希望通过行为的转变得到更好的结果，那么，就需要将四个级别的评估全部加以应用。①

四、绩效评估

（一）绩效评估的含义

绩效管理，是指考评主体按照考核标准，通过科学的考核方法，评定员工绩效水准和任务完成情况的过程。绩效评估的目的是，帮助组织分辨高绩效者和低绩效者，保证员工不偏离组织宗旨和目标，为薪酬、培训、激励提供准确的信息。

综合比较而言，非营利组织对于员工的绩效评估比企业开展绩效评估更有难度。首先，现有绩效评估模式多以财务为基准，这符合企业追求利润最大化的特点，但与非营利组织的使命与愿景存在较大出入。非营利组织向社会提供的多是无形的、服务类产品，难以量化。其次，评估结果多与物质激励挂钩，就非营利组织而言，很难将评估结果与物质激励结合起来。非营利组织内部对于人员的绩效评估要借鉴企业绩效评估的经验与优点，同时更要注重与组织自身实际情况相结合，设计合理的员工绩效评估体系。

（二）绩效评估方法

非营利组织进行员工的绩效评估需要借助一定的工具和方法，主要包括：360 度绩效评估法、目标管理法、关键绩效指标法等。

1. 360 度绩效评估

360 度绩效评估法，20 世纪 80 年代产生于美国，也称为全方位反馈评价或多源反馈评价。其评价系统是由被考评人的上级、同级、下级和内部客户、外部客户甚至本人担任考评者，全面对被评者进行评价，考评的内容也涉及员工的任务绩效、管理绩效、周边绩效、态度和能力等方方面面。考评结束，再通过反馈程序，将考评结果反馈给本人，达到改变行为、提高绩效等目的。与传统的考评方法相比，360 度绩效评价反馈方法从多个角度来反映员工的工作，使结果更加客观、全面和可靠，特别是对反馈过程的重视，使考评起到了镜子作用，并提供了相互交流和学习的机会。②

2. 目标管理法

目标管理就是指组织的最高领导层根据组织面临的形势和社会需要，制定

---

① 胡家瑛：《柯氏评估模型在新员工培训评估中的运用》，载《国网技术学院学报》2016 年第 1 期，第 52～57 页。

② 房艳君、贺亮：《如何使 360 度绩效考核制度更有效》，载《商业经济》2006 年第 10 期，第 42～43 页。

出一定时期内组织经营管理活动所要达到的总目标，然后层层落实，要求下属各部门主管人员以至每位员工根据上级制定的目标和保证措施，形成一个目标体系，并把目标完成的情况作为各部门和个人考核的依据。[①]（图 3-3）

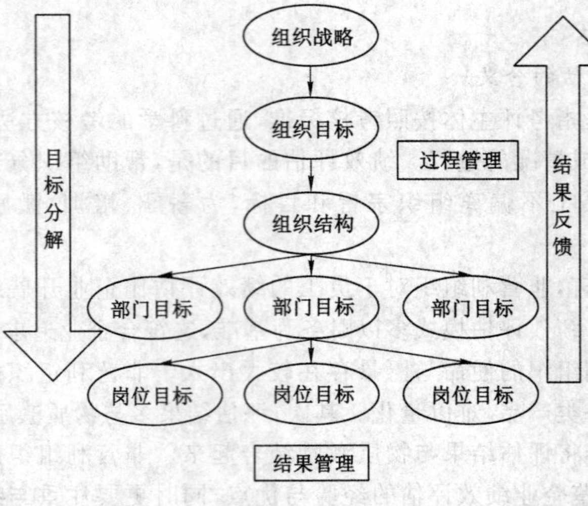

图 3-3　目标管理示意图[②]

3. 关键绩效指标（KPI）

关键绩效指标（KPI）是指用于沟通和评估被评价者主要绩效的定量化或行为化的标准体系。通俗来说，KPI 是指对于组织的生存与发展起关键作用的一些员工行为和表现。基于关键绩效进行绩效评估，就可以保证真正对组织有贡献的行为受到鼓励，使绩效评估公平、公正，有据可依。可以说，关键绩效是连接个体绩效与组织目标的一个桥梁。[③]

关键绩效指标的应用过程可分为确定工作产出、建立评估指标、确定指标标准以及审核评估指标四个阶段。[④]

五、薪酬与激励

（一）薪酬

1. 薪酬的含义

薪酬由三部分构成，分别是基本工资、奖金以及福利。基本工资是指员工所

---

① 董克用、朱勇国：《人力资源管理专业知识与实务》，中国人事出版社 2007 年版，第 267 页。

② 王艳：《论绩效管理评价方法——目标管理法》，载《经营管理者》2011 年第 5 期，第 176～177 页。

③ 李谦：《关键绩效指标考核法研究》，天津商学院 2006 年版。

④ 叶畅东：《关键绩效指标体系建立研究》，载《现代管理科学》2005 年第 7 期，第 100～101 页。

得工资额的基本组成部分，较之于工资额的其他组成部分具有相对的稳定性，由员工所在的职位、能力、价值来核定。奖金是非营利组织对员工在创造超过正常劳动额以外的劳动成果时所给予的物质补偿，可与员工绩效直接挂钩。福利是员工的间接报酬，不以员工为企业工作的时间为计算单位。

2. 薪酬的确定

比较通用的薪酬体系主要有三种，一是岗位薪酬制，二是绩效薪酬，三是以组织目标为出发点设计薪酬。

岗位薪酬即以非营利组织中各类雇佣性质的劳动者的岗位为研究对象，采用科学的计算方法，基于岗位建立的薪酬管理模式，包括岗位系统调查、岗位信息采集、岗位分析、岗位评价以及岗位薪酬分配等，为设计制定薪酬提供客观依据。

绩效薪酬是根据组织员工实际的劳动风险或绩效产出确定员工的薪酬水平。

以组织目标为出发点是由康纳尔大学的乔治·T.米尔科维奇提出的，他认为非营利组织的薪酬体系由三大部分组成，分别是构成薪酬体系基础的战略、薪酬技巧和薪酬目标。薪酬战略包括组织的内部一致性、外部竞争力、员工奉献和薪酬体系管理。内部一致性是指在组织内部不同岗位或不同技能之间的比较；外部竞争力在于非营利组织的理事会应该参照市场行情和同类其他组织的薪酬水平给自己组织内员工的薪酬水平定位；员工贡献是基于员工的业绩进行评价的指标。这种战略性薪酬管理模式巧妙、科学地把岗位、员工、绩效和薪酬设计紧密联系成一体，通过提前制定可行的薪酬战略，提高员工绩效，吸纳并留住人才，从宏观角度提升非营利组织的人力资源管理水平。

无论采用哪种薪酬体系，在确定薪酬时，都应遵循一个原则：非营利组织的薪酬可以保障员工的基本生活需要。虽然非营利组织的工作对员工的道德水平和素质提出了更高的要求，但这并不代表组织可以忽视员工工作所创造的价值，忽视他们的生活需求。就目前来看，我国非营利组织的发展得到了政府和企业的大力支持，多数组织已逐渐改变了先前资金困难的局面。组织应通过设置合理的薪酬标准来减少因薪酬问题所导致的人力资源流失。

（二）激励

1. 激励的含义

激励是指激发人的行为动机的心理过程，即通过各种客观因素的刺激，引发和增强人的行为的内驱力，使人达到一种兴奋的状态，从而把外部的刺激化为个人的自觉行动。狭义上来讲，激励就是一种刺激，指促进行为的手段。外部适当的、健康的刺激可以使个人完成目标的行为总是处于高度的激活状态，从而最大限度地发挥人的潜力，去实现组织目标。[1] 员工是非营利组织使命和理念的具体执行者，其工作能力、工作态度和绩效水平直接影响着非营利组织的绩效和形象，因此对员工进行激励是必要且重要的一部分内容。

2. 激励的内容

非营利组织可根据员工的表现给予其适当的物质激励或是精神激励。

一般而言，物质激励包括奖金、奖品等，通过物质化的奖励激发员工的积极性，不断提高组织的整体效能。

在赫茨伯格看来，非营利组织中除奖金外还有五个非常重要的激励因素，分别是：成就感、成就得到肯定、工作本身、责任感以及个人成长和进步的机会。这五个因素可概括为价值认可激励、工作氛围激励以及个人成长激励。

价值认可激励是指组织对员工工作所创造的价值予以肯定，并在日后的工作中给予员工更大的自主权。这一激励方式的优点在于可以提供员工工作的积极性和独立性，体会到更强烈的责任感和使命感，一方面可以弥补薪酬的缺失，另一方面可以加强员工对组织使命和愿景的理解。

工作氛围激励主要是指要建设良好的组织氛围和工作环境。组织内部相互信任、互相帮助、公平、公正的氛围可以激发员工的士气和热情。在此基础上，组织能够更好地进行人力资源管理。

个人成长激励是指员工个人的技能、知识、人力关系以及职业发展等得到了成长。相较于企业和政府，非营利组织的内部结构呈现出扁平化的特点。一方面，员工因此得到的晋升机会较少，由此员工更关注自身的能力、资源的横向发展，给予员工更多个人成长的机会可以减少员工的流失率。另一方面，非营利组织内部治理具有民主化的特点，可采用管理式决策，使员工能够参与决策过程，强化其自身的责任感和使命感，以便更好地完成工作追求。

第三节　非营利组织志愿者管理

一、志愿者管理概述

（一）志愿者、志愿者管理人员、志愿精神与志愿服务

在研究非营利组织的志愿者管理之前，我们首先需要明晰几个概念。

(1) 志愿者。根据中国志愿者协会的定义，志愿者是指在不为任何物质报酬的情况下，为改进社会而提供服务、贡献个人的时间及精神的人。根据以前研究，通常认为志愿者具有自愿性、无偿性、公益性、组织性四个特点。

---

① 范逢春：《管理心理学》，中国人民大学出版社 2013 年版，第 86 页。

(2) 志愿者管理人员。一是负责监督和指导志愿者工作，以保证志愿者项目实现预期的目标。在实际运行中，志愿者管理人员一般是全职工作者，不亲身参加志愿服务。二是监督、指导以及协助志愿者，来确保志愿工作得以顺利完成。

(3) 志愿精神。志愿精神可高度概括为奉献、互助、友爱、进步。具体来说，志愿精神是一种利他主义和慈善主义的精神，指的是个人或团体，依其自由意志与兴趣，本着协助他人改善社会的宗旨，不求私利与报酬的社会理念。

(4) 志愿服务。志愿服务指任何人志愿贡献个人时间以及精力，在不为任何物质报酬的情况下，为推动人类发展、社会进步和社会福利事业而提供的服务。

(二) 志愿者的特点

志愿者与员工相比，具有以下几个特点：

(1) 非职业化。志愿者这一身份并不是他们在社会生活中的唯一标签，即志愿者工作不是一种谋生的手段。

(2) 不计报酬性。志愿者参加志愿服务的目的并不是获得物质报酬，通常只有基本的交通、餐饮补贴，志愿者工作是无偿的。

(3) 利他性与公益性。志愿者参加志愿服务践行志愿精神，通过自己的努力来创造社会价值，服务他人。

(4) 多元需要。志愿者参加志愿服务可以满足多元的自我需要，一部分需要志愿者在志愿服务工作中就可以获得，比如帮助他人后的满足感与快乐，另一部分需要则要通过非营利组织获得，也就是我们通常所说的志愿者激励。

(三) 志愿者动机分析

中国非营利组织与志愿者血肉相连。近年来，随着志愿服务在中国的迅速发展，志愿者人数与日俱增，志愿者管理却缺乏相应的发展。事实上，非营利组织对志愿者的态度相当复杂：一方面，志愿者的参与，大大降低了非营利组织的人力成本；另一方面，由于参与志愿服务的动机多元化，如果缺乏使命认同与训练，志愿者往往成为领导或管理上的阻力，而不是助力，甚至可能影响非营利组织的公益形象。因此，与志愿者管理相关的主题就成为非营利组织关注的焦点之一。[①] 志愿者之于非营利组织，之于社会都有十分重大的意义。如何对志愿者进行管理也是非营利组织人力资源管理的一个重要内容。

根据国内外已有研究，可将志愿者动机概括为以下几种类型：

(1)“经济人”动机理论，志愿者之所以从事志愿工作是希望从中得到一定

① 朱丽亚等：《温洛克非营利组织管理参考资料系列》03 志愿者管理，2005 年版。

的回报，这种回报也许是物质的也许是精神上的，且回报应是大于付出的。

(2)“社会人”动机理论。中国人常说“恻隐之心人皆有之”，不论人性本善还是恶，人作为一种社会性动物总离不开与他人的交往。不论这种“恻隐之心”是与生俱来抑或是后天习得，这种“不忍心”与群居生活所带来的“互帮互助”的观念都深深地影响着每一个人，这往往也会是一个人参与志愿服务的动机和初心。

(3)多因素理论。在多因素理论中提及较多的是双因素理论和三因素理论。其中双因素理论认为，志愿者行为的动机包括利他主义和自我主义动机两部分。三因素理论则认为志愿者行为动机包括需求趋势因素、外在认同因素以及内心需求因素三种因素。

只有充分理解志愿者参与志愿活动的动机，非营利组织才能更有针对性地开展志愿者管理工作。

二、非营利组织的志愿者管理体系

(一) 志愿者管理系统

非营利组织的志愿者管理系统主要由五部分组成，分别是：志愿者、志愿者管理人员、志愿者工作规划、志愿者工作机制以及相关制度和政策，如图 3-4 所示。

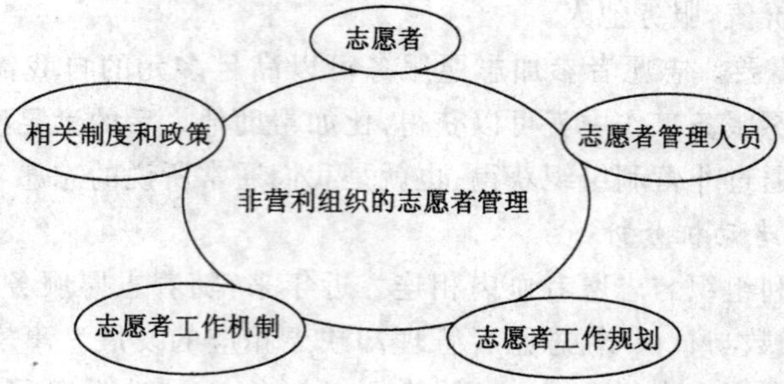

图 3-4 非营利组织的志愿者管理系统构成

志愿者是志愿者管理系统的核心，所有工作都围绕志愿者展开。志愿者管理人员，主要负责志愿者的招募、评估以及考核工作，以此保证志愿工作的顺利完成。志愿者工作规划是指对志愿者工作内容、职责做出明确规定，确定志愿者在服务活动中的角色，以便对志愿者进行管理，对其工作做出客观评价。志愿者工作机制规范了志愿者的招募、培训、评估及激励等一系列流程。相关制度和政策从法律、法规的角度对志愿者的义务和权利做出了明确规定，保障了志愿者的基本权益。

（二）志愿者管理模式

在中国非营利组织中，依据非营利组织与志愿者的关系，可分为三种志愿者管理模式。

(1) 重合型(员工式管理)。将志愿者纳入到组织的人力资源管理体制之中，由组织进行专门的志愿者管理工作。志愿者与组织联系非常紧密，有时甚至是志愿者作为组织员工承担组织管理工作。这种管理模式常见于由志愿者提供人力资源的组织(图 3-5)。

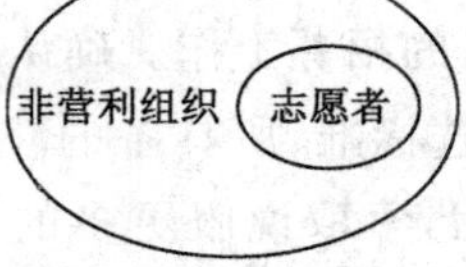

图 3-5　重合型志愿者管理模式

(2) 独立型(项目式管理)。在组织的管理体制中，基本没有志愿者管理结构和内容，只是偶尔组织活动或举办志愿者年会。志愿者作为组织的后备力量，通常只是在组织有项目或需要的时候，临时招募志愿者，一旦任务完成，志愿者即退到二线。这种管理模式常见于以项目管理为导向的非营利组织，或者在组织发展初期(图 3-6)。

图 3-6　独立性志愿者管理模式

(3) 交叉型(会员式管理)。志愿者有独立的团队，机构将志愿者部分地纳入组织管理之中，即机构作为志愿者团队的治理结构。志愿者团队(如协会、社团或小组)有自己的领导人和组织结构，在承担机构志愿工作的同时，也自行开展其他社会活动和联谊(图 3-7)。

（三）志愿者管理机制

目前国际流行的志愿者管理的典型模式(ISOTURE)包括以下七个环节或步骤：① 确认志愿者角色(identification)；② 选择、征募志愿者(selection/recruitment)；③ 对志愿者进行职前培训(orientation)；④ 培训或训练(training)；⑤ 有效地运用志愿者才能(utilization)；⑥ 表彰志愿者的成就

图 3-7　交叉型志愿者管理模式

(recognition);⑦ 考评志愿者培育计划(evaluation)。[①]

1. 志愿者招募与甄选

志愿者的管理始于志愿者的招募工作。确认志愿者角色就是在招募工作正式开始前确定招募的条件、评选标准、所具备的技能以及数量等因素,更重要的是要最大限度地发挥动员作用,争取说服更多的人参与志愿者的招募,成为志愿者。

一方面,非营利组织需要通过自我营销的方式扩大招募通知的覆盖范围和影响力,以确保有足够优秀的人才参与到志愿者工作中来,保证招募计划的顺利完成;另一方面,非营利组织在招募开始前要制订合理可行的计划:首先,要清楚组织的宗旨、战略、项目组合,知道需要什么样的志愿者;其次,要了解外部环境,社会的价值取向、潜在的目标群体、竞争对手,最后根据内外部环境,制定合理的招募策略并有效地实施。[②]

在招募工作正式开始前,需要确定的相关问题主要包括以下几个方面:

(1) 志愿者招募条件。根据组织性质以及志愿者工作的性质来确定志愿者的总人数、男女比例、学历、年龄等构成。除此之外,还要考虑志愿者工作是否为专业性较强的工作,比如:护理、心理咨询等,如含有专业性较强的工作,则需要考虑志愿者是否需要此项专业技能。还有很重要的一点,要提前告知志愿者工作的一般性时间和地点,以防与志愿者本职工作出现冲突,从而造成人力资源的浪费。

(2) 确定招募方式。非营利组织招募志愿者多采用的方法是通过政府机构组织动员,向各大院校招募,通过其他社团招募或向社会公开招募即通过人才交流中心、职业介绍所、劳动力就业服务中心等就业媒体,报纸、杂志、电视的广告等新闻媒体,或通过互联网招募等。在我国,非营利组织开展大型项目时采用的招募方式主要是通过政府机构组织动员和向各大院校招募。[③]

---

① 江明修:《第三部门经营策略与社会参与》,智胜文化出版社 2000 年版,第 124 页。

② 康晓光:《非营利组织管理》,中国人民大学出版社 2011 年版,第 84 页。

③ 胡蓉:《我国非营利组织志愿者的管理研究》,西南交通大学 2005 年版。

(3) 确定选择步骤。由于在项目中志愿者招募的数量大，要求也各不相同，因此，非营利组织在甄选志愿者时要采取灵活多样的方式。应确定甄选的标准；甄选的流程，如：初试、复试；考核的方法，如：笔试、口试、面试，或问卷测试、电话测试等。合理可行工作计划是确保招募工作顺利进行的重要前提。

2. 志愿者培训

培训是人力资源管理的内在组成部分。非营利组织中必不可少的就是对志愿者进行培训，志愿者培训是指非营利组织为志愿者传授、讲解完成志愿工作所需的知识、技能、能力和态度的过程。[①] 对志愿者进行培训，首先需要确定培训的内容和方法。培训方法的确定需要非营利组织首先对接受培训的志愿者进行分析，包括志愿者的教育水平、年龄、性别、性格，对志愿工作的期望，对志愿者工作的态度和热情度，等等。针对不同类型的志愿者要采取不同的培训方式。

通常来说，常采用的培训方式主要有以下几种：一是研讨。以志愿小组为单位就某一特定主题进行讨论，这需要志愿者对组织的志愿工作拥有一定的了解，并对工作有着较高的热情度。二是模拟练习。对实际的志愿者工作进行模拟，将预想到的志愿者以后可能需要处理的问题化为模拟场景，以提高志愿者处理问题的实际能力。模拟练习更注重于志愿者的实践方面，有利于志愿者能力的提升。三是讲座。以讲座的形式为志愿者传授相关知识和经验，讲座是单向沟通方式，并侧重于理论知识的传授，适合于志愿者的初级培训阶段。此外，培训方式还有角色扮演、案例研究等形式。

志愿者培训内容可归纳为两个范畴：基础理论、技巧训练。每项培训活动必须平衡两者的比重，避免培训活动流于表面化。基础理论内容主要包括志愿服务工作概念和非营利组织的服务宗旨、发展历程、取得的成果等。技巧训练主要包括志愿服务技巧（人际沟通技巧、自我认识及活动程序设计技巧等）、特别技巧培训（急救训练、小组合作技巧等）、管理技巧培训（服务策划课程、资源管理等）。

3. 志愿者考核

绩效考核是为了提高绩效，评估志愿者在一段工作时间内的工作表现和成效，从而确定志愿者工作成果的得失，既为激励提供信息，也为保留核心志愿者提供依据。常见方法如下：

(1) 自我目标评价法。这一方法要求用志愿者自我设定的目标进行考核。在评价过程中，主要使用过程资料评价及联系人印证法，即由志愿者提供约定的工作资料，对这些资料的质量和实际所需的工作量进行评估。这要求提供工作所牵涉人士相应的联系方式，由考核者进行回访，以进行真实性评估。

---

① 胡蓉：《我国非营利组织志愿者的管理研究》，西南交通大学 2005 年版。

(2) 设定目标评估法。如果其他相关主体设定工作目标,志愿者或志愿群体以竞标、议标、申请并承诺的方式参加工作,则以此设定目标作为评价标准。这意味着资助者或者组织者应告知比较明确、具体、细致的评估与衡量标准。

(3) 实地评估方法。即由志愿组织或相关机构派出一些社会工作督导或管理专家,在志愿者工作或服务的岗位上进行观察,并与其直接主管进行交谈,系统并全面地搜集志愿者工作绩效的材料,然后撰写报告,并将报告内容交给主管。

虽然志愿者参与服务的目的是非营利的,但只要组织目标存在,绩效考核就是必要的。对于组织和志愿者而言,绩效考核是具有责任感的表现。①

4. *志愿者激励*

激励是指组织通过设计适当的外部奖酬形式和工作环境,以一定的行为规范和惩罚性措施,借助信息沟通来激发、引导、保持和归化组织成员的行为,以有效地实现组织及其成员个人目标的系统活动。需要是激励的起点,如果没有需要,激励便成了无本之木、无源之水。需要又引起动机,动机的主要来源有两个:一是内在原因;二是外在原因。动机导致了行为。行为有其方向性,是有目标的。当目标达到之后,又会产生新的需要;当目标没有实现,有可能产生积极行为或消极行为。这就是激励的一个简单过程。

非营利组织志愿者的激励是指非营利组织通过各种激励方式,激发志愿者的志愿精神,提高志愿者的工作积极性,使志愿者的个人需求与组织的需求相适应,最终实现组织的总体目标。志愿服务的特性决定了对志愿者的激励和对企业、政府部门员工的激励是不一样的。②

非营利组织在对志愿者进行激励时应采取内在性激励和外在性激励相结合的方式,同时,又应以内在性激励为主。

(1) 外在性激励,包括物质性激励和社会感情性激励两部分。首先,对于志愿者来说物质性激励包括例如:提供交通费、工作餐,颁发志愿者认证书,赞助商提供的物品,志愿者的制服、纪念章,奖券等物质性的激励。其次,社会情感性激励是通过友谊、温暖、特殊的亲密关系、信任、认可、表扬、尊重、荣誉等社会情感性的方式来激励。对于志愿者来说,最重要的是对其工作的认可,认为志愿者所付出的劳动是有意义的,尊重志愿者的劳动成果,对志愿者的表现给予肯定,进行及时的表扬。例如:项目过程中,对志愿者说声谢谢、辛苦了等礼貌用语;项目结束后,召开表彰大会;将志愿者的优秀事迹通报志愿者所在单位,或通过报纸、

① 张冉:《非营利组织管理》,北京大学出版社 2014 年版,第 238 页。

② 胡蓉:《我国非营利组织志愿者的管理研究》,西南交通大学 2005 年学位论文。

电视等媒体向社会公开宣传。

(2) 内在性激励。就工作本身来说，工作给人带来的满足感和成就感，不像外在性激励那样由组织控制的刺激物所牵引，而是由工作中的内在力量所推动。它是值得组织重视、发掘和利用的有效激励方式。毫无疑问，工作的内在激励，对志愿者的管理来说，应放在首位。按照马斯洛的需要层次理论，志愿者主要是通过参加志愿者工作来满足他们更高层次的需求，如社会交往、友爱、自我价值实现等。

5. 留住志愿者

留住志愿者比招募新的志愿者更加重要。

要了解志愿者为什么离开，一个办法是调查“中途退出者”，最好是安排“离职谈话”，另一个办法是定期测试现有志愿者对组织的满意度，并发现导致不满的原因。

研究指出，志愿者不满的来源主要有以下几方面：实际志愿活动与预想的志愿活动不一样；组织和员工没有给志愿者回馈；缺乏适当的培训和管理；相对于全职来说，有低一等的感觉；要求奉献的时间太多；缺乏个人成就感。

相应的解决措施有：帮助志愿者了解使命和愿景；让有经验的志愿者为新手提供帮助；在分配任务时，要考虑志愿者的专业技能和经验；提供多种角色活动；任务个性化；鼓励相互了解，建设团队精神；帮助志愿者了解自己工作的意义；帮助志愿者确信自己的选择。

6. 志愿者遣散

志愿者的遣散工作需要包含在志愿者的管理制度中，它常常被非营利组织所忽略。在非营利组织的项目中，志愿者常常是一种临时性的资源，随着志愿服务的完成，志愿者将重新回到原来的工作岗位中，其志愿服务将告一段落。项目中，志愿者数量众多，不能一次性全部解散，而应根据工作需要，井然有序地逐步进行解散。有的后续工作还需要一些志愿者的合作，有的志愿者可能被组织聘为长期的志愿者或者正式的员工。同时，在项目进行过程中，有的志愿者由于多种原因中途退出，需要根据一定的程序进行妥善的安排。①

三、我国志愿者管理现状

(一) 我国志愿者管理中的问题

1. 依靠个人魅力、热情吸引志愿者

我国许多草根性的非营利组织，大都是由一些志同道合者发起成立的。其基本管理理念是以组织作为一个大家庭，发起人像是家长，大家都因为认同组织

① 胡蓉：《我国非营利组织志愿者的管理研究》，西南交通大学2005年学位论文。

的一些理想与目标而投身进来。或者因为发起人的个人魅力赢得了志愿者的拥护，使组织周围聚集着一些志愿者，而这个大家庭自然也要照顾和保护每一个成员。这也是具有中国特色的非营利组织凝聚力表现之一。[①] 从组织发展来看，这种单纯依靠组织中个别人的个人魅力而吸引志愿者的方法并不可取，组织发起人一旦离职，那么组织的志愿者资源很可能在短时间内迅速减少，给组织的正常运行带来困难。

2. 志愿者能力与组织所需不对应

我国非营利组织不断朝着专业化的方向发展。多数组织不再追求覆盖范围上的“广”，而是更关注“精”和“深”。非营利组织的这一发展趋势对志愿者素质和能力也提出了更高的要求。志愿者来源广泛，个体素质不一，能力不同，虽然大都有自己擅长的领域和工作，但在专业志愿服务中却表现得差强人意，存在一定缺憾。缺憾有大有小，但都影响到了志愿工作的质量。想要完成一次高质量的志愿服务活动，不仅仅需要志愿者的一腔热血，更需要专业技能作为基础。

3. 志愿者流动率高

非营利组织之所以重视志愿者的流动率高低，是因为志愿者的流动增加了项目运行的成本，从招募到培训都需要重新进行，重新投入资源。

造成志愿者流动性强的主要原因有志愿者工作与预期有较大偏差、志愿者难以满足自身动机等。在我国的非营利组织中，部分组织对志愿者工作并没有一个整体的规划，往往是项目发展前发现某个岗位需要志愿者，随后通过网络等途径发布招募信息，面试往往流于形式，对于志愿者的培训也十分简单。志愿者对组织的使命和愿景没有了解，甚至对项目也是一知半解，诸如此类的志愿服务，其质量一定不会高。由此造成了志愿者工作与预期存在较大的偏差，打击了志愿者服务的热情。

4. 志愿者间以及志愿者与员工间的冲突

首先，志愿者们来自不同的地区，各自的专业背景、从业经历以及年龄、性格特点都不相同。其次，志愿者们必须短时间内接受各方面的训练，适应新的工作环境，与不同的人构成有效的团队。再次，在项目进行过程中，劳动强度的增大、各种突发情况有可能发生。志愿者们既要按要求把志愿服务工作做好，又要相互去适应各自的工作方式，在这个过程中，难免彼此之间可能会产生不满。

志愿者的工作性质与正式员工不同，在项目中，正式员工与志愿者可能都是第一次合作，而且要求在短时间内要相互协调把各自的工作做好。如果志愿者

① 朱丽亚等:《温洛克非营利组织管理参考资料系列》03 志愿者管理，2005 年版。

管理人员对待志愿者态度不友善，那么必然降低志愿者对组织的好感度，打击其热情。

5. 对志愿者的监督和评估不足

对志愿者进行有效的评估，必须有一个确切的衡量标准。衡量标准来源于对志愿者的工作分析。如果对志愿者的工作描述和任职说明没有进行细致的分析和规范，将给志愿者的评估带来很大的难度。

前文中曾提到，由于志愿者工作的"不计报酬性"，非营利组织很难对其产生有强制性的约束力。部分志愿者的行为具有随意性，常常不服从管理人员安排，阻碍了服务活动的正常开展，并对组织形象和志愿者形象造成了不良影响。

（二）相关建议及对策

1. 提升志愿者管理人员的能力和水平

根据需要，在团队中配置专门的志愿者管理者，并对其进行系统的志愿者管理课程培训，帮助志愿者管理者掌握岗位评估、招聘、面试、培训、上岗、督导、评估等系列的志愿者管理内容及技巧；在条件许可的情况下，可以提供参访交流的学习机会，开拓志愿者管理者的视野，提升志愿者管理水平。此外，志愿者管理人员还应该格外重视自身与志愿者沟通能力的提升。一方面，在与志愿者进行交流时，要注意态度和语气。另一方面，志愿者管理人员要掌握与志愿者沟通交流的技巧，虽然志愿者能够参与志愿服务活动本身是值得肯定和赞许的，但这不包括那些不听从安排、毫无组织纪律性的志愿者。志愿者在进行志愿服务时，代表的是非营利组织，志愿者表现如何往往影响外界对组织的评价。学会与志愿者沟通，能够及时处理现场的突发情况，这也是一名管理人员所应该具备的基本素质。

2. 开展志愿者培训工作

在非营利组织内部积极营造一种持续学习的环境和氛围，为志愿者提供各种学习新知识、新技能的培训机会，使其不断地提高和完善个人素质，进而能够满足各种志愿服务需求。通过让专家、学者、专业志愿者的培训，使志愿者的服务更专业更贴近服务对象的内在需求，从而达到志愿服务更理性，质量更高的目的。

3. 完善志愿服务考评体系

建立志愿服务考评体系是对志愿者提供志愿服务的肯定。从某种程度上说，考评是志愿者获得精神动力的一个重要的外部因素。因此要不断完善各地的志愿服务平台，建立科学、统一的服务考评体系，并逐步完善志愿者信用体制建设，在全社会范围内营造志愿服务的氛围。

4. 完善志愿者保障体系

随着我国非营利组织志愿服务规模的扩大和发展，志愿者队伍不断壮大，对志愿者的权利提供保障就变得尤为重要了。具体措施有以下几点：

第一，完善法律法规和规章制度。2017 年 6 月 7 日国务院会议通过了《志愿服务条例（草案）》，明确了志愿服务的基本原则和管理体制，确定了志愿者权利义务、服务对象权益保障，鼓励发展专业志愿、服务等，并规定了扶持和保障措施，促进志愿服务在全社会蔚然成风。

第二，为志愿者提供物质保障。非营利组织中志愿者参与活动是自愿的，但是为志愿者提供必要的物质保障也是必要的，志愿者可以没有后顾之忧地全身心参与到志愿服务活动中，从而促进志愿服务活动的开展。

第三，为志愿者提供必要的安全保障。非营利组织在为志愿者提供物质保障的同时，还应为志愿者提供安全保障和医疗保障，以应对突发事件。①

思考与练习

1. 非营利组织的人力资源管理与企业人力资源管理有何不同？

2. 非营利组织进行志愿者管理的基本步骤是什么？

3. 谈谈你对我国非营利组织志愿者管理现状的认识，并提出切实可行的建议。

案例分析

“牵手上海”的志愿者队伍管理

一、引言

（一）关于“牵手组织”

“牵手组织”的前身是在 1987 年成立的 New York Cares。该组织主要通过调动那些有爱心的纽约市民组成志愿者团队，来帮助解决社区中存在的突出问题。

“牵手上海”成立于 2004 年，是全球“牵手组织”的上海分支机构。它的发起人 Richard Brubaker 先生曾在 Hands On Bay Area 做过志愿者。但起初 Richard 先生并未想到要在上海成立这一分支机构。当时，他和几位朋友只是希望做志愿者，但是找不到很好的途径，也不知道从哪里做起。后来他们有机会成为上海徐汇区致康儿童康健园（以下简称致康园）的志愿者。服务过程中，他们运用在 Hands On Bay Area 的工作经验，并与致康园的工作人员不断切磋，逐渐摸索出一套志愿者服务模式。在此基础上，Richard 先生和他的朋友成立了

① 张鸣旭：《我国非营利组织志愿者现状研究》，载《管理观察》2016 年第 24 期，第 55～58 页。

“牵手上海”组织，和致康园建立了合作伙伴关系。随后，“牵手上海”又同上海的儿童医院、老人院及特殊儿童服务中心等机构成为合作伙伴，依据同样的模式组织志愿者为它们提供有针对性的服务。这些工作一直都是 Richard 等人利用工作以外的时间完成。直到 2007 年，“牵手上海”开始有了正式的、全职的工作人员。

“牵手上海”起初主要与儿童医院、老人院等社区组织合作，共同设计志愿者服务项目，从而让志愿者有组织地参与进来。它的志愿者大多是来自外企的职业人士。由于工作出色，它赢得了越来越多的社区组织和志愿者的信任，逐渐壮大起来。

那么，“牵手上海”是通过什么方式解决志愿者流失问题这一公益组织的“常见病”的？又是怎样把“牵手组织”的志愿者管理经验运用到中国的实际情况中？

二、“牵手上海”的工作模式

（一）“牵手上海”总是尽可能地明确志愿者服务内容

在中国，志愿者的理念远未深入人心。因此在寻找合作伙伴时，“牵手上海”首先考察该组织是否以开放的心态接受志愿者服务。他们希望同乐于接纳志愿者的组织合作。接下来就看其是否存在志愿者服务需求。满足这两点，“牵手上海”才考虑与其成为合作伙伴。在合作过程中，他们始终坚持这样两个原则：

第一，花大力气，做好前期调研。

不少社区组织在说明自己需求时，提出的多是大方向的问题，具体的细节他们自己也讲不出。“牵手上海”会深入机构内部，在熟悉他们的工作同时，发现志愿者可以介入之处。就致康园而言，这是一家专为脑瘫儿童提供康复训练及住宿服务的非营利性组织。起初，那里的老师们提出需要有帮手照顾和教育孩子，孩子们需要和外界多交流。但这样说法十分粗略。Richard 等人通过与老师、孩子和家长们的不断交流，细化老师们提出的需求，最终与致康园的工作人员共同设计出上述的志愿者招募启事。

第二，项目设计从志愿者能力出发，同时明确志愿者职责。

面对合作伙伴的需求，“牵手上海”从来不会大包大揽。他们很清楚志愿者自身的能力和条件。在设计项目时，他们会明确哪些是志愿者力所能及的，哪些是志愿者做不到的。

例如在儿童医院项目中，“牵手上海”向医院建议开放儿童活动室，让志愿者与孩子们一起玩耍。因为志愿者活动存在许多不稳定因素，所以他们会与志愿者明确活动中的每一个环节，从开门到锁门，以及如何保持活动室的干净，保证孩子的安全。

三、"牵手上海"的志愿者管理

"牵手上海"的每个项目都有4到5名志愿者担任协调员,每个协调员与其他几名志愿者组成小组,并由协调员担任组长,带领小组成员参与活动。不同的项目对于协调员性格、能力方面的要求会不同,但共同的一个要求就是协调员必须长期、固定地参与。每个项目一个月内至少举行一到两次活动,大部分都是每周都有一次活动,且每次活动的人数都是固定的。因此,尽管志愿者是流动的,但是每个项目都有固定的协调员,而且持续性地、有规律地开展活动,目的是为了让社区组织对志愿者活动有一个常规的印象,从而形成习惯。

好的服务源于行之有效的管理方法以及项目的优化设计。"牵手上海"的做法是:第一,志愿服务现场的管理由协调员负责,"牵手上海"组织只需要对各项目的协调员进行管理,并做好总体的规划和项目设计。第二,在设计项目时对志愿者服务做了详细的说明,从而可以有针对性地做好协调员的培训工作,再由协调员引导其他志愿者参与活动。第三,对于每一次活动,注册人数都有一个上限。在致康园项目中,每次活动参与的志愿者都不会超过5至6位。这样做的目的是避免给协调员造成过大的压力,便于其小组的管理。

其次,"牵手上海"努力规范项目的操作流程,使每一个环节都尽可能简单、清晰。最后,为做好这两方面的工作,"牵手上海"对人员设置进行了调整,项目的管理上设立教育和健康两个方面的主管,并设立培训主管,专门负责培训工作。经过一段时间的探索,志愿者的服务逐渐走向专业化。

当笔者问志愿者为何选择了"牵手上海",而非通过其他组织参与志愿服务时,他们说,首先在这里能够灵活地选择他们想要参与的活动,其次作为协调员他们可以很主动地参与。最重要的是他们很快乐,这种快乐来自与致康园孩子的相处过程,也是受到"牵手组织"负责人的感染。"他们都很和善,脸上总带着天使般的笑容。"Cher告诉笔者。

四、面临的挑战

"牵手上海"让项目协调员带领小组内的志愿者,通过管理协调员来控制大量的志愿者资源。这样的管理形式比较简单,结构相对松散。志愿者可以很清楚地看到项目协调员在做什么,从而看到"牵手上海"的工作。良好的透明度使得"牵手上海"组织能够保持旺盛的活力。在有了全职的工作人员后,"牵手上海"发展很快,项目增长许多,志愿者的规模也日益庞大。

另外"牵手上海"主要为社区组织提供志愿者服务,服务领域并没有限制。除了教育和健康方面的,现在也有了环保领域的项目。例如,"牵手上海"正与世界自然基金会合作开发崇明县东滩湿地保护项目。

为保证更好地把握项目的实施,以及志愿者的服务情况,目前"牵手上海"正着手从内部完善评估机制，通过问卷调查和访谈等形式，对志愿者和项目做评估，分析其中的优点和弱势。

然而，要管理好上千名志愿者，需要有科学的、系统的管理体系。因此，如何在保证组织透明度的前提下建立起合理的管理体系，是目前"牵手上海"面临的主要挑战。

五、小结

"牵手上海"专注于志愿者队伍的能力建设，以及为合作伙伴提供良好的志愿者服务。通过合理的管理方法和项目设计，逐渐在其自身与志愿者以及公益组织三者之间建立起了相互的信任，从而形成了良好的社会公信力。总结起来，他们的成功经验有以下五点：

- 了解公益组织的需求，并引导其细化志愿服务；
- 让志愿者参与公益的方式变得灵活、方便而不失针对性；
- 引导志愿者提供专业化的服务，切实对受助者起到帮助作用；
- 协调员的管理模式，实现志愿者自我管理；
- 倡导快乐服务。

对于"牵手上海"的成功，负责人方晖认为这与他们的工作模式密不可分。在这样的模式下，他们能够为合作伙伴提供明确的服务，建立长久而稳定的合作关系，同时保证组织具备良好的透明性。

（来源：http://doc.mbalib.com/view/b65ed0f970d094e0d92d8092d592fd52.html）

思考题：

1. 如何理解非营利组织人力资源管理与其他组织人力资源管理的区别？
2. 志愿服务的含义、类型是什么？志愿管理的特点是什么？
3. 大力推行志愿服务活动的意义是什么？
4. 结合案例谈谈志愿者招募和管理方面的技巧。
5. 假如你要参加志愿服务，你希望得到什么？

第四章 非营利组织的营销、筹款和项目管理

本章重点

1. 理解非营利组织营销的概念、核心、特点和意义
2. 了解非营利组织筹款理念的发展
3. 了解非营利组织筹款的主要来源和方式
4. 理解非营利组织筹款评估的意义和过程
5. 理解非营利组织项目管理的原则
6. 了解非营利组织项目申请的流程和项目运作管理的内容

非营利组织在项目运行的过程中需要实现独立、流畅的运作和自我造血。本章关注于非营利组织在自我独立运营中的营销管理、筹款管理和项目管理三大部分,吸纳企业管理理论与实践的精华,又融入了符合非营利组织自身特征的内容,探寻具有实践意义的营销、筹款和项目管理的方式方法。

第一节 非营利组织的营销管理

一、非营利组织的营销

(一)营销的概念

营销或称为市场营销,在科特勒《营销管理》一书中被定义为"在适当的时间与适当的地方,以适当的价格、适当的沟通和推广手段,向适当的消费者提供适当的产品和服务的过程"。在此基础上,营销管理就意味着计划和执行关于商品、服务和创意的观念、定价、推广和分销活动,以创造能符合个人和组织目标的交换过程。①

随着市场营销理论的不断丰富和非营利组织基于市场导向的发展需求,非营利组织也逐渐将营销引入到其基本的职能之中。非营利组织的营销就是以非营利组织作为主体的营销行为,是一个通过研究分析市场来确定目标客户群体

① 崔向华、张婷:《非营利组织管理导引与案例》,中国人民大学出版社 2013 年版,第 227~278 页。

和市场定位，并提供满足客户需要的各种服务的过程。

菲利普·特科勒认为，营销是从服务的客户或消费者或市场群体出发，给买卖双方增加有用的价值的过程，从而使客户的需求（needs）、愿望（wants）和价值（values）与其供应商（组织本身）的产品、价值和行为达成一致，促使自身发展。①营销不同于推销，前者是一个由市场导向创造产品与服务的过程，后者则是从已有产品出发把其卖给能找到的任何市场的过程。

（二）营销的核心

无论是营利组织还是非营利组织，都需要根据可能的机会，选择目标市场并试图为目标市场提供一个具有吸引力的市场营销组合，这个市场营销组合包括四个要素：产品（product）、价格（price）、推广（promotion）、场所（place），即“4P”。“4P”是营销的核心，贯穿于整个市场营销的全过程。②

1. 产品

产品指的是非营利组织所提供的服务或公共物品。非营利组织必须了解社会需求，及时向社会提供高质量的公共服务和公共物品，同时也要不断研究和分析顾客未来的需求，或者从组织宗旨出发引导消费者需求。

其涉及的问题有：可以提供什么公共物品和公共服务？公众是否需要这些产品和服务？公众最为需要的东西是什么？你是否可以生产这些东西？产品的质量如何？消费者对于产品和服务的满意度如何？等等。

2. 价格

价格指的是非营利组织提供公共服务与公共物品的收费。任何的产品和服务都包含着成本，都需要通过收费来弥补。通过服务收费是非营利组织获得资金的重要途径之一。非营利组织虽然不以营利为目的，但这并不意味着非营利组织不能盈利。倘若非营利组织的任何服务都分文不取，组织则很难持续发展下去。除外，一定的盈利还可以激励非营利组织为社会提供更为优质的服务，支持组织的发展壮大。因此，非营利组织的营销的一项重要任务就是确定市场可接受范畴内的、合适的价格。

其涉及的问题有产品和服务成本是多少？卖多少钱？成本是否得到补偿？是否有所盈余？公众是否可以接受这个价格？等等。

3. 推广

推广指的是非营利组织对自己的积极宣传。推广能够吸引公众对组织及其所提供的公共服务的注意力，让社会能够全面深入地了解组织，认识到组织的这

---

① [美]彼得·德鲁克：《非营利组织的管理（珍藏版）》，机械工业出版社 2009 年版，第 165 页。

② 王名：《非营利组织管理概论》，中国人民大学出版社 2010 年版，第 211 页。

些服务的重要性，扩大非营利组织的公信度和影响力。因而非营利组织也需要考虑如何有效地将自己推向公众视野，从而获得公众的关注和支持。

其涉及的问题包括如何引起公众的注意？如何让公众知道产品正是他们所需要的？如何增加顾客群体？如何扩大组织影响力？等等。

4. 场所

场所指的是目标人群能够获得服务的地点、渠道和方式，也就是我们常常说的市场。这里的市场包含广义的市场和狭义的市场两层含义。狭义的市场即有空间概念的市场，而广义的市场则包括市场之外的流通及交通运输等市场的延伸，也包括各种抽象的市场。

确定场所是为了使目标消费者能够接近进而得到非营利组织的产品，只有当这些目标客户有便捷的途径和方式获取非营利组织提供的公共服务与公共产品时，他们才有更大的接受产品和服务的可能性。因而，场所的考量也是非营利组织营销中的重要一环。

其涉及的问题包括哪里是市场？顾客在哪里？他们要到哪里购买？如何购买？如何开拓新的受益人群？等等。

（三）营销的特点

克里斯托弗·H. 洛夫洛克（Christopher H. Lovelock）提出，因为非营利组织和政府组织一样都属于服务业领域，只是其服务涉及的范围因传统和政治理念的不同而在不同的国家有很大的差异。因为在公共部门，优先顺序常常不是由组织的管理者，而是由外部的政治家建立的，所以与商业企业相比，非营利组织的营销人员面临更多的约束和机会。他与查尔斯·B. 温伯格（Charles B. Weinberg）一起将非营利组织的营销的特点归纳为以下五点①：

1. 目标多元化

非营利组织倾向于追求多元目标。非营利组织虽然也追求利润最大化，但与营利组织的差别就在于利润最大化不是其首要目标。非营利组织实施营销管理，追求的是经济效益、社会效益、生态效益的最佳组合。

2. 营销对象多样化

非营利组织至少要对下面的两大公众引起重视：一是消费者，二是捐助者。不论是消费者支持型组织还是公众支持型组织，都涉及资源配置问题和资源吸引问题。对于血源不足的献血组织而言，对捐助者的营销就是资源的吸引问题。除此之外，还需借助于营销原理来妥善处理与其他各种公众的关系。而对于营

① 王名：《非营利组织管理概论》，中国人民大学出版社 2010 年版，第 215 页。

利性组织而言,没有捐助者,只存在消费者与其他公众两类。① 如图4-1所示。

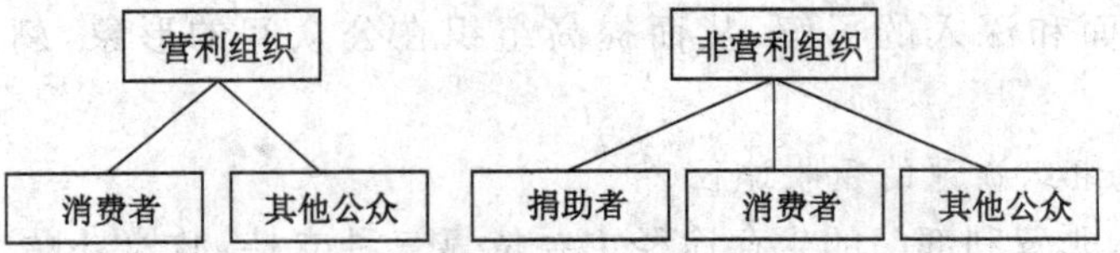

图4-1 营利组织和非营利组织营销对象的区别

3. 服务为主

非营利组织的产品通常不是具体可见的有形产品,而是无形的服务产品。有形产品的价值在流水线上产生,在交换过程中体现出来,而服务产品的显著特征就是在服务过程中产生价值。② 因此,非营利组织的营销有明显的服务营销的特点,如强调人是服务产品的构成因素、重视内部营销管理、更加强调顾客的时间成本等。

4. 公众监督

由于非营利组织提供的必要的公共服务有税收上的优惠并能得到无偿资助,同时很多的工作人员都是社会上的志愿者,因此,非营利组织的经营活动必须服从且服务于公众利益,往往也受到来自公众更加严格的监督,大众媒体、捐助者和顾客都会给予其特别的关注。

(四) 营销的意义

对企业来说,营销是一种重要的市场管理活动。非营利组织的管理需要各种市场角色的参与,营销活动是非营利组织链接市场的途径,因此,非营利组织的营销活动也同样对组织具有重要的意义,在组织的管理过程中发挥着积极的作用。

1. 明确公众需求,提供正确的公共服务

非营利组织像企业一样,通过营销来分析和确认公众需求,掌握公众的需求取向,而后据此尽可能地提供较为全面、正确的公共服务。营销让非营利组织对自己的产品和服务有了一个符合市场需求的定位,在此基础上,非营利组织的目标才能得以落到实处。相反地,非营利组织还可以通过营销有意识地引导公众的需求,从而推进社会公共事业积极健康发展。

2. 向公众传达组织信息

非营利组织可以利用营销把自身的组织宗旨和其他信息积极主动地传达给

① 李长江、徐静:《非营利组织的营销观念及策略更新》,载《经济论坛》2004年第24期,第83～84、71页。

② 周慧:《我国非营利组织营销的困境与对策》,西南政法大学2009年学位论文。

公众，让公众知道组织的使命、愿景和日常工作、计划等，有助于社会各界对该组织有更为全面和深入的了解，从而提高组织在公众间的形象，刺激公众予以回应。

3. 拓宽组织资源的吸收途径

历史上，非营利部门的生存途径主要依靠三种支持：政府补贴、基金会等资助机构的支持、企业和个人的捐赠。但是伴随着社会的变化及非营利组织的不断发展，资源的获取愈加复杂。而营销能够有规划地拓宽非营利组织资源的吸收途径，使得组织能够持续运作。

4. 吸引非营利组织需要的各种关注和支持

非营利组织可以通过营销行为引起目标客户群体和潜在客户群体的注意。这些通过有效营销策略吸引而来的顾客在感受到优质服务之后也会对组织予以积极的社会评价，宣传组织，引起社会资助方或更多潜在顾客的支持，或是直接对组织进行资助，从而对组织起到正面的效益。

5. 扩大组织的社会影响力

在信息传递迅速和正面效应的作用下，非营利组织的社会影响力会随着营销行为而有所扩展，对社会的前进发展与社会问题的解决起到促进作用，会赢得社会各界对组织的关注。

二、组织发展的营销导向

（一）营销导向的含义

营销导向指的是组织以市场或者说是客户为导向，来源于现代市场营销理论。在现代市场营销理论中，企业应该在经营的过程中采取市场需求导向，通过尽可能丰富的市场调查，努力发现消费者的需求，并采用相应的措施加以满足。而在非营利组织的营销管理中，营销导向主要表现为格外地关注客户（包括潜在的客户）的需要，据此来提供公共物品或准公共物品，提高服务水平。

（二）如何树立营销导向？

形成以营销为导向的组织发展体制，需要树立营销理念，这就需要做到以下几点：

第一，设立专门的营销职位或营销小组，任命适当的员工专职负责营销业务。专门的营销小组和营销职位能提高组织营销的专业性和积极性，提高组织营销的效率。

第二，在组织内部形成遵循市场规律并以市场为导向的决策氛围，形成顾客导向意识。组织内部成员的营销意识的形成将有助于整个组织树立起营销导向，从组织的氛围上带动起以顾客为导向的意识。

第三，充分了解消费者的愿望和需求。消费者的愿望和需求是多样且多变的，要根据市场变化时常地调查消费者的愿望和需求，切实地满足消费者的需要。

第四，广泛倾听各类消费者对组织发展的意见。顾客是非营利组织的发展依据，要对消费者给予耐心和持续的关注，消费者的意见和建议能为组织改进策略提供方向，使得组织能够长久发展。

第五，鼓励员工冒险和创新。一定程度的冒险与基于市场的创新能为组织带来生机和活力，非营利组织要激励员工敢于冒险、敢于创新的精神。

三、策略性营销

策略性营销是让非营利组织的营销积极地、有策划地进行的一个管理过程，是非营利组织管理的重要内容之一。策略性营销的全过程包括四个具体方面：一是市场环境和内部条件的分析，二是营销策略的制定，三是营销策略的执行，四是营销策略的评估。

（一）市场环境和内部条件的分析

市场环境和内部条件的分析是策略性营销的第一步，是指定营销策略的准备工作和基本要求。其主要内容包括三个方面：明确组织宗旨、分析市场环境、分析组织内部条件。[①]

1. 明确组织宗旨

在组织开展营销活动时，首先要考虑的就是组织的宗旨。宗旨是非营利组织的灵魂，其明确界定了非营利组织的受益群体及其利益和需要，规定了组织要如何去满足这些利益和需要。宗旨的明确能使非营利组织在营销过程中始终把握着符合组织使命和愿景的基本方向，是影响非营利组织存亡的关键。

然而，宗旨只是一个总纲领，并非具体的目标、措施和方法。任何组织都是处在经常变化的现实中，组织为谋求发展，就必须适应现实，从组织的宗旨出发，经常地对其所处的外部环境和内部条件做出分析，并制定切实可行的目标和对策。

2. 分析市场环境

分析组织所处的外部环境，是组织把握好面临的机遇和挑战的必要条件，也是制定营销策略的前提之一。市场环境分析主要包括以下五个方面：

（1）一般环境。环境主要是指直接和间接影响组织活动和发展的各种因素，包括两个大的方面：

一是组织发展的社会环境，如政治、法律、经济、社会、文化、科技、教育等现状，针对特定时期，非营利组织需要分析这些因素的变化、发展及其趋势，总结出

---

① 王名：《非营利组织管理概论》，中国人民大学出版社2010年版，第217页。

这些变化对组织发展造成的直接或间接的影响。

二是组织发展的外部条件，如资助者、政府、媒体、受益者、合作伙伴、竞争对手、社区居民，需要分析这些因素和非营利组织的关系。

(2) 市场状态。这里的市场指的是非营利组织开展活动及其服务的主要场所或空间。在分析市场状况时，应该考虑如下问题：目前市场是怎样划分的？市场由哪些部分构成？市场的结构和层次如何？市场进出有哪些规则和惯例？交易成本如何？市场上有没有类似的服务或商品？如果有的话，其优势和劣势何在？等等。

(3) 受益者。如果把非营利组织比做市场上的卖者，受益者就是买者。谁是直接的和间接的受益者？谁是潜在的受益者？受益者的需求及其潜在的需求是什么？受益者的购买能力和支付能力如何？受益者有哪些重要的行为特征及其文化、传统、宗教上的特征？等等。

(4) 竞争。非营利组织在市场上面对各种竞争者。谁是直接的或现在的竞争者？谁是间接的或潜在的竞争者？竞争者的规模如何？优势和劣势何在？竞争者拥有多大的市场份额？竞争者所采取的是怎样的市场战略？等等。

(5) 其他人群。非营利组织提供具有公益性或互益性的公共物品，在市场上还会遇到许多其他相关人群，比如：志愿者、资助者、专业团体、政府各级机构、非受益人群的普通民众、评价者、旁观者等。这些人群的存在以及他们组织各自的行为、意见、偏好等特征及其变化，都会影响非营利组织。

以上五个方面，构成了非营利组织对市场环境进行分析的基本方面。一般环境是制约因素，市场状态是结构因素，受益者是对象，竞争者是对手，其他人群则是不可忽视的力量。通过对这些方面的全面和系统分析，非营利组织可以有效地把握组织所面临的各种外部机遇和挑战。

3. 分析组织内部条件

组织的内部条件分析，是通过分析非营利组织内部的各方面情况，对自身有一个客观科学的认识，把握组织存在和发展的优劣势，据此来制定适合组织的、扬长避短的营销策略。组织的内部条件主要包含以下三个方面的内容：

(1) 组织的目标。在明确了组织的宗旨和分析组织面对的市场环境的基础上，要明确组织开展营销活动的具体目标。比如：推广新的产品或服务；扩大受益者范围；为受益者提供更多和优质的服务等。明确组织的具体目标，应使组织中从上到下每一个成员都加深理解，并积极地结合自身职责去贯彻实施。同时，要建立绩效评估制度，以保证在目标实现的过程中能有效地对其进行监督。

(2) 组织的资源。组织资源在财力、人力、物力、信息之外，还包括技术、经验、管理、计划、人文环境、凝聚力等要素。分析的过程中要明晰：组织的资源优势和资源约束在哪里？现有可支配资源有哪些？这些资源通过合理配置和利用能给组织带来哪些方面的利益？组织内部是否具有管理优势和凝聚力？如何从竞争者那里争取资源？在未来几年的发展中，哪些资源具有潜在性和预期收益？有哪些资源将会逐步失去意义？

(3) 组织的政策。这里的政策指的是除营销战略以外的组织发展政策，包括针对主要的受益人群、资助者、社区居民以及其他顾客所采取的政策，在人力资源、志愿者、资源、分配方面采取的政策等。它具体包括，组织有没有专门针对顾客的计划？是否需要扩大受益者人群？是否有了解受益者需求的措施？在组织的人力资源、志愿者、资源分配等政策方面，有没有和营销战略不相一致的地方？有的话如何调整？

(二) 营销策略的制定

营销策略的制定和实施是策略性营销的核心部分。制定营销策略包括三个步骤：选择目标市场、选择市场定位、发展有效的营销组合。①

1. 选择目标市场

(1) 市场细分。

① 市场界定。

第一，投入者，指捐款人、资助者等；

第二，内部人员，指管理者、决策者、工作人员、志愿者等；

第三，消费者，指项目受益者、居民、购买者、一般公众等；

第四，中介者，指提供各种信息、帮助或中介服务的人。

② 市场区分。

第一，人口统计学区分，即根据人口统计学和社会经济统计资料分区。主要指标包括年龄、性别、婚姻、家庭大小、家庭组成、收入、职业等。

第二，心理区分，即依据心理形态进行分区。主要指标包括人格特质、生活形态、价值观、性格、动机、承诺等。

第三，地理区分，即依据所在的空间地理位置分区。主要指标包括国家、地区、地方、乡、镇、市、邻里、城市的规模，城乡的交通和网络构成，以及人口密度、气候特征、位置特征等；

第四，功能区分，即依据组织管理目的进行分区，包括咨询、医疗、家庭教育等。

③ 市场细分的基本要求。

第一，互斥性，即细分后的市场彼此完全分离、互相排斥；

---

① 王名：《非营利组织管理概论》，中国人民大学出版社 2010 年版，第 220 页。

第二，全面性，即每一个目标的人群都能够被包括在各个细分市场之内，毫无遗漏；

第三，规模性，分区以后的市场的规模足够大，值得去开发；

第四，可衡量性，即每个细分市场的大小、购买能力及组成都是可以衡量的；

第五，可接近性，分区以后的市场是可以接近的，可提供服务，而不是抽象的市场；

第六，反应差异性，即各分区的市场对营销策略的反应有差异，否则分区就没有意义。

（2）选定目标市场。在市场细分之后，非营利组织需要从细分市场的特征、组织的营销目标和组织可利用的资源入手，选择有意愿并能够为之提供产品与服务的群体作为目标市场，以便以此确定相应的目标市场策略。

（3）确定目标市场策略。应对目标市场的战略主要有以下三个①：

第一，无差异市场营销，指组织在市场细分之后，仅仅关注子市场的共性需求，不考虑各子市场的特性，运用某种单一的市场营销组合，推出某种单一产品，力求在一定程度上适合尽可能多的顾客的需求。

第二，差异性市场营销，指组织同时为几个子市场服务，设计不同的产品，并在渠道、促销和定价方面都加以与各自相适应的改变，以符合各子市场的需要。

第三，集中性市场营销，指组织以一个或少数几个性质相似的子市场作为目标市场，集中力量为其设计产品，试图在小市场里取得大的市场占有率。

非营利组织借助这些目标市场战略，通过市场细分，选择组织想要且能够为之提供服务的目标人群，最终构成非营利组织的目标市场。

2. 选择市场定位

在做出市场分析并选定目标市场之后，非营利组织需要进行市场定位。

市场定位，又叫作竞争定位，是指非营利组织根据自身的优势和劣势，在市场上寻求一个独特的位置及方向，进而扮演一定的角色。

非营利组织进行市场定位的依据包括：

① 顾客利益定位，即突出产品能给予顾客某一方面更多的利益；

② 使用者定位，即把产品引导给某一特定顾客群体；

③ 产品的特色定位，即服务特色；

④ 竞争定位，即突出组织产品与其他竞争者同类产品的不同特点，通过评估选择，确定对本组织最有利的竞争优势并加以开发。

---

① 崔向华、张婷：《非营利组织管理导引与案例》，中国人民大学出版社 2013 年版，第 283 页。

3. 发展有效营销组合

营销组合是一组营销的具体措施，是由四个可控营销变量构成的组合体，这四个可控变量就是“4P”，即产品、价格、推广和场所。①

非营利组织根据目标市场情况和自己的市场定位确定一套营销组合，而后再据此在目标市场上开展活动，最大程度地满足目标市场消费者的需求，继而实现组织的营销管理目标。图 4-2 是著名营销专家麦肯锡对营销组合和目标市场之间关系的形象描述。

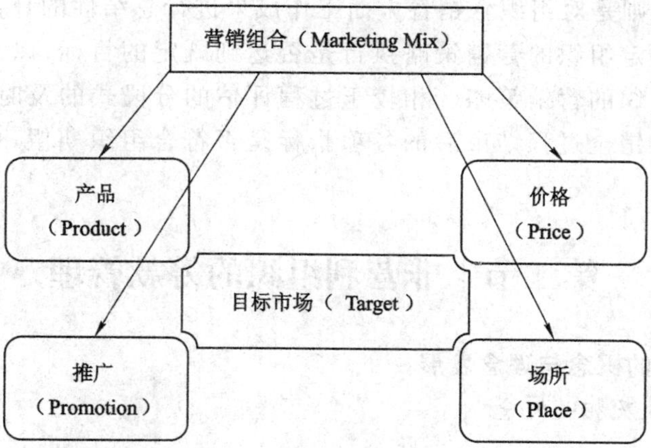

图 4-2 营销组合和目标市场之间的关系

非营利组织的市场营销组合具有四个方面的特点②：组合性、层次性、整体性、灵活性。

因此，非营利组织的管理者要根据营销组合的特点，结合组织的营销目标与顾客需求，设计出具有组织特色的产品和服务，制定合理的价格体系，建立有效的营销信息传播渠道，并及时对营销组合进行适当的调整，促使组织市场营销的健康发展。

（三）营销策略的执行

营销策略的执行是指将营销策划转化为切实的行动方案，并保证任务完成，以实现营销规划既定目标的过程。

从营销管理的角度看，非营利组织在营销策略执行的环节主要关注营销计划与策略的细化、营销部门的组织和协调，更重要的是在执行的过程中保持一定的弹性，能及时根据营销实践活动中的环境变化与遇到的问题对营销策略进行

① 王名：《非营利组织管理概论》，中国人民大学出版社 2010 年版，第 223 页。

② 崔向华、张婷：《非营利组织管理导引与案例》，中国人民大学出版社 2013 年版，第 284～285 页。

适度改善与调整。[①]

（四）营销策略的评估

营销策略的评估就是对策略性营销的具体执行效力进行考量和评价。

营销策略的评估主要采用过程结果评估的方法，主要包括两种形式，一种是过程评估，另一种是结果评估。

过程评估指的是对组织营销的执行过程进行同步的监督，是一种要求逐步监督执行的情况。

结果评估则是对组织营销各方面工作成果进行总结性的评估。依据事先的预估进行评定组织的营销策略执行是否达到既定的目标，以总结经验并阶段性地调整组织的营销策略。相较于过程评估的分段式的及时调整纠正，结果评估关注营销全过程结束后的各项指标是否符合组织期望，更具有全局的视角。

第二节 非营利组织的筹款管理

一、筹款的概念与理念发展

（一）筹款及相关概念

1. 筹款

筹款，也称劝募、募捐等，这一概念原用于政治活动中，在 1987 年的兰登书屋英语字典中被解释为“组织或个人为了政治因素，发动募集资金的行动或过程”。后来，许多非营利组织在动员社会资源的时候越来越多地运用这个词，其也逐渐成了反映非营利组织活动的一个基本概念。

不同于政治性的筹款，非营利组织的筹款是基于组织的宗旨、目标和对于资源的需求，通过向政府、企业、社会大众或基金会等发起动员，依法筹措非营利组织生存和发展所必需的资金、物资或劳务，从而使非营利组织完成社会使命的行为。

非营利组织筹集的资金必须在符合其宗旨的范围内使用，在应用于项目和组织的发展之后若有多余款项，也不能作为利润进行分配，必须留存用于下一个项目或之后的组织发展中。

2. 捐款

捐款，是与筹款相对的一个概念，指的是人们无偿地将他们所拥有的资源给予非营利组织。捐款和筹款相辅相成，即筹款的目的是得到捐款人的捐款，捐款

① 崔向华、张婷：《非营利组织管理导引与案例》，中国人民大学出版社 2013 年版，第 285 页。

人则需要寻找合适的筹款人。

（二）筹款理念的发展

非营利组织筹款理念的发展大致经历了三个阶段，即产品导向阶段、推销导向阶段、顾客导向阶段。①

1. 产品导向阶段。

产品导向战略是非营利组织早期的筹款战略。非营利组织在开始筹款时一般都在这个理念下运作，这时的非营利组织关注自我完善，它们相信自己的想法很好，人们会由于它们产品的内在价值给予支持，于是就很少会去考虑到顾客因素。因此，此时非营利组织的大部分款项是通过高级管理人员的人脉关系网获得，其中，志愿者和友好人士会给予少量的款项，大部分款项则来自部分忠心的人士，专门的捐款人基本没有参与其中。

2. 推销导向阶段。

随着非营利组织之间的竞争加剧，筹款形式日益严峻，原先的以产品为导向的筹款变得越来越难以为继。非营利组织逐渐开始意识到需要让组织走出去，学习营利部门采用推销手段进行筹资。

推销导向的简单理解就是找到潜在的捐赠人并说服他们捐钱。非营利组织不再仅仅关注完善自己的想法，而是强调主动地走出去发现和说服潜在的捐赠人。在组织筹款人开始挖掘多样的途径募集资金的同时，他们对组织改进也会有所忽视。当下许多非营利组织正处于这个阶段。

3. 顾客导向阶段

非营利组织在采用营销导向的同时，筹款上也开始采取顾客导向。这时的组织既不像产品导向阶段那样固守自我，被动等待着人们的捐赠；也不像推销导向阶段那样派人无规划地四处募集资金。顾客导向下的非营利组织开始主动分析组织在市场中的位置，针对性地关注那些能够接受组织宗旨的人群，为他们设计出满意的活动计划来吸引他们捐款，甚至和他们一起合作设计活动项目，与此同时也培养了新的潜在捐款人。顾客成了上帝，捐款人就是筹款人的上帝。基于营销导向的顾客导向筹款是现代非营利组织发展的一个趋势，许多大型的非营利组织已经进入了这个阶段。

二、筹款的市场分析

一个组织会有各种不同的资金来源，非营利组织资金来源大致有以下五种：个人市场、企业市场、基金会/国际资助机构、政府市场和联合劝募组织。小型的组织筹款时通常是面向某一个市场，市场种类较为单一；而大型的非营利组织通

① 王名：《非营利组织管理概论》，中国人民大学出版社 2010 年版，第 234 页。

常会尽可能地去发挥各个市场的物力和财力，多种市场并用，努力地朝向各种市场募捐。

（一）个人市场

个人市场又叫大众市场，是非营利组织筹款最传统也是最主要的一个市场。

非营利组织首先要充分地了解人们捐款的动机才能取得好的募捐效果。只有了解了人们为什么捐款，非营利组织才能对症下药，把握个人市场。

除了要了解捐款人的动机，非营利组织还要树立起自己的社会公信力，选择受到广泛社会公众认可和支持的公益项目，并且主动向捐赠者提供真实充分的财务信息。同时，募捐活动要进行精良的策划，以灵活多样的募捐方式，吸引捐款个人的注意力。

（二）企业市场

非营利组织可以在法律允许的条件下与企业合作，如与公司签订产品认可或促销协议，换取对方捐款。通过合作，非营利组织与企业能实现双赢。非营利组织能获取资金和物资上的援助，吸引企业员工投身于公益事业；而企业则能利用非营利组织的公益品牌树立起良好的社会形象，增强社会知名度，有利于取得更好的运营成效，增强收益。但相比个人捐赠，因为企业并没有义务为非营利组织提供款项，企业的趋利性使得其在付出资金与物力时会更加重视回报，即他们可以从这些赞助中获得收益。

（三）基金会/国际资助机构

在发展中国家，政府、企业和民众的收入还不高，非营利组织在国内难以筹集到足够的资金。因此，包括来自发达国家政府机构、企业、个人、基金会和其他非营利组织的拨款和捐款在内的国外援助，就成了发展中国家非营利组织收入的一项重要来源。

（四）政府市场

非营利组织可利用政府对文化、教育、卫生、慈善和环保等社会公益事业的热情与扶持，争取获得资金、减免税费的优惠政策和免费或低价提供的物资或土地。此外，非营利组织还应争取政府的认同和道义上的支持，这有利于非营利组织获得社会公众的认同与支持，从而获得更多的经济上的外部援助。但在争取政府支持的同时，非营利组织要保持自身的独立性，不能过分地依赖于政府。

（五）联合劝募组织

美国和其他一些国家都有一些专门的筹款机构，例如美国的联合劝募机构。这些筹款组织会在市场上统一筹款，并根据一定的规则将筹款的款项合理分配至各个非营利组织，非营利组织则可以向他们寻求资源。

三、筹款的方式

（一）动员组织资源

非营利组织有许多组织内部或与组织密切相关的资源可以用于捐款，大致可以分为内部资源和外部资源。内部资源包括理事会成员、主要赞助商等，外部资源包括企业、基金会、国际组织、政府、联合募捐组织等。

1. 内部资源

（1）理事会成员。理事会成员是对组织的宗旨高度认可的人，他们通常具有较高的社会声望，作为理事会成员负有为组织争取资源的义务。他们在为非营利组织筹款时，会动用他们广阔的社交为组织带来客观的资金支持，具有较强的实际能力和积极性。因此，理事会是非营利组织筹款过程中最为重要的组织内部资源。

（2）主要赞助商。非营利组织从创建开始至其后来的不断发展壮大，必然有着一批忠实的资助者，他们对组织的宗旨怀有高度的认同感，对组织的情况有着较深的了解，被称为主要赞助商。这些主要赞助商可以为非营利组织扩散和传播筹款计划，增加组织的社会影响力。主要赞助商是一股不可忽视的强大力量，非营利组织筹款最为基础的志愿者往往也是来自于他们。

2. 外部资源

非营利组织的外部资源一般是以组织形式存在的，有企业、基金会、政府、国际组织、联合募捐组织等。

（二）动员个人资源

由于个体单位的分散性和独特性，动员个人资源的筹款方式多种多样。根据不同的潜在捐赠人，筹款方式应该灵活应用，要根据情况加以适当的调整。对于具体的筹款活动来说，可运用的筹款方式大致有以下几种：

1. 私人请求

私人请求是非营利组织发展早期常用的一种筹款方式，是一种通过私人的方式结识潜在捐助人，并与其交谈以争取筹款的行为。在私人请求中，筹款人与捐款人一般较为熟识，或者有较为特殊的关系。在私人请求的过程中，请求方需要面对面或者是通过电话来请求潜在捐助人的支持。私人请求具有较为显著的说服力，但是筹款的效率并不高，并且筹款的数额也不会很高。

2. 俱乐部

非营利组织有时候会组织一个与组织活动相关的俱乐部，参与俱乐部的会员一般都承认组织的宗旨，对组织比较了解，为组织提供的筹款一般都比较有效。

3. 电话劝募

电话劝募是指筹款人以电话的方式向意向捐款人或者潜在捐款人进行筹款。在电话劝募时，筹款人要收集好明确的捐款对象名单，在专业的事前电话劝募训练之后再进行劝募活动，以达到一个较好的筹款效果。

4. 网上筹款

随着互联网的发展，网络已成为每个人生活中不可或缺的事物。非营利组织也会利用网络的快捷、便利、低成本的优势进行筹款活动，筹款人会通过宣传引导意向捐款人或潜在捐款人以网络手段进行捐款。《慈善法》第一批认定13家网站作为众筹的法定平台，也是非营利组织筹款的监督机构。

5. 直接信函或邮件

这是一种利用邮件向目标对象诉求捐助的筹款行为。写信可以将组织需要的有关捐款的详细信息一次性地传递给目标受众。在信件中，筹款人需要注意针对不同捐款人的特点设计个性的筹款需求，因为过于具有普及性的千篇一律的信件会降低筹款的成功率。

6. 义演义卖

义演义卖常见于文化、艺术、体育、娱乐类非营利组织，也被越来越多的非营利组织所采用。义演义卖是一种比较有效的方式，非营利组织通常可以利用组织内部的各种关系，联系邀请社会各个领域的名流来捧场，因而为筹款活动造势，获得筹款。

7. 小型项目筹款

这是一种非营利组织为了解决一些紧急的突发事件而临时设立的项目筹款形式，一般专款专用，并且持续时间较短。

8. 大型公益工程

这种大型的公益工程通常需要调动大量的民众进行捐款，其捐款数额也较大，运作效果会在社会上引起较大反响。在非营利组织采用这一方式进行筹款的时候，一般会向社会进行广泛的宣传，利用组织的影响力和高信誉获得较大范围内人们的支持。

9. "一对一"捐助活动

"一对一"捐助活动指的是在筹款的过程中，有些捐助者会提出了解受助对象情况以明确自己的捐赠去向的要求，为确保捐助落到实处，尽可能发挥出最大的效益。这样的捐助活动在非营利组织的监督机制尚不完善的情况下较为常见。

10. 遗产捐赠

遗产捐赠即捐赠人将自己的部分或全部遗产捐给非营利组织的行为。遗产捐赠的捐赠数额一般都比较大，捐赠对象通常是捐赠人极其感兴趣且需求较大的非营利组织。因此，只有经过长期的合作和交往，捐赠人对组织有了深入的了解，并认同组织的宗旨，组织才有可能得到遗产捐赠。

遗产捐赠的形式可以是多种多样的，最简单的方式是通过一个普通的遗嘱，捐赠人立下誓愿要把固定数目或比例的财产捐赠给特定的非营利组织。其他较为复杂的方式也是有可能使用的。

但是，由于受到社会文化等方面的约束，且涉及的法律问题较多，因此遗产捐赠的复杂程度较高，一般需要大量的文书作业。

11. 计划筹款（党团组织等）

计划筹款是我国常用的一种筹款方式，通过党团等组织，直接向下属成员征收不定额的用于捐赠的款项。虽然由于党团等组织具有严密的组织性和纪律性使得这种捐赠一般都比较有效，但这并不是一种自愿的捐赠方式，捐赠人对于项目的了解程度与积极性都不高。

四、筹款的绩效评估

对非政府组织的筹款绩效进行评估，是组织正规化和决策科学化的要求。筹款绩效的评估能够为组织总结经验，查缺补漏，促进筹款绩效以及整个组织效率的提高。一些有条件的非政府组织会邀请外部的专业评估机构进行评估，以保证更合理和公正，还有可能催生出更具建设性的筹款方式。

（一）评估的指标

(1) 筹款方案和规划。筹款方案和规划的科学与合理、筹款规划方案的水平等将直接影响非营利组织的筹款活动能否顺利有效地进行。因此，非营利组织筹款方案和规划是进行非营利组织评估的重要内容。

在评估这一指标时，要关注非营利组织筹款方案的科学性和合理性以及非营利组织筹款规划的总体水平。

(2) 筹款的组织和控制。非营利组织筹款是一个过程，这个过程的组织和控制程度如何将直接影响非营利组织的筹款能力和水平，一个合理的筹款程序将会有助于筹款的顺利进行，良好有效的筹款控制能够提升组织的筹款效率。所以，筹款的组织和控制也是非营利组织筹款能力评估的主要内容。

在评估这一指标时，要关注：① 组织实现筹资目标的决心；② 筹资方面的法规和政策；③ 实现筹资目标的激励机制；④ 筹资的管理制度和标准；⑤ 筹资流程的合理性；⑥ 筹资的组织实施效果；⑦ 筹资过程管理的水平。

(3) 筹款监控机制。非营利组织在筹款过程中必须要重视筹款监控机制的建立。非营利组织的筹款过程需要一个严密的监控机制，确保筹款过程能够顺利进行，保证资金能得到合理的使用，保护捐赠者的权利和隐私。

在评估这一指标时，要关注筹款合同和协议、监控的规章制度以及对捐赠者权利和隐私的保护。

(4) 筹款人员。非营利组织筹款人员的规模、筹款人员的素质和能力等都会直接影响非营利组织的筹款能力。

在评估这一指标时，要关注筹款人员的数量是否合理，素质和能力如何以及能否胜任所分派任务等。对组织的筹款人员进行评估也能敦促其更好地投入工作，提高工作的效率。

(5) 吸引捐赠的能力。非营利组织吸引个人捐赠的能力，吸引企业、基金会和政府的资助能力等都是非营利组织筹款能力的具体体现。

在评估这一指标时，要关注组织在个人、企业、基金会和政府捐赠能力上是否有效，以及组织吸引个人、企业、基金会和政府的捐赠的能力。

(6) 政府的资助。中央政府和地方政府的资助程度直接会影响非营利组织的筹款，因此，非营利组织争取政府资助的能力也是其筹款能力的一个重要组成部分，所以在非营利组织筹款能力评估中必须要对政府的资助进行评价。

在评估这一指标时，要关注地方政府和中央政府的资助程度。

(7) 筹款信息系统。非营利组织筹款信息系统的质量如何也直接影响其筹款能力，非营利组织获取筹款信息、加工处理和利用筹款信息的能力都直接影响其筹款能力。

(8) 筹款的成本。非营利组织的筹款活动必然会有一定的成本，可分为有形的成本和无形的成本，成本的多少也是影响筹款能力的一个重要方面。

筹款的成本包括直接成本和间接成本。筹款的直接成本具体表现为非营利组织在筹款过程中可货币化的支出数量。间接成本具体表现为非营利组织在筹款过程中非货币化的支出，如管理者和筹款人员付出的精力等。筹款评估时，在关注直接成本的同时也要关注间接成本，若间接成本过大，容易吞噬筹款成果，暗箱操作还会滋生腐败。因此，在筹款评估时，统计和公布间接成本也是一个重要的环节。

成本效益分析也是非营利组织筹款绩效评估中较为重要的一个环节。发达国家的筹款成本上限为10%～20%，我国的基金会管理条例规定的管理成本上限为7%，如何降低管理成本也是一个重要的议题。

(9) 筹款的收入结构。非营利组织筹款绩效最直接的体现就是筹款的收入结构，如在筹款收入中政府财政拨款和补贴比例、企业和私人捐赠比例等。通过对筹款的收入结构进行评估，可以进一步确保筹款的重点，优化筹款方案。

(10) 财务信息的披露责任与获取。在非营利组织筹款过程中必须及时了解财务信息，以便总结筹款过程中的经验和缺陷，及时地调整筹款方案，但非营利组织的财务信息又不能全部披露。因此,非营利组织筹款评估过程中应该对财务信息公开与保护情况进行评价。

(二)评估的过程

一般来说,非营利组织筹款评估通常包括以下步骤:

① 成立专家组;② 制定评估指标;③ 选择评估方法;④ 进行评估;⑤ 评估结果汇总;⑥ 形成书面评估报告;⑦ 提交评估结果。

非营利组织筹款评估的专家组应该由同行的专家组成,要熟识筹款运作的过程和原理。专家组成员应该结合专家的专业特长进行合理分工,各尽其能,确保评估质量。专家组在评估的过程中要本着客观、公正的态度,实事求是地评估非营利组织筹款的水平。

在具体的评估中,专家可根据需要采用查看文档、现场测试、数据采样、调查研究、走访、开座谈会等多种方式,并以书面的评估报告的形式提出评估的结论。非营利组织应认真对待筹款评估结果,据此及时地检查筹款是否达到预期目标,发现筹款过程中存在的问题,总结经验和教训,修正筹款方案。[①]

第三节 非营利组织的项目管理

一、项目管理及其原则

(一)项目管理的相关概念

1. 项目的概念及特征

美国项目管理协会将项目定义为完成某一独特产品或服务所做的一次性努力,相对于具有持续性和重复性的日常工作而言,项目具有如下基本特征[②]:

(1) 目标的明确性。每个项目都有自己的目标,项目实施过程中的各项工作都是为实现项目的预定目标而进行的,每个项目也只有在明确的目标的指引下才能得以完整地执行。

(2) 性质的独特性。每个项目都有其不同于其他项目的特点,项目所产生的产品、服务或完成的任务也会与已有的相似产品、服务或任务在某些方面存在差异。除外,每个项目都有自身具体的时间期限、费用和性能质量等方面的要求,因此每个项目的过程都具有自身的独特性。

(3) 资源成本的有限性。每个项目都需要运用各种资源来实施,然而资源和成本都是有限的,项目在实施运作的过程中难免受到资源和成本的约束,这就

---

① 李敏:《我国非营利组织筹资的评价体系研究》,载《科技广场》2008 年第 9 期。

② 崔向华、张婷:《非营利组织管理导引与案例》,中国人民大学出版社 2013 年版,第 237～238 页。

使得组织在项目的计划和执行时要对成本的花费多加考虑。

(4) 时间的规划性。相对于日常性的工作,项目有明确的开始时间和结束时间,由于项目跨越的时间受特定的规划,其实施是这个时间段的产物。

(5) 结果的不可逆转性。随着项目的结束,项目结果随之确定,结果不可更改,项目过程不可逆转。

2. 项目管理

项目管理指的是组织为了实现既定项目的目标,运用系统的理论和方法对项目的计划、组织、协调和控制等一系列活动进行管理。项目管理的主要内容有范围管理、时间管理、费用管理、质量管理、人力资源管理、风险管理、沟通管理、采购与合同管理和综合管理等。

基于项目本身的特性,项目管理一般有以下两个特点:

(1) 复杂性。项目的内容通常是由若干个部分组成,因此项目管理工作往往涉及多个部门或领域,管理上具有复杂性。另外,组织在项目的实施过程中也会由于内外部环境的作用存在着许多不确定性而增强了管理上的复杂程度。

(2) 周期性。项目管理的全过程始于项目申请,终于项目评估。通常情况下,组织会在上一个项目评估的基础上,开始新一轮的项目申请,形成了一个循环往复的周期性流程。①

3. 非营利组织的项目管理

非营利组织的项目管理是指非营利组织为实现其宗旨,通过项目申请获取资金、人力等社会资源,对所获资源进行优化配置,组织、计划、控制项目的运作过程,最终达到组织既定目标。

非营利组织的项目主要是服务类项目,其他项目为辅。一般情况下,非营利组织的项目主要集中在 6 个领域:① 慈善救济领域;② 对人权和弱势群体的权益倡导和保护领域;③ 救助贫困和促进发展中国家的经济社会发展领域;④ 城乡社区服务领域;⑤ 以行会、商会、企业家协会和专业性事务所为代表的经济中介领域;⑥ 环境保护、生态和资源的保护领域等。②

非营利组织的项目管理是一项系统的工程,可以分为项目申请、项目启动和计划、项目的执行、项目控制和项目评估五个基本环节。在本书中,我们将除项目申请外的四个环节总归类为项目运作管理来讲述。

(二) 项目管理的原则

由于非营利组织是不以营利为目的的组织,其项目多涉及公共服务范畴,因

---

① 崔向华、张婷:《非营利组织管理导引与案例》,中国人民大学出版社 2013 年版,第 238 页。

② 王智慧:《非营利组织管理》,北京大学出版社 2012 年版。

此非营利组织的项目管理具有其特殊性。非营利组织实施项目管理时需要遵循以下四项原则：一是紧扣组织宗旨；二是重视申请环节；三是注重项目运作效率；四是规范化。①

二、项目申请

项目申请是非营利组织项目管理的基础。

非营利组织项目申请包括项目设计、项目可行性论证、项目建议书书写三个环节。

（一）项目设计

1. 项目设计的概念与类型

项目设计是指项目管理者根据项目资助方要求、组织自身情况、项目服务对象需求等因素，确定立项主题、内容和目标等信息的工作过程。

项目设计分为命题式项目设计、非命题式项目设计与合作式项目设计三种类型。

（1）命题式项目设计，是指在已经限定的项目范围内确定项目主题、内容和目标等项目主要信息的过程。通常，项目资助机构会以项目指南的方式公布明确的项目范围，在项目设计时就需要逐一考虑组织的实际情况是否符合指南中的项目要求。

（2）非命题式项目设计，没有项目范围的限制，项目申请方可以根据自身情况自主地进行项目主题选择和内容的设计。但是，虽然资助机构没有明确的项目指南来限制项目范围，申请者和资助者在都有明确申请意向的情况下，仍需要双方共同磋商和调整才能最终确定设计内容。

（3）合作式项目设计，是指在申请者和资助者双方已经有了明确的合作意向和经费意向，合作已基本确定，但是双方还没有明确的项目指向时，双方进行项目设计的一种情况，这种情况下的项目设计实际上是一个在合作基础上逐步明确的过程。

2. 项目设计的基本要素

（1）分析组织自身情况。分析组织自身的情况，主要是分析组织的近期战略目标，并总结以往项目所积累下来的经验。

非营利组织的宗旨是组织存在的依据和行动的最高纲领，而组织的宗旨要通过一系列的战略规划实现，因此非营利组织近期的战略目标对于组织实现宗旨尤其关键。在非营利组织进行项目设计的时候，就必须充分考虑到如何将项目与组织近期的战略目标相结合，以达到与组织宗旨的一致。

---

① 王名：《非营利组织管理概论》，中国人民大学出版社2010年版，第192页。

另外，对于已完成的项目继续深入和拓展也是项目设计的重要方法，在总结以往项目经验的基础上开展项目也更为得心应手。倘若没有涉及任何基础的新项目，对组织来说难度就会增大，这时就需要做更充分翔实的可行性论证。

(2) 分析合作方的情况。非营利组织一般都需要找合作方(又称资助方)，向其申请所需的资金等。在项目设计的时候，对合作方的情况进行充分而深入的分析，有利于提高项目申请的中标率。一般而言，分析的内容包括过往的合作经历、高层领导变更的情况、对方的合作意向和关注的领域，以及一些其他的必要资料等，这些信息一般可以在其公开的资料及网站上得到。

(3) 结合当地实际情况。结合当地的实际情况，是为了充分利用当地的各种资源，并分析所提供服务的市场需求。每个地方都有其独特的自然地理环境、人文资源环境，只有根据当地的情况和特色设计出来的项目才能够更顺利地得到实施。因此项目设计时，要充分利用当地各种资源，来分析所提供服务的市场的需求意识。

(4) 注重效率。在项目设计上还要注重项目的效率，“少花钱多办事”。当非营利组织显示出良好的项目运作效率.能够用最少的资金、人力和时间投入达到最好的效果、服务最大范围的群体，其就会更容易获得项目支持。

(5) 准备若干替代方案。对于一个项目的构思，不能只有一种方案，应该设计出若干的备选方案以供挑选和应对临时状况。这就需要在设计项目时.把各种思路都罗列出来.为项目的可行性论证提供各种可供挑选的素材。

(二) 项目可行性论证

1. 项目可行性论证的含义

项目可行性论证，是指专为决定某一个项目是否合理、是否可行所做的深入论证，目的在于确定项目最终的思路和方案，为决策提供科学依据。[①] 可行性论证可以由项目管理人员或者第三方机构等项目外的人员组织实施。

2. 项目可行性论证的主要内容

可行性论证一般是要对以下内容进行分析：

(1) 项目背景，即项目设立的社会背景与缘由。

(2) 项目意义，旨在表达该项目设立的必要性，能够给予社会和组织发展什么价值。

(3) 组织内外部环境，即组织开展项目具有的内外部条件，有利和不利条件。

(4) 需要的资金、人力、物力资源及获取方式，即项目能得到哪些资源的支

① 王名：《非营利组织管理概论》，中国人民大学出版社 2010 年版，第 194 页。

持以维持其持续运作。

(5) 执行周期,即项目持续的时间。

(6) 预期成果,即项目预计达到的目标和成果,一般这个成果应具有可到达性,也富有一定挑战性。

项目可行性论证最后会形成项目可行性报告,根据项目可行性报告,项目资助方能够得到项目的一个系统而完整的思路。除此之外,项目可行性报告的结论应当具有较高的信度和效度,能够为撰写项目建议书提供可靠的参考。①

3. 可行性论证的步骤

(1) 准备阶段:主要是落实参加人员,收集项目设计资料,收集组织内外部相关信息,并做出初步分析。

(2) 分析论证:这一阶段主要是要对每个方案的优缺点、费用、成效等指标进行全面的比较分析,确定一个最优方案,或者否决所有方案。

(3) 编制具体可行性报告:这一部分在项目建议书书写的部分详细说明。

(4) 拟定财务、人力等资源计划:确定资源筹集计划,包括选择资助方、确定内部项目小组、是否需要招募志愿者等。②

(三) 项目建议书书写

在项目设计和项目可行性论证工作结束,项目被选定后,非营利组织就需要开始编撰项目建议书。可以说,项目建议书集结了项目申请前期工作之大成,是直接向资助方提交的正式文件。项目能否申请成功,很大程度上取决于非营利组织提交的项目建议书能否打动资助方。

由于每个组织的业务性质和组织使命各不相同,项目建议书的格式并没有一个统一的要求,但是一般的项目建议书都会包含以下四大部分。

1. 项目的基本情况介绍

这部分主要包括项目名称、项目单位基本情况、实施地点、项目时间、项目负责人、联系方式和项目简介等基本资料。这一部分不需要太多的篇幅,简要介绍即可。

2. 以项目可行性论证为核心的项目建议书主体部分

这部分的内容可以参考前面所形成的可行性报告,主要包括以下几个方面的内容:

(1) 项目建设背景,主要说明两个问题:

第一,已经具备的项目建设条件。主要是说明该项目是否符合相关产业政

---

① 崔向华、张婷:《非营利组织管理导引与案例》,中国人民大学出版社 2013 年版,第 240 页。

② 王名:《非营利组织管理概论》,中国人民大学出版社 2010 年版,第 235 页。

策，是否具备相应的建设条件，如对项目所在地域的政治、经济、文化、生态和社会情况进行介绍、并分析这些要素有助于项目运作的情况。

第二，进行项目建设的必要性。分析通过该项目的实施，项目资助方会有何种收益、项目受益人群将出现何种变化、项目所在区域将会出现何种改观，论证项目目标的实现程度。

(2) 项目建设的主要内容。这部分是整个项目建议书的核心内容，主要是说明如何完成项目。概括来说，包括陈述项目目标、完成目标的具体方案，项目运作的方式，项目运作的简单计划等方面的内容。

(3) 项目的时间安排。这部分主要是明确交代整个项目实施的具体进度计划，要求附上详细的日程安排、阶段划分等具体的时间安排，如项目何时启动、何时截止、共有几大阶段等。

(4) 投资估算与资金筹措。这部分的内容主要包括投资估算的依据和计划的资金来源。所有的项目建议书都要求有详细的预算计划，以便资助方提供资金支持和监控资金使用。因此，在形成项目建议书的时候，要注意提出项目投资估算的理论和现实依据，强调投资估算的科学性。同时，要相应附上计划需要的资金共有哪些来源，希望资助方提供哪部分资金，这样的项目预算才更加有说服力，更容易让资助方信服并支持。

(5) 项目成果分析。这部分主要阐述该项目运作后最终可能产生的成果。因为有许多非营利组织的项目申请是在其前一项目运作基础上提出的再申请，因此，有必要将该组织之前项目中已经取得的成果进行展示，加强期望项目成果实现的可信程度。

(6) 风险应对措施。这部分的内容也是非常重要的，可以增强资助方资助的信心，主要探讨项目在运作过程中存在的潜在风险以及如何应对的措施。

3. 人员配备

这部分主要包括参与人员基本情况和合作机构两部分。在人员配备方面，要对项目的主持人和具体执行负责人的情况做一详细介绍，并重点强调其职业经历、项目运作经验和该领域内的研究经历等。需要有合作机构参与到项目中的情况，应该在项目建议书中列出合作机构的基本情况、合作形式和合作内容，并应有相应的书面合作承诺。

4. 附件部分

这部分主要包括一些证明材料、建议书中涉及的数据来源等文字材料。如合作机构的意向书、市场需求情况的初步调研和预测报告、有关部门对资金安排的意向书，或相关主管部门对该组织项目的意见等。

三、项目运作管理

项目的运作管理,是非营利组织项目管理的核心环节。

各种组织进行项目管理的方法和程序都有所差异,但目标都是为了优化项目资源的使用,强化项目各种活动的管理,进而实现计划的目标。本书将项目的运作管理分为项目的启动和计划、项目的执行、项目的监控和项目的评估四个部分。

(一)项目的启动和计划

在项目获得批准后,一般就应该立即启动项目,并在项目申请工作的基础上,制订详细的项目计划。

1. 项目的启动

由于在项目刚刚起步的阶段,项目中的一般项目工作人员对项目的具体实施细则了解程度不是很高,因此就需要组织一个带有动员会和培训会性质的项目启动会议,来加强每个参与项目工作人员的素质和能力。这种类型的项目启动会议,可以使项目工作人员明确自己的职责和项目的实施方案,并对项目的运作方式有相应的了解,更好地发挥其积极性和主观能动性。

在项目启动的时候,要求每一个参与项目的工作人员弄清楚以下几个问题:

① 选定此项目的动机以及项目的申请过程;

② 项目要达到的预期目标和受益人群;

③ 项目的初步计划,并商讨详细的项目计划;

④ 工作人员的分工;

⑤ 项目需要投入的时间和资金;

⑥ 可能会影响项目效果的因素。

通过对这些问题的了解,项目工作人员可以明确今后的项目实施方向,就项目运作方式达成共识,为开展组织内人员间的合作提供良好的基础。

2. 制订项目计划

虽然项目建议书明确地阐述了项目的基本目标和实施战略,但是没有详细地说明项目中需要实施的各项活动。因此,项目管理者还需要制订一个项目计划。

(1) 项目计划的含义及作用。项目计划就是为了完成项目目标而对项目所需的人、财、物和宣传等进行合理的安排和落实的过程。对非营利组织来说,项目计划围绕着非营利组织本身的项目目标展开。通过确定项目的各项工作任务、项目进度等活动,将项目的主要设想和战略落实为具体明确的行动,确定各项活动所需要的投入,明确有关部门和人员的责任,保证组织能在规定的时间内尽可能有效率地完成既定目标。

(2) 项目计划的类型。项目计划可以分为项目总计划和年度工作计划。

① 项目总计划。项目总计划一般由项目经理来完成,其制定流程为:再次确定项目目标、资金到位情况、各项活动达到预期成效,经过项目参与人员的充分讨论之后,最终制订出项目总计划。

② 年度工作计划。年度工作计划则是在项目总计划的基础上制定,明确年度中的工作内容、方法、工作量、时间控制、参与人员详细分工、预期效果及详细的报告程序,以及所需资金的年度预算。

(3) 项目计划的制订原则。项目计划是整个项目管理的一个重要阶段,在项目中起到承上启下的作用,因此在制定过程中要按照非营利组织的宗旨和项目的总目标进行计划。项目计划经批准后将作为项目的工作指南。

(二) 项目的执行

1. 项目执行及其意义

项目的执行,是调动资源、执行项目计划的具体过程。项目执行是指正式开始为完成项目而进行的活动或努力的工作过程。由于项目最终可交付的成果是在这个过程中产生的,所以该过程是项目管理应用领域中最为重要的环节。

在这个过程中,项目经理是一个至关重要的角色,应该赋予其项目运作过程中足够的自主权。项目经理要协调和管理项目中存在的各种技术和组织等方面的问题。在执行一个项目之前,项目经理要做好一系列的准备工作,尽量为后续的项目执行工作过程创造有利环境。因此,项目经理通常是在资深的员工中挑选,要求其拥有丰富的项目管理的经验,在项目相关领域有较长的工作时间,并且有着较高的个人魅力和较强的组织能力。

2. 项目执行的主要阶段

(1) 准备阶段。一般来讲,项目执行需准备的工作内容有:项目计划的核实;项目参与人员的确认;项目团队的组建;项目具体规章制度的实施和项目的执行动员等。

(2) 执行阶段。在项目执行过程中,要注意做好以下工作:① 尽量按原定计划执行;② 确认任务范围;③ 保证工作质量;④ 建设好项目团队;⑤ 信息沟通和合同管理等。

3. 项目执行的工作步骤

项目执行的主要步骤如下:① 安排即将进行的工作;② 对进行工作的人员授权;③ 时间控制和管理;④ 项目费用预算管理;⑤ 组织项目团队按照项目计划完成预定的工作。

4. 项目执行的内容

(1) 项目人员管理。项目执行中的人员管理不仅仅包括对组织成员和志愿者的管理，还包括对项目合作方、受益人等诸多利益相关者的管理。在项目人员管理的过程中，非营利组织要做好项目管理人员和志愿者的规划、配备和激励，同时也要关注项目合作方与项目受益人的需求和利益，要广泛地征求利益相关者的意见和建议，为这些人员参与项目提供渠道和制度保障。

(2) 项目财务管理。项目的财务管理是确保项目顺利执行的关键。因为通常情况下项目资助方是分批向非营利组织拨付项目经费的，而项目管理信息是资助方评估和决定是否继续予以支持的依据，所以非营利组织在项目执行的过程中也应该格外注意项目财务的管理。

规范项目执行的财务管理，需要非营利组织做好以下三个方面：一是做好项目资金使用管理，建立独立的项目资金账户，专款专用；二是做好财务预算，确保项目在预算成本范围内完成，同时确保资助方的资金能够及时到位；三是配备正规的财务人员，做好财务收支的记录，规范资金使用流程。

(3) 项目时间管理。项目组织者要确定项目的执行时间，确定何时完结项目，具体包括对项目的活动和任务进行时间排序和估算各个阶段的时间，让项目能够有序高效地执行。

(4) 项目信息沟通管理。项目信息沟通管理是项目管理人员及时地收集、发送和处理项目相关信息的一个过程，是进行项目组织、协调、控制等各项项目管理活动的基础。非营利组织的项目管理者需要提前做好项目信息管理沟通计划，确保关键信息的传达和沟通，并在此基础上对项目执行进行调整。加强与项目资助方与项目合作方的及时沟通尤为重要，要与这些利益相关者进行多方的互动，及时反馈信息，使其了解组织项目执行的情况，要注意措辞，避免信息不明确、信息沟通方式不完善和沟通渠道不畅带来的信息沟通障碍。

(三) 项目的监控

项目监控是以事先制定的项目计划和各项指标为依据，定期或不定期地对项目实施的所有环节和工作情况进行调查、分析，发现项目活动与标准之间的偏离，分析成因，研究纠偏措施，并提出切实可行的实施方案，供项目管理层决策的过程。

项目监控的内容包括：项目监测和项目控制两个方面。

1. 项目监测

项目监测，也称项目跟踪，是指项目的管理人员根据项目的计划和目标，在项目实施的整个过程中对项目状态以及影响项目进展的内外部因素，进行及时的、连续的、系统的记录和报告的活动过程。项目监测是十分必要的，它可以验证项目计划是否可执行和是否可以被完成。现实中，有许多的项目，因为对周围环境和其他变数掌握不足，项目计划往往会考虑得不全面，这就有必要对其进行改进和完善。只有在监测项目的基础上,非营利组织才能对项目给予适当的控制。

项目监测实施主体是项目经理。项目经理不仅负责制订项目计划,同时还有职责对项目的实施工作进行协调和调配,及时根据监测得到的数据,调整项目计划的实施,确保项目目标的实现。

项目监测是为了解项目的实际进展情况而进行的,主要针对计划、任务和项目成员三个方面,如了解成员工作的完成情况、整个项目计划完成情况等内容。项目监测的基本目标是:找出项目实施过程中潜在的问题,采取相应措施或制订修复计划。

项目的监测,主要包括以下内容:评价项目实施的实际情况和计划的完成程度;检验各项指标;进行需求和变更批准;检查工期进展与项目要求是否相一致;监视资源的使用情况、项目成本监控。①

2. 项目控制

在有效的项目监测基础之上,非营利组织要对项目的整体施以控制。

项目控制的重点在于项目的范围、质量、时间和成本控制。

(1) 项目的范围控制,是识别项目出现异常或不利变更的位置,在可能的地方对这些变更进行收缩和限制。范围的变更往往直接影响到项目的工期和成本,因此控制项目范围变更可以起到控制工期和成本等重要作用,一定程度上保持项目实施的稳定性。项目管理人一般是通过变更控制系统和配置管理来实现项目范围变更。

(2) 项目的质量控制,是保证项目最终成果和项目的工作过程符合项目预期计划所要达到的目标。在项目管理的过程中,各级项目负责人需要采取各种预防措施去防止工作失误或错误,避免错误重复发生。进行项目质量控制的主要做法是在书写项目计划阶段时制订一个质量管理规划或计划,其中包括确定的项目质量评定标准,项目管理人员定期对项目的整体绩效进行评估,以及时发现问题并加以改进,使项目成果达到预期的质量标准。

(3) 项目的时间和成本控制,是为了使得项目在预算内的时间和成本内完成,使项目的工期超标和费用超预算降低到最小。因为即使项目经过最细致的规划和估算,也可能因为意料外的或者超出人力控制的因素而出现工期落后和成本超支的情况了,例如项目范围的改变、天气突变、运输的中断等不可预料因素。所以,项目管理人需要定期对项目实施情况与项目计划中的时间、经费与目标进行比对,及时发现问题,提出优化方案,让项目的时间和成本

① 王智慧:《非营利组织管理》,北京大学出版社 2012 年版,第 175 页。

与计划偏差降到最低，尽可能地避免项目滞后和延误以及经费不足等情形的出现。

（四）项目的评估

1. 项目评估

项目评估，是指直接项目投资活动中，在项目可行性研究的基础上，从整体的角度对拟建设项目的计划、实施方案等进行全面的技术、经济论证和评价，从而确定该项目未来发展的前景。这种论证和评价将为决策者选择项目及实施方案提供多方面的建议，客观、准确地将与项目执行有关的资源、技术、经济、社会各方面的数据和资料完整呈现于项目决策者面前，使其能够做出正确决策。

2. 项目评估的内容

非营利组织不以营利为目的，且大多以提供服务为主要形式。因此，非营利组织项目评估主要可以通过诚信度评估指标、使命与战略评估指标、项目绩效评估指标和组织能力评估指标四大评估指标来进行。

一般而言，在进行正式的项目评估之前，必须先拟定一个评估提纲。评估提纲主要包括项目背景、项目目标、项目内容、各阶段实施情况、评估目的、评估内容、评估成员、评估时间和评估报告等内容。①

在列好评估提纲后，组织才会开始对项目进行正式的评估，评估的内容主要有以下几个方面：

（1）项目目标和投资必要性的评估。主要分析项目是否符合组织宗旨和行业规划；对组织的发展和宗旨实现的作用；对拟投资项目的规模经济性分析。

（2）项目的设计和建设条件评估。主要评估该项目是否和组织宗旨紧密相关；可使用资源是否齐备；周围地域和环境是否适合实行项目；原材料、人力和资金等供应是否充足；交通运输是否可以保证项目的顺利进行；相关的协作配套项目是否已经落实等。

（3）项目财务情况评估。主要是评估项目的投资估算与实际资金使用是否符合；项目总的收支是否平衡；各项目进行过程中有无出现超支或者支出失控的情况。

（4）项目组织和管理能力评估。主要是评估项目组织机构的设置情况是否合理、科学；项目实施过程中遇到何种问题以及解决问题的能力；项目的进度与项目计划设定有何偏差；项目管理者是否能够调动项目工作人员的积极性和创造性等方面。

（5）项目成果评估。评估项目预期目标是否实现；现实成果和目标成果的

---

① 王名：《非营利组织管理概论》，中国人民大学出版社 2010 年版，第 203～204 页。

差距；项目各项指标的完成情况如何等方面内容。

(6) 受益对象评估。鉴于非营利组织的非营利性，在进行项目评估的时候，要把对受益对象的评估放在一个比较重要的位置。如主要评估项目是否覆盖到预计的受益群体，受益群体的参与程度等方面。

(7) 总结。在以上各项评估基础上，结合投资宏观的政治、经济和社会状况对该项目讲行总体评价。

3. 项目评估的基本程序

在进行项目评估的时候，可以遵循以下的基本程序：

(1) 明晰评估目的和范围，确定组织安排。非营利组织在项目评估之前需要确定其评估的目的和评估的方向，并进行组织安排，主要是做好组织评估力量和制订评估计划两个方面的工作，搭建评估的指标体系，明确评估的方法，为开展评估工作奠定基础。

(2) 项目评估资料收集。评估资料的收集主要有以下几种方式：收集与项目实施有关的各种资料数据，并进行查证核实，在此基础上做进一步的分析研究；根据评估内容和分析要求，通过项目调查和受益群体调查，进一步收集一些必要的数据和资料；根据查证后发现的问题和疑问，进行调查核实；将收集到的大量资料加工整理，最终汇总归类，供评估中审查分析或编制调查表和文字说明材料使用。

(3) 项目审查分析。审查分析是在项目评估资料收集阶段收集到必要的资料后开始的工作，主要包括项目基本情况审查和项目财务分析两个方面。具体内容有：组织和项目概况审查；项目规模分析；项目设计分析；项目财务预测；项目财务效益分析和项目经济效益分析。

(4) 形成评估报告。在对项目的各项情况进行调查和分析之后，由评估机构编写项目评估报告，主要是对项目进行的过程和可行性研究中的多项方案进行比较评估，对比出最优方案，最后提出对该项目的评估结论。评估报告是整个项目评估的成果，有相对固定的格式，一般包括：项目摘要、项目概况、项目实施时的内外部影响因素、评估方法、评价指标、经验教训、最终结论和参考资料等内容。

(5) 成果交流及应用。在评估报告生成后，项目的参与成员，包括项目管理者和项目的利益相关者，需要就评估的结果进行交流和沟通，使组织与利益相关者能在关键问题上及时达成共识，并使得评估的成果得到贯彻落实。

思考与练习

1. 如何理解非营利组织的营销？

2. 非营利组织树立市场营销导向有什么积极意义？需要注意什么？

3. 非营利组织要从哪些方面进行筹款分析？要注意什么？

4. 非营利组织的项目管理包含哪些内容？应遵循什么原则？

案例分析

如何进行项目管理？

——以爱有戏社区文化发展中心为例

在我国，许多致力于社区营造的城市社区非营利组织的发展趋近成熟，其运行的项目为社区居民、为社区、为社会做出了极大的贡献，爱有戏社区文化发展中心就是这样一个组织。本章以爱有戏文化发展中心为例，详细地介绍其内部的项目管理。

一、爱有戏社区文化发展中心及其项目介绍

爱有戏社区文化发展中心（以下简称“爱有戏”）是四川省成都市锦江区一个城市社区非营利组织，成立于2009年，2011年2月在民政部正式注册。爱有戏的使命是协力构建更具幸福感的社区，重点关注社区中的贫困家庭、残疾人家庭和新市民家庭。通过立足社区，开展创新性的社区项目，爱有戏积极培育和创造社区资本，让社区居民在共同参与中凝聚社区精神，从而促进了社区的可持续发展。而通过培育社区居民间的互助、促进社区的文化发展以及协力居民自治组织的发展，积极构建具有共同价值观、居民相互信任、守望相助、社区环境优美、治安稳定的美好社区。

像绝大多数非营利组织一样，爱有戏的运作主要也是围绕着其项目进行的。

从爱有戏成立初期的农民工子女成长“快乐剧团”项目、盲童“金喇叭广播剧剧团”项目、社区“温暖剧团”等项目到为了支援地震灾区在雅安庐山凤凰村设立社区发展工作站的雅安救灾项目，爱有戏已研发运行了诸多项目，都取得了较大的成就。

虽然爱有戏的各个项目内容各不相同，但每个项目的运作模式大体一致，基本如图1所示。

二、爱有戏社区文化发展中心项目运作分析

由于爱有戏的各个项目的运作机制基本相同，因此本章以爱有戏的“云书法公益课堂”项目为例，来分析其项目的管理和运作机制。

（一）项目的选择与确定

云书法公益课堂（以下简称云书法）这个项目的构想最早诞生于成都黑苹果青年春风会。黑苹果青年春风会是由成都市社会办、零点青年公益创业发展中心以及成都云公益中心联合主办的一个支持青少年公益创业的活动。这个活动旨在帮助青少年们碰撞出独具特色的公益构思并支持他们将这些“公益梦想”变为“公益现实”，而云书法公益课堂就是在这次活动中经由参与者“头脑风暴”并

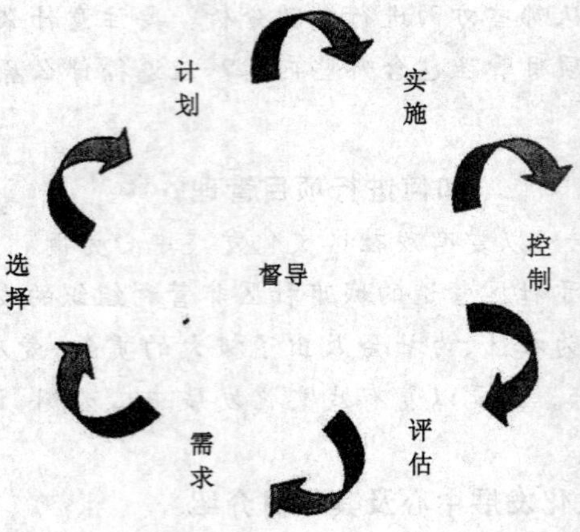

图1 爱有戏项目运作模式

最终得到实际运作的公益项目。

云书法公益课堂项目的构思基于多媒体网络大数据的背景之下，科学技术的进步使得现代人的生活越来越快节奏，尤其是学生们，他们逐渐远离了作为中国传统文化代表的书法艺术。书法艺术是我国传承数千年的国粹精品，它不仅是中国文化的载体，也是浓缩了中华民族人文精神的一种独特的艺术形式。但是如今，人们对硬软笔逐渐忽视，多数青少年已基本不会软笔书法，硬笔书写也存在问题，提笔忘字、错别字、写字难看的现象日益加剧。而目前社会还没有特定的关注和解决这一问题的公益项目，这就给“云书法公益课堂”的诞生提供了契机。

由于爱有戏是致力于社区文化发展的非营利组织，因此，爱有戏通过创新的运作模式把公益书法课堂引进了社区，在尽量满足社区居民现代化生活方式的前提下，为社区居民提供最便利最可行的书法学习环境，特别是向社区有意愿学习书法的青少年提供免费的书法教学。在这个项目中，其目标就是：调动社区青少年重拾笔墨的兴趣，提升青少年书法水平及基本的国学素养，提升社区文化氛围；丰富社区活动，增进邻里关系；弘扬传统文化魅力，因地制宜地使复兴国学与时代发展。

云书法公益课堂项目的可行性分析分为外部与内部的分析。

(1) 外部要素的分析：

① 无论是整个社会大环境掀起的对国学，对传统文化的重现，抑或是家庭层面对小孩传统文化的教育，书法学习都是一个众望所归，充满正能量的事情。

② 许多研究中国传统文学的学者，都呼吁提倡，学习中国传统文化，不要

忘本。

③ 政府政策也对书法学习表现出关注和鼓励。

(2) 内部要素的分析：

① 爱有戏社区发展中心是专门致力于社区文化发展的非营利组织，其对社区的情况十分熟悉，并且有在社区成功运行过多种项目的经验，因此云书法项目的开展对于爱有戏来说具有一定的运作基础。

② 该项目使用的资源比较少，成本低，易于操作。从物资资源上来看，社区内本来就有活动室，可以用来作为教学场所，教学需要的笔墨纸砚成本也不高，花销基本集中在一些宣传等附带开支；而在人力资源方面，云书法项目对老师和学生来说都是个利大于弊的活动，因此能够吸引师生的加入，再适当安排一些团队成员及志愿者，人员要求也不多。总体来看这是一个实施起来低成本、易操作的项目。

③ 爱有戏在项目开展前已通过问卷调查征得了社区居民对此项目的认可。

(二)项目的启动与执行

1. 制订项目策略计划

在明确了项目目标、论证了项目可行性之后，云书法还制定了相应的项目策略计划。云书法公益课堂项目办基于爱有戏的项目目标、组织使命、专业特长及对自身资源优势不足的分析，很快明确了项目执行中自身的定位及重点行动策略：组织定位是第三方协调组织角色；组织投入重心是筹集准备物资，建立信息平台；其主要执行任务即组织和协调好每周一次的书法教学活动，并注意其可持续性。

2. 编写项目方案

爱有戏在项目开展前逐步理清了思路，形成了云书法公益课堂的初步方案。该方案由各个阶段构成：

(1) 评估需求：爱有戏通过走访社区居民及召开院落大会，进行了需求评估，形成初步的项目方案。

(2) 协调资源：及时将初步的项目方案，报与成都市社会办主办及零点青年公益创业发展中心，以取得资金的支持。

(3) 能力建设：爱有戏要落实此项目将会涉及的人员，包括爱有戏工作人员、各类志愿者，以及教学双方人员，然后对负责此项目的工作人员及志愿者进行项目理念和模式的培训，并制定人员管理规定。

(4) 实物投入：在项目管理与运作机制充分准备就绪的情况下，爱有戏投入购买笔墨纸砚、宣传及培训的资金。

3. 项目的执行

(1) 爱有戏没有非常健全的部门化体系，但其人力资源的合作和互补在项目执行期间起到了很大的作用。

爱有戏在每个社区都设有一名项目经理，项目经理在其授权范围内，依据项目实施计划，自主安排工作，调动资源，掌握进度。云书法公益课堂的项目经理为爱有戏工作人员张某，项目经理虽然年纪不大，但是从事公益事业的时间不短，她大学时期就开始参加各类志愿服务和公益活动，在爱有戏成立之初加入团队，一直伴随着爱有戏的项目成长。她公益工作经验丰富，深谙爱有戏的理念，同时也对社区情况相当熟悉，这些都有利于云书法公益课堂项目的开展。

在人力管理方面，除了设置有一名项目经理统筹全局外，爱有戏的工作人员还负责教学场地的落实管理，以及社区有意愿进行书法学习的青少年的召集、组织、管理。

此外，在志愿者管理方面，爱有戏将目标志愿者主要分为两类：一类是高校书法协会的大学生志愿者，他们主要担任每周一次的社区免费书法教学任务；另一类是云书法公益课堂的构思团队，他们没有特定人物分工，主要是作为机动人员，协助项目成功实施。

(2) 在资源管理方面，爱有戏十分重视资源整合，努力调动各方面资源，并综合利用。例如云书法公益课堂的教室是利用政府的社区活动空间，桌椅板凳是利用活动空间及社区居民闲置桌椅。

(3) 在项目进程方面，云书法项目进程紧凑有序。

2012年8月，爱有戏工作人员开始在锦江区水井坊街道交子社区召开有关会议，向社区居民讲解此次项目的内容意义。在宣传阶段，工作人员在社区内招募有意愿学习书法的社区青少年。另一方面，项目团队联系了西南民族大学书法协会的大学生志愿者作为课堂教学的老师。

在一切准备就绪后，11月3日星期六早上，在交子社区点将台横街55号院落，云书法公益课堂第一次开课了，社区的10名青少年参与了此项目，教学任务比较顺利地进行，学生家长反馈较好。

三、云书法公益课堂项目的控制与评估

良好的设计、合理的实施计划、完整的执行团队以及充沛的资源也不能完全保证项目的顺利实施。由于客观条件是不断变化的，导致项目实施可能不会按照预定计划进行。这使得项目的实际结果会出现偏差，因此项目控制，成为十分重要的工作。在云书法公益课堂项目的实施中就遇到了意外的偏差。

云书法项目目前的书法教师是高校书法协会的大学生志愿者，但是在该项目一开始的计划中，书法教师是召集的同社区中有书法技艺的退休老人，这一计

划有三个好处：一是可以节约成本，不用花钱请老师；二是可以让这些有书法特长的老人发挥余热，传授技艺，获得成就感；三是教与学的人员都是同社区的邻居，共同参加这些活动有助于增强邻里互动，增加居民间感情。在有这些优势的同时，爱有戏也考虑到了其存在的两点弊端：一是有可能社区里没有会书法技艺的退休老人；抑或是有这样的人，但他们却不愿意参加此项目；或者这些会书法的老年人自己会写但是不会教学。

鉴于此，爱有戏专门制定了针对此点会出现偏差的应急方案，也就是如果在社区找不到合适的老师，就联系高校书法协会的大学生志愿者。事实证明，在项目实施中，点将台横街55号院落确实没有合适的退休老人作为书法老师。爱有戏在院落走访中了解到该院只有一名退休老人有此特长，但他自己已在外开设了专门的书法培训班，不愿意进行免费的书法教学。

爱有戏果断采取了应急方案，联系了离水井坊社区比较近的西南民族大学书法协会会长，并落实了他们协会成员作为大学生志愿者，每周来进行免费的书法教学。

正是因为制定了这一应急方案，才保证了项目的顺利实施。虽然这些大学生志愿者不是社区居民，但在项目执行中，他们也体现出了自己的三点优势：一是他们都是志愿教学，同样不收取教学费用，节约了成本；二是他们年轻学习能力强，比老年人更容易转换到教师的角色上来；三是他们热情有朝气且更容易和学生打成一片，活跃教学氛围。

在项目评估这部分，爱有戏仅对云书法公益课堂项目进行了简单评估，主要是通过项目负责人的口头陈述，欠缺来自多方面的科学系统的评估体系。

（来源：晏自雅：《城市社区NPO项目管理研究》，西南交通大学2014年学位论文）

思考题：

1. 结合非营利组织的项目管理原则，爱有戏社区文化发展中心在管理云书法公益课堂项目的过程中如何体现了这些原则？

2. 结合非营利组织项目管理的环节，谈谈云书法公益课堂作为一个完整的项目，其项目管理的环节依次有哪些？有什么需要改进？

3. 爱有戏社区文化发展中心在项目管理中相较于其他非营利组织有哪些特点？对此你有什么启示？

第五章 非营利组织的财务与税务管理

本章重点

1. 理解非营利组织财务管理的概念、目标与原则
2. 了解非营利组织财务管理的困境与对策
3. 了解非营利组织会计的概念、方法
4. 理解非营利组织税务管理的概念与原因
5. 了解非营利组织税收筹划的方法和流程

财务往往与资金、资源等一系列词语相联系，与我们的生活密不可分。在当今社会，财务管理工作是组织一切管理活动的核心。对于非营利组织而言，如何掌握和应用相关的专业知识和技能，很好地进行财务和税务管理，是所有组织发展之路必须破解的难题。

第一节 非营利组织的财务管理

一、非营利组织财务管理概述

(一) 财务与财务管理

财务是指企业或组织为达到既定目标所进行的筹集资金和运用资金的活动，泛指企业或组织的财务活动和各种财务关系，通常能够体现组织和各方面的关系。非营利组织的财务与企业财务本质上没有太大区别，差别主要体现在财产的运用和分配以及税收的特殊性上。总体而言，非营利组织财务特征大致可概括为以下四个方面：第一，从资金来源看，非营利组织的财源具有支持性。即获取资金的主要目的在于支持组织的运营与发展，具体方式包括会员会费、政府资助、服务收入、企业捐赠以及投资，等等。第二，财务不强调利润指标。由于非营利组织是不以获取利润为目的为社会公益服务的组织，在其财务中通常忽视利润这一指标，而更多强调社会绩效的达成（从客观上看，这不利于财务的系统性管理）。第三，责权利边界模糊。基于自身的非营利性，非营利组织的财务关系纽带不如企业那样稳定牢固，有时权责利的边界显得较为模糊。第四，所有权形式特殊。非营利组织资财的权益属于组织本身所有，但组织却不能对其资财

权益进行转让、出售，并且在某些情况下必须按照资产提供者的要求来运作、管理和处置资财。①

财务管理，是在一定的整体目标下，对一个经济单位或组织资产的购置（投资）、资本的融通（筹资/募款）、经营中现金流量（营运资金）以及利润分配的管理。由于资金的重要性，通常情况下我们认为财务管理是企业与组织管理的核心部分。根据财经法规制度，按照财务管理的原则，组织方得以开展财务活动、处理财务关系。因此，简单地说，财务管理是组织财务活动，处理财务关系的一项经济管理工作。

非营利组织的财务管理相对于企业的财务管理也体现出自身的特点：

① 资金募集方式的多样性。一般而言，非营利组织的资金主要来源于接受社会捐赠、接受投资以及政府购买服务的支持，也有很少一部分资金来源于（在恪守其非营利性前提下）产品或服务销售所得。随着近年来社会企业的发展、商业模式运营社会组织做法的兴起，非营利组织的资金来源和获利模式更加呈现出多元化与复杂化的趋势。但短期来看，项目资金收入、政府购买服务、社会捐赠等方式目前仍然是非营利组织主要的资金来源渠道。

② 财务管理目标的非营利性。非营利组织财务管理目标与企业财务管理目标有着显著的区别。众所周知，企业财务管理的目标注重利润和收益，强调企业价值的最大化或股东财富的最大化。然而，非营利组织基于非营利性，不向资源提供者提供经济回报，其目标是在其财力允许的范围内向公民（尤其是他们的服务对象）提供尽可能多的准公共产品，在资源有效配置的条件下使其社会价值最大化。

③ 财务管理主体的所有权形式的特殊性。非营利组织资金的权益和所有权属于组织本身所有，资源的提供者在提供资源之后不再拥有所提供资源的所有权，因此非营利组织内部呈现出资源的提供者与资源的管理者之间相分离的“委托代理”现象。然而，由于资源提供者与管理者存在目标不一致，“委托代理”往往会产生诸多问题，从而降低资源的配置效率，妨碍非营利组织追求使命和实现目标。因此，所有权形式的特殊性，决定并要求非营利组织在其财务管理过程中更加强调如何降低“委托代理”成本、最大化资源配置效率，以实现价值最大化。②

基于以上，非营利组织的财务管理在某种程度上可以表述为：有关资金获得及有效使用的管理过程，包括“收”和“支”两个部分。其中，“收”的范畴内主要考

---

① 蔺丰奇：《非营利组织的财务困境与解决策略》，载《经济与管理》2007 年第 6 期，75～79 页。

② 谢晓霞：《非营利组织财务管理理论与实务》，经济管理出版社 2013 年版，第 4 页。

虑筹资（主要是接受捐赠和政府拨款）、项目开发与吸引投资两个方面；“支”则包括投资（以资金保值和增值为目的）、成本与财务分析、财务规划与监督等内容。其中，不论在哪个环节，非营利组织都应当十分重视财务的流向及其是否体现组织宏愿，是否有利于达成使命和目标。

为了更好地理解非营利组织的财务管理，后文从广义与狭义两个层面对非营利组织财务管理所涉及的内容进行解读。

（二）广义的财务管理

根据资金运动的动态过程，结合财务管理的基本原则和方法，依据重要性原则，可以将非营利组织财务管理的主要内容概括为以下几个方面：

1. 日常资金管理

资金管理通常被视作非营利组织财务管理的最基本内容之一，而日常资金管理是资金管理的重要组成部分。所谓日常资金管理，即在日常财务活动中对非营利组织的财务与资金活动进行观测、记录、查验等，其范畴主要涉及维持组织日常运营的内容，因此，对非营利组织的日常资金进行科学、合理的管理，可以在维持组织有序运转的基础上，加强保护组织资金的安全，防止贪腐、盗窃等行为，杜绝因挪用、滥用货币资金而造成的货币资金的短缺和损失。也就是说，日常资金管理可以保证非营利组织在有足够的资金财力前提下，合理调度资金，加速资金的周转，以维护组织自身发展。

2. 项目资金管理

除了日常资金的管理之外，非营利组织资金管理的另一个重要方面即项目性活动的资金管理。项目是非营利组织运作和提供服务的具体形式，非营利组织为了行使自身职能、提供更好的服务、坚持使命导向，需要通过项目来进行有条理的资金运作。项目资金管理的范畴包括：如何确定合适的项目进行投资、如何使得一个好的项目得到更多的资金支持、如何有效地使用项目资金以使其达到最优的资源配置，等等。

3. 筹资管理与投资管理

随着世界范围内资本流动速度的加快、中国社会主义市场经济发展的深入，非营利组织的存在过程越来越需要依靠可持续的资金资源的支持。一个成功的、可持续发展的非营利组织，必须要有成熟健全的筹资策略，具有为非营利组织的各项经济活动提供持续的资源支持的条件。在此层面上而言，筹资管理即非营利组织根据其持续经营和业务活动的需要，通过特定筹资渠道，运用筹资方式方法，依法经济、有效地为组织筹集所需要的资金的财务行为。

此外，由于组织战略规划的不同、所处阶段的不同，非营利组织有时会拥有较大数额闲置流动资金，为了使得资金能够保值、增值，避免资金闲置所造成的浪费，非营利组织应当效仿企业利用这些资金进行投资活动。但必须注意的是，由于投资活动固有的复杂性和风险性，对于在资金问题上非常敏感的非营利组织而言，为了对众多的利益相关方负责，非营利组织需要进行科学的投资规划管理，在获取一定收益的同时，更加尽可能规避风险。

4. 预算管理

预算管理是指非营利组织根据事业发展计划和年度财务收支计划，对计划年度内非营利组织的财务收支规模、结构和资金渠道所做的预计，表现为计划年度内非营利组织各项事业发展计划以及工作任务在财务收支上的具体映射，具有预测性、规划性和导向性的特点，通常被看作非营利组织开展财务活动的基本根据。由于预算管理发生的时间节点在组织活动开始之前，是非营利组织资金运动的起点，所以重视预算管理是控制组织财务、合理规划组织活动的重要前提。

5. 财务报告与分析

非营利组织的财务报告与分析是指非营利组织根据会计报表及有关资料，采用专门的分析技术和方法，对一定时期内非营利组织财务状况、财务收支情况、效益情况等进行的研究、分析和评价。非营利组织的财务报告与分析通常关注的是能够反映非营利组织的筹资能力、发展能力和项目营运及管理效率的项目数据，包括非营利组织的财务状况，资产、负债、所有者权益变动情况分析，工作数量和质量指标的完成情况分析等。这些方面的内容常常反映非营利组织增收节支、开源节流和社会效益与经济效益协调增长的情况，为快速了解组织的基本财务信息提供了便利。

6. 财务监督与控制

非营利组织的财务监督与控制即采取特定手段对组织内部的财务情况进行回顾、检查、监督与控制，进行有效的财务监督与控制是保证非营利组织纯洁性的重要前提。通过实施合理有效的财务监督和控制活动，不仅能够保证非营利组织资产安全和完整，还可以增强组织的效率和廉洁。为此，要对非营利组织的财务活动和各项经济关系的合法性与科学性、活动的正当合理性及其利用资源的有效性进行的监察和督促，必要时采取特定的控制手段。

7. 财务绩效的评估

财务绩效评估是通过对非营利组织财务报表的相关数据和其他资料进行汇总、计算、对比和说明，进一步揭示财务状况、经营状况、管理效率的一种分析评价方法。由于非营利组织的性质，其财务绩效评价不像企业那样单以经济效益为重，而是作为一种以非营利组织的使命为指导，合理地量化组织的投入与产出、设计评估流程和方式，从效果、效率两个方面，对组织的财务状况和业绩成果

(主要体现为社会绩效)进行综合性的衡量和评估。①

(三)狭义的财务管理

狭义的财务管理内容较为明确,指的是根据财务资料、财务报告来分析非营利组织的经济行为并预测组织财务的未来。具体来看,狭义概念上的财务管理包括成本分析、投资管理和财务分析三个主要环节,它们也是广义概念中的财务管理的核心环节。

1. 成本分析

成本分析,是利用成本核算以及其他的有关资料,分析成本水平与构成的变动情况,研究影响成本升降的各种因素及其变动原因,寻找降低成本的途径的分析方法。作为成本管理的重要组成部分,成本分析的作用是正确评价非营利组织成本计划的执行结果、揭示成本升降变动现象背后的原因,为编制成本计划和制定经营决策提供重要依据。

然而,在现实情况中,由于非营利组织所提供的服务经常难以量化,使得成本分析面临较大的困难。为了方便计量,目前,一些非营利组织在服务计量单位的设定和选择上达成了一些共识,以便继续深入进行成本分析活动。以下列举四种常用的服务计量单位:

① 受益者数量:即非营利组织所提供服务的受益者人数。

② 服务种类:即非营利组织及其志愿者面向受益者或全社会提供的服务种类,如面对面访谈、线上咨询、中介服务、特殊治疗等。

③ 服务数量:即非营利组织所完成的服务的数量,如在一年内举行的知识普及讲座的次数、一个月内组织社区无偿心理咨询活动的次数。

④ 服务时间长短:即受益者所获得的服务总时间,如一次社区公益性的心理辅导花费了一个小时。

此外,行政费用和管理费用一般按项目所占的费用比率,分摊到各个项目的成本之中,计算为间接成本,其中包括房屋租赁费、邮资、清洁费、电话费、人事费和公关费等。②

2. 投资管理

(1) 投资与投资管理

投资是一定的经济主体,用某种有价值的资产,包括资金、人力、知识产权等,投入到某个企业、项目或经济活动中,将现期的一定收入或财富转化为资本以获取预期不确定的效益的经济行为。广义的投资包括股票投资、债券投资、房

① 谢晓霞:《非营利组织财务管理理论与实务》,经济管理出版社2013年版,第9～11页。

② 周恩毅:《非营利组织管理概论》西北工业大学出版社2014年版,第76页。

地产投资，等等。投资管理，是指投资者对何时投资、投资方向与内容、投资数额与比重进行决策的过程，解释了"何时投资、投资什么、如何投资"三大问题。

由于资本来源、去向的非营利性，可供非营利组织选择的投资范围显得较为狭窄。通常情况下，大多数非营利组织都会选择证券投资作为主要的投资方式，即以货币购买企业发行的股票和公司债券，间接参与企业的利润分配。

非营利组织投资管理一般分五个步骤进行，如图 5-1 所示。

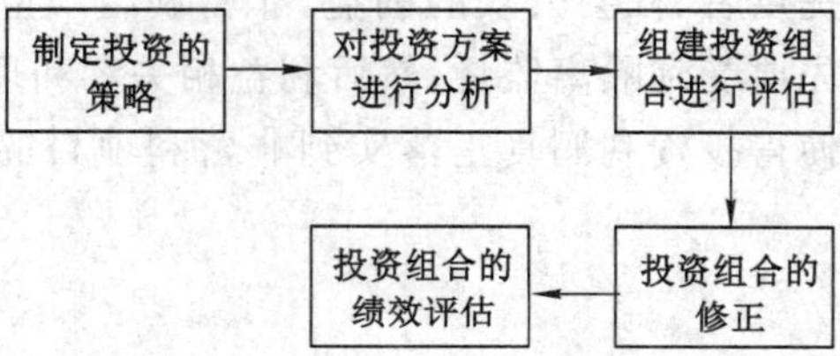

图 5-1　非营利组织投资管理的五个步骤①

(2) 投资管理的基本原则

① 安全性、流动性和收益性相结合。总体而言，非营利组织的投资管理需要在保证安全性和流动性的前提下追求尽可能高的收益性。流动性和安全性在某种程度上是相互统一的，保证非营利组织投资资金的流动性也是维护其财务安全的重要前提。至于收益性，由于非营利组织投资的根本目标是实现资产的保值增值，并不完全以投资收益的多少来衡量资产管理的成功与否，因而非营利组织应当通过专业的投资管理机构进行投资理财，进行科学的投资分析，有序参与投资管理。

② 审慎性和科学性。非营利组织投资管理的审慎性原则要求投资管理人采取更加谨慎的态度，以合理的方式分散投资，以获得合理的收入，要尽量避开风险较大的投机性行为。此外，还要投资管理人还要审慎面对投资活动中可能出现的道德风险(非营利组织投资的长期性、信托制度下的委托代理风险、受托人与投资管理人的信息不对称等，都容易导致道德风险)，以充分保护组织资产的安全。

(3) 非营利组织投资风险的防范

非营利组织的投资风险主要表现在资金数额和资金流向两个方面。具体来说，一是投资决策失误会造成公益资产的流失；二是投资取得的收益可能被挪用到非公益领域。

① 张冉:《非营利组织管理》，北京大学出版社 2014 年版，第 258～261 页。

为了降低投资失败的风险，非营利组织需要建立科学的投资管理制度，投资管理制度应包括以下几项内容：研究投资环境；选择投资机会；评估投资方案的风险与收益；确定投资的内容与结构；选择最佳投资方案。此外，投资管理制度也不可一成不变，而应当随着社会环境、科技发展的变化而不断完善。

为了防止非营利组织将投资利得挪到他处使用脱离非营利领域，建立非营利组织投资利润处置的相关规章制度是十分必要的。为了在投资行为中维护非营利组织自身、资本提供者、社会公众的利益，非营利组织应采取的较为合理的模式是：投资利润首先要受到隔离监督，然后利益相关者和理事会敦促组织的执行层落实资金去向，使得投资利润真正落实到非营利项目的维持和组织整体功能的升级上。①

3. 财务分析

(1) 定义和内容

非营利组织的财务分析，是指以财务报表及其他有关资料为依据，运用系统科学的方法，对非营利组织的财务状况和业绩成果进行比较、评价，以利于非营利组织的管理者、资助者以及政府宏观管理机构掌握组织的资金活动情况并进行决策的一项管理活动。非营利组织的财务分析可以从以下几个方面加以把握：

① 财务分析的主体：即对非营利组织的财务活动进行分析的机构和个人，主要有非营利组织的专职业务人员及其主管领导、监管部门、财政税务部门、政府的宏观管理机构等；② 财务分析的客体：即财务评价的对象，包括非营利组织的财务状况、业绩成果以及资金活动状况和趋势等；③ 财务分析的依据：主要是指非营利组织编制的财务报表，包括资产负债表、现金流量表、业务活动表等；④ 财务分析的目的：非营利组织进行财务分析的目的主要有两方面：一是为财务报表的使用者所要做出的相关决策提供客观的、可靠的依据；二是对公共资源的配置使用结果及其效益做出客观评价。

(2) 财务分析的方法

① 比较分析法。比较分析法也称对比分析法，是财务报表分析时最常用、最基本的方法，是一种通过对比两期或连续数期财务报告中的相同指标，确定其增减变动的方向、数额和幅度，来说明非营利组织财务状况或经营成果变动趋势的一种方法。比较分析法的具体运用主要有重要财务指标的比较、会计报表的比较、会计报表项目构成的比较三种方式。

从比较的内容来看，非营利组织主要从以下三个方面进行财务的对比分析：

---

① 张冉：《非营利组织管理》，北京大学出版社 2014 年版，第 258～261 页。

A. 本期实际完成数字与计划、预算数字进行对比。

通过实际计划的对比，可以考核评价单位预算、计划任务的完成进度，其计算公式为：

预算完成百分比＝本期实际完成数字÷本期预算数字

B. 本期实际完成数字与往期实际完成数字进行对比。

通过本期实际完成数字与历史同期实际完成数字的对比，了解不同时期财务活动的发展变化情况，掌握发展变化的趋势和规律，其计算公式为：

本期为历史同期百分比＝本期实际完成数字÷历史同期实际完成数字

C. 本单位实际数字与同类型单位实际数字进行对比。

通过与不同地区、不同单位的比较，既可以比较绝对数字，也可以比较相对的百分比指标。将实际值与同类非营利组织标准进行对比，可以了解目标非营利组织与同类非营利组织间存在的差距，明确该非营利组织在其所处类型中的地位。

② 因素分析法。因素分析法，是指通过分析影响财务指标的各因素，从数量上确定其对指标的影响程度，以说明本期实际数值与计划数值发生财务指标变动或差异的主要原因的一种分析方法。因素分析法适用于多种因素构成的综合性指标的分析，如成本、利润、资产周转等方面的指标。通过因素分析法，可以找出关键因素，为进一步分析和评价非营利组织的财务状况和业务绩效提供依据。因素分析法的具体形式有连环替代法和差额分析法两种。

③ 比率分析法。比率分析法是将同期会计报表中相关项目的金额进行对比，得出一系列具有一定意义的财务比率，进而分析或评价非营利组织的财务状况和管理效率。财务比率是相对数，排除了规模的影响，使不同比较对象建立起可比性。其中，财务比率指标的类型主要有构成比率、效率比率和相关比率三类：构成比率又称结构比率，是某项财务指标的各组成部分数值占总体数值的百分比，反映部分与总体的关系；效率比率是某项财务活动中所费与所得的比率，反映投入与产出的关系；相关比率是将某个项目和与其有关但又不同的项目加以对比所得的比率，反映有关经济活动的相互关系。

在非营利组织中，比率分析的方法主要有两种：

A. 静态指标比率分析。静态指标比率，是指以两个相互关联的同一会计期间的财务指标的绝对数字相除后求得的比值，如资产负债率。

B. 动态比率分析。动态比率，是指以不同时期的某项财务指标的数据相除后求得的比值。动态比率分析就是计算出一系列表示逐期变化情况的动态比率，以便考察某项财务指标的发展趋势。

④ 结构分析法。结构分析法是一种通过分析组织或部门在经济活动中相

互联系的各因素的结构比率，找出各因素的变化规律，评价其结构或成分的合理性，以保证经济活动健康发展的财务分析方法。该方法通常以某项财务指标的某个组成部分的数据除以该项财务指标的总和，从而计算出该指标某个部分的结构比率。例如，通过检视报表，对非营利组织以往的收入构成进行分析，我们可以知道每年的捐赠收入、财政补助收入、经营收入、投资收入、其他收入等各占总收入的比重的变化，并了解其结构的变动。①

（四）财务管理的意义、目标与原则

1. 财务管理的意义

非营利组织作为社会多元主体“善治”格局的重要组成部分，作为促进社会和谐发展的重要力量，其作用正在不断加强，地位也在逐步提高。有效的财务管理不仅有助于非营利组织内部效率的提高和运作成本的降低，而且有助于组织对外树立形象，提高组织的公信度，促进组织的宗旨、任务和目标的实现。具体而言，非营利组织财务管理的重要性体现在：

财务管理是坚守非营利组织使命和宗旨的需要、财务管理是保障非营利组织业务活动正常开展的需要、财务管理是保障非营利组织可持续发展的需要、财务管理是加强对非营利组织监督的需要。

2. 财务管理的目标

非营利组织财务管理的基本任务是按照国家的方针、政策，根据自身资金运作的客观规律，利用价值形式、货币形式，对组织的经济活动进行综合的管理。非营利组织财务管理的任务决定了财务管理的目标。

具体而言，非营利组织财务管理的目标主要包括以下内容：

（1）正确处理预算问题，做好财务规划

非营利组织的财务活动首先要始于预算，亦即在活动开始之前就要对组织财务活动进行规划性的管理。为了做好财务预算工作，非营利组织必须认真贯彻执行国家的方针政策、相关法律法规，按照量入为出、收支平衡的原则进行预算编制。此外，在预算编制过程中，还要把握好重点，使得预算既积极合理，又能够保证必要的供给。

（2）多渠道方式进行创收、筹资活动，保证资金充足性

非营利组织应当准确认识到资金对组织发展的关键性，要在国家政策允许范围内，多渠道、多形式地创新业务和服务，在非营利性前提下，双管齐下地进行创收、筹款。需要注意的是，在获取资金时，除了注意保证数量外，还要重视资金结构的计划性和协调性，要使预期所获得的资金与组织的发展环节、过程相

① 张冉著：《非营利组织管理》，北京大学出版社 2014 年版，第 265～267 页。

适应。

(3) 控制各项开支,降低运营成本

非营利组织应当专注于使命与愿景,通过项目运作来改善社会状况、承担社会责任。从这个层面上看,非营利组织理应在把有限的资金、资源集中到产品和服务上的同时,降低组织的运营成本,比如在财务上严格执行审批制度,制定支出消耗的各项定额或限额,以此提高投入资源的效率性。此外,非营利组织的各项开支,都应事先提出计划,经财务部门审核,经过批准后执行,避免各种恶性财务问题的产生。

(4) 建立健全内部财务管理制度

财务管理制度通常规定非营利组织财务活动的范围、任务与权责的分工,是非营利组织进行财务活动、处理财务关系时应遵循的基本制度。为了进行较为科学的财务管理,非营利组织不仅要严格遵循和执行国家财务管理法规要求,还要建立健全组织内部的财务管理制度,以明文形式确定内部各部门在财务管理上的责权分工和利益分配关系。

(5) 加强经济核算和监督,提高资金使用效益

财务管理需要高效的监督,以保证财务工作的有序性和可持续性。因此,非营利组织在进行财务管理时,要充分发挥监督的作用,敦促发挥资金的效率,实现增收节支;同时还要完善经济核算和分配的方法,通过严谨的规章方式对组织及其内部人员的各项经济活动进行规范,强化制度意识。①

(五) 财务规划与监督

1. 财务规划

(1) 财务规划

财务规划是一种财务管理的具体手段,是指纳税人或其代理人在合理合法的前提下,主动地运用税收、会计、法律、财务等综合知识,采取合法合理或非违法的手段,以期降低税收成本、服务于企业价值最大化的经济行为。非营利组织的财务规划与此相似,不同之处在于,非营利组织的财务规划更加强调经济效益要建立在社会效益实现的基础上。此外,非营利组织的财务规划过程中,可支配的资金额、资金去向等也受到相关法律法规和行业规范的更多制约。

(2) 非营利组织财务规划的特性

财务规划是对非营利组织财务活动的整体性决策,其着眼点不是当前,而是未来;它是立足于长远的需要对组织财务活动的发展所做出的科学判断。

对非营利组织的财务规划进行把握,需要从以下几个要点入手:

① 周恩毅:《非营利组织管理概论》,西北工业大学出版社 2014 年版,第 63~64 页。

① 非营利性：非营利组织从公益中来，回归公益中去，它们的每一个决策都需要贯彻使命，以解决社会问题作为基本出发点。

② 全局性：财务规划是根据组织的使命愿景、长远发展需要而制定的，它以整个组织的筹资、投资和经营管理的所有内容为对象，在过程和内容上都体现出全局性的特点。

③ 风险性：财务规划风险的大小，取决于财务决策团队的知识、经验和判断能力。由于如今一些非营利组织迈出了商业化步伐，随着社会资本流速增快，影响力投资、公益信托等形式兴起，非营利组织的财务规划也开始伴随有更多的风险。科学合理的财务规划能够降低财务风险，从而给组织带来勃勃生机和活力，使组织得到迅速发展；反之，也会给组织造成一定的损失，使组织陷入财务困境。

④ 适应性：财务规划把非营利组织与外部环境融为一体，通过分析、评估等手段尽最大可能避免组织财务管理中所出现的问题，增强组织对各种复杂因素和内外条件的适应性。

⑤ 长期性：制定财务规划不是为了解决组织的当前问题，而是为了谋求组织未来的长远发展，对组织的未来做出合理规划与预测。因此，财务规划一经制定就会对组织未来相当长时期内的财务活动产生重大影响，需要审慎对待。

(3) 财务规划的要点

① 明确各种相关关系：财务规划须明确组织中不同经营项目的投入规模与组织可行的募资选择之间的关系，同时也要处理好各个财务项目之间的相互关系，优化组合。

② 提出备选方案：财务规划使组织能够清楚项目投入和资金募集的各种选择，然而，在财务规划所列出的各种方案中，组织有时会在自己的未来前景判断方面出现偏差，因此备选方案的制定显得十分重要。组织需要了解何为最优方案，并对各个方案进行综合评价。

③ 分析可行性：所有计划与规划须适应于组织的使命与愿景，且要具有可行性。

④ 避免意外变动：财务规划须指出如果某一特定事件出现将会发生什么情况，进行事故与危机的提前预防。

2. 财务监督

非营利组织财务监督的约束力不仅来源于组织的自律、政府的管控，也受到社会公众自发的各种监督活动的影响。当然，法律是非营利组织财务监督的基本底线和具体依据。非营利组织在日常运营过程中，要恪守法律规章的要求，对财务方面的信息进行公示并接受责信。

具体而言，关于非营利组织财务监督的法律依据可以划分为三类：

（1）非营利性的约束

这是非营利组织开展各种活动所应遵守的一个基本原则，我国有许多法律规章都对之进行了阐述。例如，我国于1989年发布实施的《社会团体登记管理条例》中第四条明确规定："社会团体不得从事以营利为目的的经营性活动"；《中华人民共和国捐赠法》第四条规定："不得以捐赠为名从事营利活动"；此外，《基金会管理办法》中也规定："基金会不得经营管理企业。"

（2）受赠财产支出比例的约束

《中华人民共和国捐赠法》对非营利组织的受赠财产支出比例就有规定，例如，规定公益性社会团体应当将受赠财产用于资助符合其宗旨的活动和事业；规定对于接受的救助灾害的捐助财产，应当及时用于救助活动；规定基金会每年用于资助公益事业的资金数额，不得低于国家规定的比例。

（3）财务公开制度的规定

财务公开，要求非营利组织的财务账目应当接受政府有关部门的监督，同时组织应当向社会公众和捐赠人公开必要的财务信息，接受社会的监督和质询。我国的一些法律规章也就此问题给出了规范性要求，例如《社会团体登记管理条例》规定："社会团体应当向业务主管单位报告接受、使用捐赠、资助的有关情况，并应当将有关情况以适当方式向社会公布"、"社会团体必须执行国家规定的财务管理制度，接受财务部门的监督；资产来源属于国家拨款或者社会捐赠、资助的，还应当接受审计机关的监督"。此外，《中华人民共和国捐赠法》也规定："受赠人每年度应当向政府有关部门报告受赠的财产的使用、管理情况，接受监督。必要时，政府有关部门可以对其财务进行审计"、"受赠人应当公开接受捐赠的情况和受捐财产的使用、管理情况，接受社会监督"。①

总而言之，财务管理作为非营利组织日常管理的核心内容，接受监督是具有必要性的。非营利组织应当主动披露自己的财务信息，面向社会展示自己开放守法的形象，如此才能够提升组织的公信力，为组织的长远发展施加积极的影响。

二、非营利组织财务管理当前的困境及出路

（一）财务管理的困境

由于非营利组织财务管理的发展尚不够成熟，实际操作过程中常常出现各种各样的问题，对非营利组织的财务可持续性和组织整体状况造成负面影响。经总结，具体困境主要包括：

1. 自创收入的能力匮乏，对影响力投资的吸引力低

非营利组织的自创收入可以划分为业务收入、经营收入和投资收益三大部

---

① 周恩毅：《非营利组织管理概论》，西北工业大学出版社2014年版，第78页。

分。其中，业务收入是指非营利组织为实现其社会效益而开展业务活动取得的收入，这是自创收入的基本形式，是“服务换取报酬”的经典模式；经营收入是指非营利组织在实现社会效益的业务活动之外开展经营活动所取得的收入；投资收入是非营利组织进行投资而获取投资收益，实现资金的保值与增值的结果。

近年来，社会上还兴起了“社会影响力债券”而非“社会影响力投资”的概念，即倡导一种通过合约来联动社会组织、政府和投资人三方，为社会问题解决的效果投资的社会问题治理模式。但我国的许多非营利组织尚未意识到影响力投资的重要性，未能够有意识地提升自身竞争力，导致无法很好地吸引影响力投资资本。

2. 筹资渠道和方式单一，外部资金募集困难

我国相当一部分非营利组织自身规模小、实践经验不足、资源吸引力低，并受到传统的公益理念影响太深，一味依赖政府拨款、会员缴费和社会捐赠等方式，自主筹资能力较差，对利用商业模式筹资以解决社会问题的模式理解不深，导致资金严重不足，无法开展正常的活动；甚至出现不少组织处在名存实亡“僵尸组织”状态。在这种情况下，有一些组织为了维持生存发展，通过各种渠道开展与其自身业务不相干的经营性活动，部分涉及违法行为，如非法借贷等，最终成为众矢之的。

3. 财务制度与资产管理水平落后

财务管理水平落后是非营利组织财务困境的重要表现，同时又是导致资金缺乏的重要原因。许多非营利组织的内部财务制度建设不合理，财务管理规章没有得到应有的重视，组织如无特殊情况便不做年度财务报告的情况屡见不鲜，或者虽做年度财务报告但无严格审计。与此同时，非营利组织的财务预算制度也经常受到忽视。此外，我国非营利组织在预算编制过程中缺乏利益相关方的参与，因此编制的项目的资金配额不能充分反映和满足受众群体的本质需求，这在很大程度上限制了组织项目实施的最终效果。

财务管理制度上的缺陷明显，还导致非营利组织的会员、服务对象，甚至社会公众对非营利组织的资金管理和使用的信度降低，从而严重影响正常资金筹集的进行。

除了财务管理制度缺陷，非营利组织在具体资产管理和资金分配方面也存在诸多不合理。例如，部分组织在项目宣传和活动组织过程中，出现过于追求“排场”和效果的情况，这与组织的行为与活动初衷出现了背离。同时，组织内部开支的不规范成为近年来非营利组织违规甚至犯罪的重要导火索，人员支出的不知节制、内部设施的无规划购置，造成了资源的浪费与误用。

4. 岗位吸引力低，专业财务队伍缺口大

中国规模大、影响力强的非营利组织数量并不多，绝大多数还是中小型组织

(尤其以小型为主),它们规模比较小,并且处于发展初期,运行机制不完善、业务拓展的能力不够强,于是组织内部岗位薪资和福利待遇都较为尴尬,与处于同发展阶段的企业相形见绌。这使得许多专业财务人员觉得收入与付出并不对称,不愿长期投身其中,而选择在企业中另寻出路。与此同时,社会对非营利组织岗位的认同度也不够高,在企业财务岗位与非营利组织财务岗位之间,即使单纯受社会认同度影响,绝大多数人也会选择进入企业。

吸引高素质专业人才作为管理者与执行者是组织发展的一个重要条件,而专业财务人员与完备的财务制度相搭配更是理所应当。但由于许多因素制约,非营利组织中的专业财务团队建设很难取得进展,在某种程度上制约了非营利组织的财务管理与绩效控制。

不过随着近年来政府扶持非营利组织发展力度的增大,以及社会对非营利组织认同的不断上升,非营利组织的人才缺口问题正在逐步缓解。

(二)改善策略

1. 完善立法和监管规章,增进社会理解

现今社会组织财务管理方面的一大困境就是没有一套完整的财务法规与管理规章,从而使组织在实际运营过程中感到迷茫,财务管理出现漏洞。因此,完善科学的财务管理规章制度,通过外部约束对我国非营利组织的财务管理流程进行统一,同时对违规、违法行为进行界定和查处,在现阶段看来是十分迫切的。

2. 完善内部财务制度,加强专业人才队伍建设

非营利组织内部的财务制度与外部的法律规章同样重要,只有当两者内外呼应,形成联动效应,才能更好地解决非营利组织的财务窘境。需要明确的是,财务制度是组织管理人员行使管理职能的重要依据,是督促各部门执行组织的财务方针、不断提高经济效益的法宝,是组织维护财经法纪、抵制特定人员弄虚作假、实现组织管理规范化的重要保证。在财务制度建设的具体内容上,定期公开财务报告、接受财务质询、进行规范的财务预算等,都需要被囊括其中。

除了财务制度建设,组织内部专业人才缺失的困境也要得到正视。针对这样的窘况,非营利组织应当"三线突破":一方面适当提高薪资和福利待遇,聘请富有社会责任感的专业财务人员,建设财务决策团队;另一方面,针对现有的财务工作人员进行专业的培训,与财会知识培训机构多多合作和交流,积极主动地组织工作人员参加培训,并及时配合监督考核培训效果;此外,非营利组织还需加强与高校的合作,把高校变为非营利组织专业财务人才团队的摇篮,与高校联合培养财务人员。

3. 重视商业思维,开发优秀项目,拓宽筹款道路

处在筹资困境中的非营利组织应当意识到,只有转变思路,放弃原有单靠政

府拨款和个人捐赠的狭隘的筹资思路，转而有意识地提高自身项目开发能力，吸引资金，组织才能获得更强的生命力。

4. 内外联动，完善监督问责体系

不同于企业，非营利组织肩负着社会责任，着力创造社会与经济的双重价值。在实际运营过程中，由于资金来源的特殊性，非营利组织受到的监督和问责多而复杂，一旦组织内部出现丑闻，组织将走向颓势。优秀的非营利组织理应无畏于被监督问责：它们坚持组织的使命愿景，始终心怀社会，且加强自身建设，内外联动地设计出一套使自己不会走弯路的监督问责制度。

从内部来看，理事会和监事会的设计是较为有效的分权和监督机制。除此之外，许多组织允许员工、受益人等参与方针决策，这有效地规避了独权的发生，将组织圈定在既定的路线上活动。从外部来看，越来越多的非营利组织开始走透明化道路——接受政府部门、全体社会公民的监督，定期公布财务数据等。这些做法在客观上增强了社会对非营利组织的信任。

三、非营利组织的会计

会计是财务管理的基础，是任何组织在财务方面都不可或缺的一种管理工具。会计是用于计量和报告一个组织财务记录和情况的方法，是一套用来保持组织财务记录的系统。会计以货币为主要计量单位，以提高经济效益为主要目标，运用专业的方法对组织的经济活动进行全面、综合、连续、系统的核算和监督，提供相应的会计信息。随着社会经济的日益发展，会计活动通过逐步开展预测、决策、控制和分析等过程，日益成为一种重要的经济管理活动。非营利组织的会计，就是用于确认计量记录，报告各类非营利组织财务收支活动及其受托责任履行情况的一种会计类型。

非营利组织的会计包括财务记录和财务报告两大部分，主要以货币的形式记录一个组织过去所发生的财务收支，并对这些收支数据进行分类、汇总，以财务报告的方式传递和报告组织的财务信息。

（一）会计财务记录

会计财务记录也叫会计记录，是各种会计账簿、会计凭证、会计报表及发票、合同、签约等其他原始资料的统称，有时也专指账簿记录。会计记录是会计活动的基本内容，主要包括日记账、过账和对账、结账。

需要注意的是，在经济生活中，所有经济业务的发生皆需以原始凭证（包括内制原始凭证，如工资结算单、费用分配表、货物领取单等，以及外来的原始凭证，如银行进账单、各种发票等）为证据。

1. 会计记录的主要内容

（1）日记账

日记账亦称序时账簿，是按照经济业务的发生或完成时间的先后顺序，逐日逐笔登记的会计记录形式，主要有普通日记账和特殊日记账两种分类形式。原始凭证日记账属于普通日记账的范畴（有时二者的概念可以等同），是指根据各种原始凭证登记日记账并在日记账中以会计语言反映每一笔经济业务的发生的会计记录方式。

日记账具有格式统一、使用便捷等特点，它既适用于设置特种日记账的经济主体，也适用于未设置特种日记账的经济主体。由于这种记账方式通常把每天发生的经济业务按业务发生的先后顺序分录、分栏记入账簿中，故又称分录日记账。（所谓会计分录，指的是对某项经济业务标明其应借应贷账户及其金额的记录，简称"分录"。会计分录由应借应贷方向、对应账户（科目）名称及应记金额三要素构成。）日记账必须包括以下几个要素：日期、经济业务所涉及的会计科目、账户索引（表明日记账信息已经转移至相应账户）、借方发生额、贷方发生额。

在具体实践中，如果使用会计分录作为财务记录的过渡方法，则大致流程如下：经济业务发生时，先登记会计分录，然后再从会计分录中转入各相关账户。作为唯一的中转环节，会计分录的重要性不言而喻：正确的会计分录才能保证会计记录的客观性和准确性，便于事后的检查分析。因此，检验会计分录的正确性与科学性是非营利组织或其他经济主体需要特别注意的内容。

(2) 过账和对账

所谓过账，是指各会计主体根据已编制的记账凭证，将每项经济业务涉及的借方账户和贷方账户的发生额分别登记到分类账（簿）中开设的相应账户的过程。

在日记账里，由于每项经济业务发生后一般都需要加上一笔会计分录，这些分录涉及的账户均在两个或两个以上，其中有些账户的使用比较频繁，有的记入次数却很少。这样，要了解各会计要素具体内容的本期发生额和余额、弄清某一会计主体的财务状况和经营成果，从日记账里所得到的资料就显得太分散了，此时设置和使用分类账显得十分必要。分类账按照其内容可以分作总分类账和明细分类账：总分类账反映该会计主体每一个会计科目的增减变化情况，必须包括日期、日记账索引、借方科目与发生额、贷方科目与发生额四个方面；明细分类账则是按明细会计、科目进行分类汇总的会计记录方式，有三种常见的具体格式，包括借贷余三栏式、多栏式和数量金额式。

总分类账与其所属分类明细账是一种从属对应关系，因此，在过账时，日记账中的会计信息必须同时过渡到总分类账及其所属明细分类账中（这种同时过渡行为称为平行过账）。此外，总分类账与其所属分类明细账的从属对应关系还决定了一段时期内总分类账借方发生额与其所属明细分类账全部借方发生额之和的应然性对等，即：总分类账贷方发生额应等于其所属明细分类账全部贷方发生额之和；总分类账期末余额也等于其所属明细分类账全部期末余额之和。

日记账中，一段时期内的所有信息都同时过渡到总分类账和所属明细分类账内之后，检查分类账中会计记录是否符合上述关系的过程称为对账。如果发现前后会计记录不符的情况，基本上可以推断过账过程中发生了差错，此时为了财务会计数据的真实有效性，必须重新检查修改，确保所有记录和数据正确后方可进行财务报表的编制。

此外，还要特别注意各科目的借、贷金额，不要出现方向颠倒的情况，以保证加总结余正确、试算平衡顺利完成，同时方便查核工作的开展。

(3) 结账

在对账工作完成之后，结算各总分类账及各明细分类账期末余额的行为，称为结账。①

2. 会计记录的方法

会计记录有不同的记录方法。所谓会计记录方法，就是在会计账簿中登记经济主体发生的经济业务的方法。由于反映会计要素变动的方法不同，现实中形成了不同的记账方法，分别为单式记账法和复式记账法。大多数企业和非营利组织都采用复式记账法进行财务记录。在使用会计记录方法登记经济业务时，需要严格按照特定的规则、使用特定的符号，在相关的会计账簿中登记会计要素增减变动的情况。

(二) 会计财务报告

1. 财务报告概述

财务报告是非营利组织财务会计的重要组成部分，其目的在于展现组织在一个特定时期内的财务状况、经营成果、现金流量等内容，以展示组织在该会计时期内的运营状态，从而为组织的管理决策提供重要的依据。通常而言，财务报告的主要内容包括填写财务状况表(资产负债表)、业务活动表、现金流量表等财务报表，同时为报表提供有关注释，如标记收入报告、捐赠人报告等，有时还包括注册会计师审计意见书等其他报告。

其中，财务报表是财务报告中最主要、最基础的组成部分。后文将对非营利组织财务报告涉及的财务状况表(资产负债表)、业务活动表和现金流量表进行介绍。

2. 财务报告的基础——财务报表

(1) 财务状况表

财务状况表又称资产负债表，它是反映一个组织在一段日期内(通常在会计

① 周恩毅：《非营利组织管理概论》，西北工业大学出版社 2014 年版，第 69～75 页。

期末进行统计)的财务状况(包括资产、负债和所有者权益状况)的主要会计报表。

财务状况表遵守会计平衡原则,将合乎会计原则的资产、负债、所有者权益的交易项目分为“资产”和“负债及股东(所有者)权益”两大区块,在经过分录、转账、分类账、试算、调整等等会计程序后,以特定日期的静态组织情况为基准,浓缩成一张报表。该报表反映的内容十分丰富,包括组织的资本结构、偿债能力、流动性情况和整体盈利能力等,其功用除了组织内部除错、引导经营方向、防止弊端外,也可让所有阅读者于最短时间了解组织的经营状况。因此,从某种程度上看来,财务状况表是一个组织的健康状况考察表。

财务状况表中包含资产、负债和所有者权益三个部分,这三者的关系可以表达为:资产=负债+所有者权益。这个公式称为会计恒等式,要求等号两边的数值相等(表 5-1)。

表 5-1　　简化的财务状况表(资产负债表)

编制单位:××公司　　20××年 12 月 31 日　　单位:元

资产	期末数	负债和所有者权益	期末数
货币资金	105 000	短期借款	210 000
交易性金融资产	30 000	应付账款	85 000
应收账款	30 000	预收账款	20 000
预付账款	25 000	应付职工薪酬	65 000
其他应收款	10 000	应交税费	30 000
存货	300 000	实收资本	600 000
固定资产	700 000	盈余公积	50 000
		未分配利润	140 000
总计	1 200 000	总计	1 200 000

(2) 业务活动表

业务活动表展示了组织开展业务的情况,真实有效地反映了某段时期内机构组织的经营成果,以及其他一些影响机构组织净资产的事项,它除了包含利润表或营运报表中的信息,还增加了其他净资产变动的信息。与财务状况表类似,这份报表能够帮助阅读者较快掌握组织的信息,但该表主要体现的是组织的经营情况、持续经营能力以及管理人员的管理水平和内部治理情况。

与营利单位的利润表类似,非营利组织的业务活动表中包括了收入、费用、利得、损失等内容。收入方面,除非在收入方面有捐赠者的特别限制,否则就表示为无限制净资产的增加。费用表示为无限制净资产的减少,也就是我们理解的项目开支;捐赠通常被视作收入或利得的一部分,列示在无限制净资产或者受限制净资产之下,但取决于捐赠者是否有额外的限制。比如,长期投资和其他资产的损益除非有捐赠者或法律的限制,否则就应作为无限制净资产的变动(表 5-2)。

表 5-2 **业务活动表①**

编制单位:重庆市江北区绿叶义工志愿者协会 2016 年 10 月 单位:元

项目	行次	本月数			本年累计数		
		非限定性	限定性	合计	非限定性	限定性	合计
一、收入							
其中:捐赠收入	1	355.00	498 687.84	499 042.84	306 002.71	2 500 419.34	2 806 422.05
会费收入	2	5 220.00		5 220.00	17 600.00		17 600.00
提供服务收入	3				433 938.91		433 938.91
商品销售收入	4						
政府补助收入	5						
投资收益	6						
其他收入	9	−7 000.00		−7 000.00	55 365.71		55 365.71
收入合计	11	−1 425.00	498 687.84	497 262.84	812 907.33	2 500 419.34	3 313 326.67
二、费用							
(一) 业务活动成本	12		395 757.20	395 757.20		2 840 443.41	2 840 443.41
(二) 管理费用	21	66 818.49		66 818.49	992 201.27		992 201.27
(三) 筹资费用	24	175.00		175.00	160.24		160.24
(四) 其他费用	28	.36		.36	1.46		1.46
费用合计	35	66 993.85	395 757.20	462 751.05	992 362.97	2 840 443.41	3 832 806.38
三、限定性净资产转为非限定性净资产	40						
四、净资产变动额(右为净资产减少额,以"—"号填列)	45	−68 418.85	102 930.64	34 511.79	−179 455.64	−340 024.07	−519 479.71

(图表来源:绿叶义工官方网站公示)

① 绿叶义工 2016 年 10 月业务活动表。http://www.cqlyyg.com/gongshiwenjian/caiwugongshi/2016-12-13/2054.html,2016-12-13。

业务活动表通过对收支情况的描述，分析了净资产的所有变动，它反映了三个分类净资产中每一部分的资产变动，有效地记录了变动情况，并且使得暂时限制和永久限制净资产的所有增减变动都必须列示其中，客观上增强了财务数据的客观性和准确性。

由于业务活动表主要反映某段时期内一个组织关于净资产的所有变动情况，因此，在表中列示的名称诸如净资产的增加额、净资产的变动或权益变动等，与净利润这样的名称大相径庭，这可以帮助我们了解业务活动表和利润表之间的差异。利润表有其自身的实用性，但与之相比容易发现，业务活动表是一份更为综合的报表，它不但包含了利润表中的必要信息，还包含了独立编制的所有者权益变动表中的信息。①

(3) 现金流量表

现金流量表描述的是在一段固定时期内——通常是每月或每季度，一个组织的现金(包含银行存款)的增减变动情况，包括收和支的两个部分。

现金流量表的存在有其必要性，主要可以反映出资产负债表中各个项目对现金流量的影响，并根据实际用途的不同将这些项目划分为经营、投资及融资三个活动分类，各个分类互相独立的同时也存在彼此的内在联系。现金流量表作用显著，可用于分析一家机构在短期内有没有足够现金去应付开销、展开活动，维持自身的可持续发展(表 5-3)。

表 5-3　　现金流量表(节选)

编制单位：　　　　年　月　日　　　　金额单位：元

项目	行次	金额	项目
一、经营活动产生的现金流量：	1		补充材料：
销售商品、提供劳务收到的现金	2		将净利润调节为经营活动现金流量
收到的税费返还	3		净利润
收到的其他与经营活动有关的现金	4		加：计提的资产减值准备
现金流入小计	5		固定资产折旧
购买商品。按受劳务支付的现金	6		无形资产摊销
支付给职工以及为职工支付的现金	7		长期待摊费用摊销
支付的各项税费	8		待摊费用减少(减：增加)

① 周恩毅：《非营利组织管理概论》，西北工业大学出版社 2014 年版，第 71～73 页。

续表 5-3

项目	行次	金额	项目
支付的其他与经营活动有关的现金	9		预提费用增加(减:减少)
现金流出小计	10		处置固定资产、无形资产和其他长期资产的损失(减:收益)
经营活动产生的现金流量净额	11		固定资产报废损失
二、投资活动产生的现金流量:	12		财务费用
收回投资所受到的现金	13		投资损失(减:收益)
取得投资收益所收到的现金	14		递延税款贷项(减:借项)
处置固定资产、无形资产和其他长期资产所收回的现金净额	15		存货的减少(减:增加)
收到的其他与投资活动有关的现金	16		经营性应收项目的减少(减:增加)
现金流入小计	17		经营性应付项目的增加(减:减少)

现金流量表分为主表和附表(即补充资料)两大部分。主表的各项目金额实际上就是每笔现金流入、流出的归属,而附表的各项目金额则是相应会计账户的当期发生额或期末与期初余额的差额,附表是现金流量表中不可或缺的一部分。

第二节　非营利组织的税务管理

一、非营利组织与税务管理

(一) 税务管理概述

1. 税收与税务

税收是国家为满足社会公共需要,凭借公共权力,按照法律所规定的标准和程序,参与国民收入分配,强制地、无偿地取得财政收入的一种方式,依照税收收入归属和征管管辖权限的不同,中国税务部门可分为国税和地税两个不同的系统。

税务是指和税收相关的事务。

2. 税务管理

所谓非营利组织的税务管理,即非营利组织在遵守国家税法,不损害国家利益的前提下,充分利用税收法律法规为自身提供的免税资格、税前扣除资格、减免税在内的一切优惠政策,达到少缴税或延迟缴纳税款,从而降低税务负担、实现税收最小化的管理活动。

通常而言，通过税务管理，非营利组织既可以享受国家法律或相关制度规章规定下的税收减免等优惠，又能够降低组织的运作管理成本，提高组织的财务管理水平，从内部事务层面促进组织的工作效率与效能的提升。①

具体从时间维度来看，我国非营利组织税务管理的主要内容可以分为两个部分：面向现期的税收减免资格和流程（税收优惠）、面向未来的税收筹划。

（二）非营利组织的税收优惠

1. 税收优惠

就目前来看，我国对非营利组织的税收优惠政策涵盖了多个方面，实现减免税的税种包括增值税、所得税、关税（体现在购买非营利性物品或原料时）、房产税和土地使用税、契税、车船使用税、印花税等。② 可见，我国对非营利组织的积极作用有了较为充分的认识，这势必将促进我国社会公益事业的进一步发展。

2. 税收优惠认证

(1) 非营利性的认证

近年来，许多非营利组织在信息被动曝光后，被证明其非营利性不过是虚假的“画皮”。这引起了人们对“伪善的”非营利组织的愤怒，也导致人们对非营利组织的非营利性审查的不信任，对税收优惠产生了一些质疑。

为了破解如此窘境，税务部门应当在未来的工作中加强对非营利组织性质的审定，确保接受税收优惠的组织确实符合相关规定，合理正当。而非营利组织也应当自律自省，保证组织自身的纯洁性与非营利性。

(2) 税收优惠幅度的合理正当性

除了税收优惠资格的认证，民间还对非营利组织的税收优惠幅度产生了争议。

有人认为现行的非营利组织税收优惠政策合理正当，能够降低非营利组织运营负担，激励非营利组织成长，使它们更大程度上服务于改善社会的目的；但也有人认为“一刀切”的非营利组织的税收优惠政策不合理，应当根据非营利组织的实际运行情况对税收优惠采取不同的方案。

但无论如何，税收优惠和政府拨款都不应当成为非营利组织唯一的依仗，努力开发优秀项目、扩宽筹资渠道、改善服务能力并扩大社会影响力才是非营利组织发展自身的正确道路和光明的前途。

---

① 《全国公共管理硕士(MPA)核心课程教学指导纲要》，中国人民大学出版社 2014 年版，第 215～216 页。

② 厦门大学财政系、厦门市国家税务局：《两岸租税问题探索：2004 海峡两岸租税学术研讨会论文集》，中国财经出版社 2006 年版，第 636～639 页。

二、税收筹划

（一）非营利组织税收筹划概述

1. 税收筹划

税收筹划也叫纳税筹划或税务筹划，是非营利组织进行税收管理的核心，是指在遵守国家税收法律法规、不损害国家利益的前提下，通过合理筹划，选择合适的运作方式，实现税赋最小化。[①] 这是非营利组织税务管理的重点部分。

对税收筹划的深入理解可从以下几个方面进行：

(1) 税收筹划的前提：法律法规

税收筹划必须以遵从税收法律规范为基本前提，在法律框架下的税收制度环境中进行。在非营利组织的税收筹划研究中，除了关注一个国家或地区的整体税收制度环境，还要特别重视非营利组织所面对的区别于其他税务主体的税收环境。

(2) 税收筹划的主体和客体

税收筹划的主体是纳税人，包括自然人和法人。非营利组织的税收筹划活动既可以由纳税人自身实施，也可以委托中介人代理实施，即税收筹划主体与税收筹划活动的操作主体既可以是同一的，又可能是分离的。另一方面，税收筹划的客体是纳税人的涉税事项。由于不同筹划主体自身从事的经济活动不同、所处的税收制度环境各异，其涉税事项也必然存在差异。[②]

2. 税收筹划的分类与特点

税收筹划按照不同的分类标准有不同的划分方式，具体如图 5-2 所示。

此外，税收筹划与减轻税负的其他形式（如逃税、欠税及避税）相比较，具有自身的特点。

① 合法性。遵守税法和其他相关法律法规是非营利组织处理税收筹划问题的基础，税收筹划的基本原则就是要合法、守法。也就是说，税收筹划是在完全符合税法、不违反税法的前提下进行的，是非营利组织的纳税义务没有确定或存在多种纳税方法可供选择时，在合法框架内做出的缴纳低税负的组合决策。正是这一特点使税收筹划与偷税漏税等行为具有本质的不同。

② 事前筹划性。在税收活动中，经营行为的发生是纳税主体纳税义务产生的前提和基础，从该层面来看，纳税义务具有滞后性。而税收筹划不是在纳税义务发生之后想办法减轻税负，而是在应税行为发生之前，通过纳税人充分了解现行税法知识和财务知识、结合组织的全方位经营和募资活动进行有意识的规划、设计、安排，以得到税赋最低的方案，因此这是一种合理合法的预先筹划行为，具

---

① 《全国公共管理硕士(MPA)核心课程教学指导纲要》，中国人民大学出版社 2014 年版，第 216 页。

② 刘植才：《我国非营利组织税收筹划研究》，天津财经大学 2007 年学位论文。

有事前筹划性质。

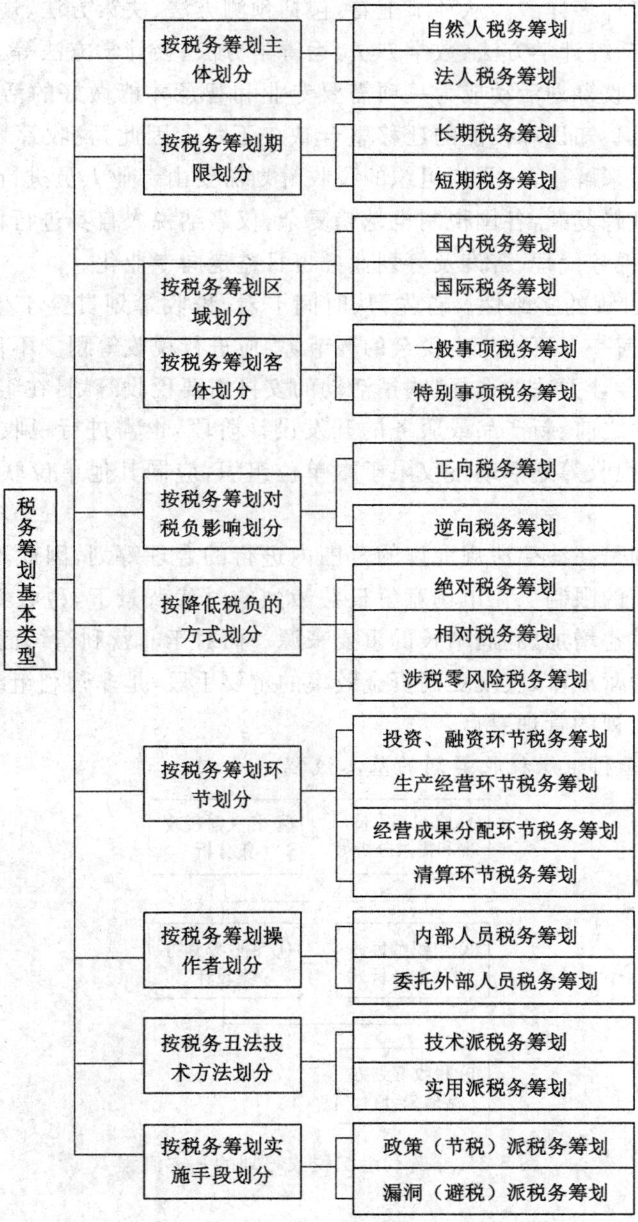

图 5-2　税收筹划的分类①

① 刘植才:《我国非营利组织税收筹划研究》,天津财经大学 2007 年学位论文。

③ 专业性。税收筹划是一种综合的管理活动，需要不同的知识组合，所采用的方法是多种多样的。从环节上看，包括预测方法、决策方法、规划方法等；从学科上看，包括统计学方法、数学方法、运筹学方法、会计学方法等。方法上的综合性特点使税收筹划活动成为一项需要专业和智慧才能做好的活动，周密的规划、广博的知识、知识和技能的迁移整合缺一不可。因此，税收筹划的专业性可以从两个层面来解读，一是指组织的税收筹划需要由专业人员进行；二是现代社会随着经济日趋复杂，各国税制也越趋复杂，仅靠纳税人自身进行税收筹划已显得力不从心，税务代理、咨询及筹划业务也日益走向专业化。

④ 筹划过程的多维性。首先，从时间上看，税收筹划贯穿于生产经营活动的全过程，任何一个可能产生税金的环节，均应进行税收筹划。不仅经营过程中规模的大小、会计方法的选择、购销活动的安排需要税收筹划，在组织设立之前、生产经营活动之前、新产品或服务的开发设计阶段，也需进行税收筹划。其次，从空间上看，税收筹划活动不仅限于本单位组织，应同其他单位联合，共同寻求节税的途径。

税收筹划是在法律法规允许的范围内进行的合理筹划，因此不存在严格的政策法规方面的限制。在市场竞争日益激烈的时代背景下，税收筹划已经成为各经济主体效益增加、利润增长的重要来源。而对于非营利组织而言，税收筹划是组织降低运营成本、实现更高资金效率的重要手段，是非营利组织在发展过程中需要更多重视的管理要点。

（二）非营利组织税收筹划的基本流程

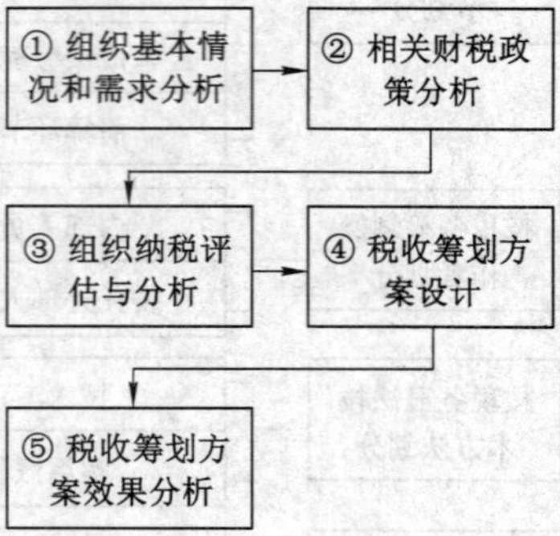

图 5-3　非营利组织税收筹划的基本流程①

如图 5-3 所示，非营利组织税收筹划的基本流程包括五个方面内容，即组织

① 《全国公共管理硕士（MPA）核心课程教学指导纲要》，中国人民大学出版社 2014 年版，第 216 页。

的基本情况和需求分析、对相关财税政策的分析、组织纳税的评估与分析、税收筹划的方案设计,以及最后对税收筹划方案的效果进行评估。

要做好非营利组织的税收筹划,首先要对组织的财务与税务情况有较为清晰和客观的了解,了解组织为什么需要税收筹划、如何结合组织的实际情况更好地应用税收筹划的手段。其次,税收筹划要建立在对相关财税政策的分析上,合法性和正当性是税收筹划工作的第一前提,在合法正当的基础上,税收筹划人员才得以开展其他工作。在分析完财税政策之后,非营利组织应当更加深入地研究本组织以往的税收方案和避税政策,借鉴以往经验的同时,对税收筹划的旧方案进行评估、批判继承。

税收筹划方案的设计是基于前面三个步骤而能够正常进行的。在方案制定过程中,要充分考虑各利益相关方的关系,考虑组织的非营利性和合法减少赋税之间的关系。在反复研究和修改之后,方案得以实施。此后,应当组织专业人员对税收筹划方案的效果进行评估,将之与过去的方案相对比,获取有益的经验,指导未来的方案设计。

总而言之,非营利组织的税收筹划流程是紧密相连的,构成一个得以循环的系统。对于非营利组织而言,要重视每一个环节的作用,同时注重各个环节之间的联系和整个流程系统的稳定性。

思考与练习

1. 如何理解非营利组织财务管理的内涵?
2. 非营利组织的财务管理面临哪些困境?
3. 非营利组织的税务管理与其非营利性有矛盾吗?
4. 简述非营利组织税收筹划的特点与方法。

案例分析

"星光专项基金"警醒了谁?

——夭折的专项基金,财务乱象丛生

2010年11月,一则"双胞胎脑瘫姐妹急需救助"的新闻引起了社会关注,脑瘫患儿的救助问题随之成了社会热议话题。据称,中国有几百万的脑瘫患儿,但实际上能够得到帮助患儿数量的十分有限。北京武警总院安沂华医生称,他的科室每个月收治逾千名脑瘫患儿,许多患者家庭都并不宽裕,部分甚至极端贫困。就此情况,安沂华及其同事十分无奈,只能在各种场合发声呼吁成立脑瘫患儿救助的专项基金。

脑瘫患儿姐妹的消息得到媒体报道之后,社会公众的关注使得脑瘫患儿救助基金成立终于有了一个契机。安沂华回忆,当时医院免除了两个孩子的部分手术费，他和同事也捐出了部分奖金。随后，央视《星光大道》栏目组听闻此事，来医院看望这对姐妹。再之后，中国社会福利教育基金会(后改称中国社会福利基金会，简称“福基会”)副理事长张仲、中国关心下一代工作委员会(简称“关工委”)“教育发展中心早产儿互助工程办公室”执行主任宁密、副主任马佳年分别找到安沂华，称可帮助医院成立救助脑瘫患儿的公益基金。

2010年12月2日，在《星光大道》录制现场，安沂华呼吁社会关爱脑瘫患儿。张仲、宁密等人宣布，将成立专门救助脑瘫儿童的康复基金；2011年8月21日，在由中国民营企业家协会、福基会、中国人口宣教中心联合举办的中国民营企业家慈善晚会上，“星光专项基金”的前身“儿童星光基金”宣告成立。

基金成立当时，在民政部官员和陈坤、李玉刚等影视明星助阵下，现场发起了针对该基金的拍卖和募捐。公开报道显示，截至当年10月31日，基金共募集善款140万余元。

2011年7月26日，福基会，关工委“教育发展中心早产儿互助工程办公室”和安沂华共同签署“儿童星光基金(项目)合作协议”。协议显示，三方约定设立基金管理委员会，成员包括张仲、安沂华、宁密、马佳年及武警总医院医生王晓东等7人。各方共同提出项目方案，报基金会同意后，由管委会根据项目进度报基金会审核支付费用。

但令人意外的是，“儿童星光基金”在成立两个月后“转会”了。

据悉，2011年9、10月间，作为该基金管委会秘书长的马佳年找到福基会，提出将基金转到儿慈会，理由是福基会“放款慢”。而事实上，“转会”偏离基金设立时救助脑瘫患儿的初衷。不仅如此，福基金将此前募集到的140万余元转给儿慈会时，曾在捐赠协议中明确表明这笔善款继续用于脑瘫儿童和孤残儿童救助等工作。但在宁密与儿慈会所签协议中，基金宗旨变成了“开展有关早产儿疾病救治和贫困、残疾等青少年弱势群体的医疗和相关知识普及和救助活动”，脑瘫患儿未专门提及，基金用途也被放大到救助打工子弟幼儿园等项目。

除了善款随着转会而“去专项化”，“星光专项基金”的财务问题也值得深思。

首先是财务信息的不透明问题。最初“星光专项基金”成立后，马佳年在接受媒体采访时称，善款均随时接受捐款人审查，明细也将同时在福基会、关工委“早产儿互助工程”官方网站公布。同时“星光专项基金”协议规定：基金每周查账一次，在双方网站上公示，接受社会监督和审计部门的审计。但事实上，星光专项基金自始至终未公开过详细账本。

其次是令人震惊的财务收支状况。儿慈会官网公示，“星光专项基金”募集总额221万余元，其中包括价值67万余元的物资。支出款物总额226万余元。公示并未注明基金结束时间、款项来源及具体用途。根据最初的协议，儿慈会和

“星光专项基金”按照募款总额的10%收取管理经费，其中5%由儿慈会用作管理经费，5%作为星光基金管理经费。但儿慈会提供的一份粗略账单却显示，基金仅救助了13名包括脑瘫患儿在内的贫病儿童，耗资59万元、19项宣传倡导活动费用共计8万余元，剩余的近86万元被用于管理费、行政支出以及人员支出。也就是说，“星光专项基金”的运行成本超过了募款的一半，远超初时设定的10%的比重。

更令人以意外的是，根据2014年2月25日儿慈会下发的《关于终止“星光(寫梦)基金协议”的决定》显示，2013年6月，儿慈会发现“星光专项基金”资金告罄，终止了该基金协议。此事一经曝光，迅速成为近年中国公益慈善事业发展史上的一个巨大污点，引发了公众舆论的声讨。

（来源：http://epaper.bjnews.com.cn/html/2015-09/06/content_596763.htm? div=－1.）

思考题：

1. “星光专项基金”在运作过程中出现了哪些财务问题？

2. “星光专项基金”为什么会出现这些财务问题？

3. 应当如何理解和规范非营利组织的财务管理问题？

4. 结合实际试谈：非营利组织为什么要对财务进行规范化管理和信息公示？

第六章 政府向非营利组织购买公共服务

本章重点

1. 了解政府购买公共服务的概念、缘起与实践
2. 理解政府购买公共服务的原则内容与流程
3. 理解非营利组织的服务供给管理
4. 了解政府购买公共服务的全过程管理及应注意的问题

政府向非营利组织购买公共服务，是近年来政府与非营利组织共同面对的一个新课题，也是提升公共服务的质量和水平的重要途径。随着社会公共服务需求的不断提升，政府如何购买服务，服务的购买对象以及服务购买领域如何界定、如何管理以及非营利组织如何提升自身管理和服务能力以得到政府的购买服务，是需要讨论的议题。

第一节 政府购买公共服务的内涵

一、政府购买公共服务的概念

（一）服务与公共服务的界定

服务可以分为私人服务和公共服务。

有学者认为，私人服务以营利为目的，公共服务则以公共利益为最终归宿，私人服务主要关注服务的质量，公共服务则主要关注社会公平。① 也有学者认为公共服务就是指政府为满足社会公共需要而提供的产品与服务的总称，它是以政府机关为主的公共部门生产的、供全社会所有公民共同消费、平等享受的社会产品。② 还有的学者则认为公共利益才是判定公共服务的内在依据，物品只有与公共利益相联系才具有公共服务的特性。公共服务不受物品性质的限制，当社会形势或生存状态关系公共利益时，任何物品都可以作为公共服务的内容

① 汤敏轩、李习彬：《政府公共服务职能的科学界定》，载《国家行政学院学报》2004 年第 5 期，第 21-24 页。

② 李军鹏：《公共服务型政府建设指南》，中共党史出版社 2006 年版。

被政府提供。[1]

（二）政府购买公共服务的概念

目前政府购买公共服务在我国存在以下几种认识，学者们存在一些基本观念上的分歧。

一是指导理念上的社会化与市场化的定位分歧。政府购买公共服务到底是公共服务市场化的表现形式，还是公共服务社会化的表现形式，这之间分歧很大。

二是对公共服务提供主体责任的认识分歧。政府购买公共服务的主体主要有政府和承接方两个主体。那么究竟哪一方应该对提供的公共服务承担责任。我国学者分成三种不同的观点：政府的责任、承接方的责任、双方共同承担责任。

三是关于是机制、模式还是行为的分歧。政府购买公共服务是一种可以长期执行的制度和机制，还是只是一种新型的社会管理模式，还是只是一种政府履行职能的行为，等等。

四是具体购买内容、购买方式等方面的分歧。在购买服务的方式上，有些学者特别强调使用竞争性方式、招投标、择优录取等方式，有些则并不看重。在购买内容上，有些学者认为几乎所有的公共服务都可以采用政府购买的方式，有些则认为只要一部分可以购买提供，在范围上存在不同的看法。

在政府购买服务的研究中，有几个观点是研究者们达成了基本共识的。一是政府购买服务的主体、客体和方式：购买公共服务的委托主体是政府，受托者是营利性组织、非营利组织或者其他社会组织，购买的客体或对象是公共服务，具体形式表现为一种通过政府财政支付全部或部分费用的契约化“购买”行为；二是购买公共服务对效率的追求；三是政府应该对公共服务的承接方进行必要的管理和约束。政府购买公共服务的绩效问题也是研究者关注的重点。

（三）政府购买公共服务的类型

随着政府购买公共服务的不断发展，全世界大多数国家接受并根据各国国情不同，具体问题具体分析，深入发展，逐步呈现出越来越多样化的趋势。

1. 国外政府购买公共服务的类型

国外政府购买公共服务模式经过几十年的发展，逐步形成两种类型，合同外包和公私合作。

（1）合同外包

美国政府购买公共服务的主要模式是合同外包模式。政府通过社会的需求，确定社会服务项目，然后通过招投标的方式向社会公开招标，对象主要是企

① 柏良泽：《公共服务研究的逻辑和视角》，载《中国人才》2007年第5期，第28～30页。

业或者非营利组织，招标完后双方签订合同。在这个合同外包的模式之下，政府是一个安排协调者，根据社会需求决定招标的项目以及经过对比选择最终的招标单位，还有在过程中对承接方进行监督以及支付款项等等，而企业或非营利组织则是生产者，通过完成项目得到政府的招标资金。

政府购买公共服务的内容更多的是那些政府没有能力做、没有时间做的一些行政辅助和支持性服务，政府的核心功能服务不会外包出去。政府购买公共服务合同外包的具体流程是：政府通过了解社会需求，决策决定所需要提供的服务和产品，经过招标选择适合的单位承接服务的外包，签订合同安排承接方需要提供的服务和产品，根据合同规定，在过程中对承接方进行监督、评估，并支付相应的款项。

(2) 公私合作

公私合作是指政府与企业和非营利组织在一些特定公共服务和产品提供和建设上进行的相互合作的一种模式。这种模式最先出现在英国，之后在美日等国广泛运用发展。这种模式的特点是能充分发挥各部门的比较优势，提高公共服务提供的质量和效率。

与合同外包模式不同，公私合作模式不仅仅需要政府对非营利组织进行评估和监督，更需要政府积极参与到服务的提供中去。政府和非营利组织共同决策、管理、提供公共服务，努力实现优势互补、利益共赢。其次，与合同外包中政府和非营利组织之间的“主从关系”不同，公私合作模式中更强调政府和非营利组织一起协调合作、相互信任、优势互补、利益共赢，双方的责任和分工较为明确。

2. 我国政府购买公共服务的类型

从我国政府购买公共服务的实践上来看，从一开始借鉴国外经验，到结合中国国情，再到最后逐渐内化成适合中国的政府购买公共服务的模式类型。目前中国政府购买公共服务主要有以下五种类型。

(1) 形式性购买

该模式的特点是服务的购买方和承接方都不是独立的决策主体，且双方没有合同等的契约关系，所以只是形式上进行购买。这种模式有利有弊，利是这样能在一定程度上解决政府公共服务提供不足的情况，能够扩大政府的管理力度。但缺点显而易见：一是购买方和承接方都不是独立的决策主体，双方存在“雇佣”关系，购买服务容易流于形式，违背政府购买公共服务的初心；二是不利于其他非营利组织得到政府购买公共服务的经费，不利于其他非营利组织的发展；三是政府向自己建立的非营利组织购买服务，容易出现盲目购买的现象；四是这种模式过程中缺乏必要的监督和评估。

(2) 竞争性购买

竞争性购买和合同外包模式有一定的相似之处，竞争性购买需要有独立自主的承接方、政府明确的服务购买目标、多个竞争承接方主体、公平公开的竞标流程以及过程的评估和监督。竞争性购买优势明显，能够发挥非营利组织的优势，提升公共服务的质量。同时公开公平透明的招标可以防止腐败，提升公共服务的提供效率、降低政府购买公共服务的成本。这种模式将随着我国非营利组织的发展壮大而逐渐成为中国以后政府购买公共服务的主要方向。

(3) 非竞争性购买

该模式的特点是公共服务的购买方和承接方都是独立的主体，双方形成契约关系，但是没有引入竞争或者采取有限的竞争方式购买。非竞争性购买有以下三种情况：邀请招标、竞争性谈判以及指定性购买。

邀请招标是指政府选择指定的不少于三家的服务承接组织，并向他们发出邀请来进行项目的投标。这种招标方式虽然效率很高，但是很不公平，很多更优秀、更有资质的服务承接组织没有机会进行竞标。不利于市场竞争，同时也没有办法提供最优质的公共服务，容易造成资源浪费。

竞争性谈判的方式实际上就是一种通过谈判的方式确定最终的公共服务的承接机构。虽然在谈判中也引入了有限的竞争，但是进行谈判的服务机构仅是所有机构中的一小部分。

指定性购买，也叫作单一来源购买，是指购买者向指定的服务机构直接购买，这种方式没有引入竞争机制，但服务机构是业已存在的机构，具有独立法律地位。这种方式比较简便，省去很多招投标成本，但没有引入竞争机制容易导致服务提供效率不高，由政府垄断走向企业垄断。①

这种模式能够在一定程度上提高公共服务的效率和质量，但是缺乏竞争性、透明度低，服务买卖难以控制。

(4) 直接资助

该模式的特点是政府给那些能够提供公共服务的企业或者非营利组织进行资助，以促进公共服务提供的社会化。政府直接资助除了资金资助外，还会有实物资助和优惠政策资助。这种直接资助的数额不会太大，但能在一定程度上帮助提供公共服务的非营利组织发展，提供更有质量和更多的服务。

(5) 政府补贴

这是一种间接购买公共服务的方式。政府不直接提供服务，向有资格的企业或者非营利组织进行一定的补贴。

---

① 梁洁：《政府购买公共服务的法律规制研究》，华东政法大学 2014 年版。

二、政府购买公共服务的缘起

政府购买公共服务是什么时候兴起的呢？兴起的原因是什么呢？我们现在所定义的政府购买公共服务是在20世纪70年代末80年代初由于福利国家体制造成西方国家严重的财政危机和信任危机，由此西方国家发起“新公共管理运动”，来缓解国家的财政和信任危机，而政府购买公共服务就在“新公共管理运动”中诞生。

我国政府购买公共服务的原因主要有以下三点：

（一）满足公共服务的需求

经过改革开放以来的发展，中国政治、经济、文化等多领域得到了快速且全面的发展。公民的个人收入不断提升，购买能力增强，公民开始更多的关注能促进自身发展以及与自身息息相关的公共产品的消费，而不仅仅只是关注生存产品的消费，社会公众对公共服务的质量和数量的需求日益增长并趋向多样化、异质化。

同时涌现大量为解决社会问题和致力于公共服务的非营利组织，而且经过近几十年的发育和发展，非营利组织所涉及的领域不断拓展，如生态环境领域、教育领域、卫生环保领域、农村及农村发展领域、社会服务领域、科技研究领域等等方面。除了领域拓展，非营利组织服务提供的质量也得到了不断的提升，大大提升了公共服务的水平以及公民的认同感，满足人民对于公共产品日益多元化和异质化的需求。

政府购买公共服务有助于促进公共服务提供社会化，在提供公共服务商引入竞争机制，大大提升服务的质量和效率，满足居民对社会多样化、异质化服务的需求。

（二）公共服务需求与供给之间的矛盾

中国传统的政府单一供给公共服务的模式存在很多不足。首先，政府不很了解民众公共服务的需求，往往是政府主观决定服务项目，在一定程度上造成公共资源浪费；其次，政府提供公共服务缺乏效率，机构繁多，办事环节多，造成公共服务的成本高、效率低、质量不高等。

中国改革开放三十多年以来，中国社会得到了翻天覆地的变化，经济飞速发展，社会结构得到很大调整，人民生活水平不断提升，人们对于差别化、个性化、复杂化的公共服务需求日益迫切，人民日益增长的公共服务需求与政府有限的公共服务供给之间的矛盾日益突出。通过政府购买公共服务的形式，让非营利组织和企业充分参与到公共服务的提供上来，这样不仅可以大大提升供给水平，并且也能提升公共服务的质量，以满足公共服务的需求。

（三）社会合作治理发展的需要

随着中国改革开放三十多年的发展，中国政治经济等各方面得到了飞速发展，中国社会经历由单位社会向社会合作治理转型的整体变迁，公民自发形成的非营利组织不断提供公共服务，解决社会问题，非营利组织对于社会发展的作用越来越重要。通过政府购买公共服务，不仅可以推动中国非营利组织发展壮大，还可以节约公共资源，减低社会成本，提高服务效率，节约政府的时间和精力，使得政府可以更有效率。

（四）提高资金的使用效率和效益

政府购买公共服务，提高资金的使用效率和效益可以通过以下三点来实现：降低公共服务成本、提高公共服务的质量以及提高公共服务的效率。非营利组织承接政府购买公共服务，可以利用非营利组织的专业优势，大大降低公共服务的成本。同时，通过政府购买公共服务，将公共服务的提供引入市场的竞争机制，这样能有效地提升公共服务的质量。最后，政府购买公共服务还可以大大提升公共服务的效率，因为在政府购买公共服务的时候，政府引进有效的绩效考核评估机制、多元竞争机制等机制，可以解决传统的政府提供公共服务时的不作为、相互推诿等弊端。再加上非营利组织的专业性、公益性等特性，可以极大提升公共服务的效率。

（五）培育非营利组织，回应社会需求

一方面政府垄断公共服务，政府提供的公共服务无法满足社会需求。另一方面，社会上很多非营利组织拥有提供特定专业服务的能力，却没有机会得到公共资金的支持。很多非营利组织因为得不到政府支持，无法维持正常运转，最终流产。近些年党和国家大力推动政府购买公共服务的发展，除了为了提升公共服务的质量和效率之外，还为了大力扶持非营利组织的发展，增强社会的自我管理、自我服务的能力。

三、政府购买公共服务的实践

（一）国外政府购买公共服务的实践

1. 英国政府购买公共服务实践

英国政府在购买公共服务方面具有十分悠久的历史，早在 16 世纪的时候，英国就在《慈善使用条例》中规定政府可以依靠慈善组织承担社会公共服务。但英国从 20 世纪 70 年代才开始大规模向社会组织购买公共服务，而且从 20 世纪 70 年代至今，英国的政府购买公共服务可以大致划分为以下三个阶段：

第一阶段：撒切尔时代。第二次世界大战后的福利制度使英国在 20 世纪 70 年代出现一系列问题，比如福利支出过于庞大，国家财政不堪重负；政府官僚主义盛行，政府效率过于低下以及国有企业缺少管理，收入少于支出等等。撒切尔上台后，实行一系列新政，在公共服务领域引入市场竞争机制，通过合同出租、公司合作、一般的用者付费制等方式将公共服务委托给企业和非营利组织，以提高效率和推动英国经济发展。

第二阶段:布莱尔时代。英国的经济经过在撒切尔夫人执政期间的不断发展,在布莱尔执政期间社会结构已经发生很大变化。英国人民的收入水平较以前有所提升,消费能力开始逐步提高,人们对公共服务的质量和数量的要求越来越高,要求呈现多样化和异质化的特点。在布莱尔时代,提升公众满意度,提高公共服务的质量是公共服务改革的主要目标。布莱尔政府强调政府与企业和非营利组织结成合作伙伴关系,使英国政府购买公共服务力度增强,并更加常态化、制度化。

第三阶段:卡梅伦时代。卡梅伦提出"大社会"计划,主张"还政于民"。所以,在这样一个大背景下,英国政府转变传统治理方式,将更多的公共服务领域下放到民间社会组织承担。下放领域由以往的贫困、环保、弱势群体扶持等传统的慈善领域扩展到社会治安、医疗卫生、教育、关怀、文化遗产及城镇规划与重建等领域。

四十多年来,英国政府在购买社会组织公共服务方面一直遵循循序渐进的原则,十分注重倾听公众意见,在资金保障、法律体系建设、合同管理以及购买程序和监管等方面取得明显成绩,基本上形成了一套具有英国特色购买体系。①

2. 法国政府购买公共服务实践

法国政府通过立法,鼓励促进非营利组织发展,同时积极外包公共服务给非营利组织,但是政府仍然对外包服务进行监督和指导。

法国对社会组织进入公共服务领域进行一定的限制,要求必须具有三个条件才能提供公共服务:① 政府部门对该组织的授权和认证;② 政府承认的合法身份;③ 政府与其签订协议,规定服务绩效标准。非营利组织能够参与的公共服务包括:老年人居家养老、儿童日间看护、家政服务、残疾人康复、家庭保健服务、儿童保护、弱势人群等。

法国采用报告制对购买服务承接方进行监管,非营利组织需要对政府提交一份良好的表现记录。

3. 美国政府购买公共服务实践

美国政府开展政府购买公共服务最常采用的形式是合同外包的形式。在政府购买公共服务的边界上,美国将"政府固有职能"作为辨别某项政府职能可否外包的标准。

根据调查显示,在 1987 年,美国超过 25000 的县和超过 5000 人口的市镇

① 周宝砚、吕外:《英国政府购买公共服务特点及启示》,载《中国政府采购》2014 年第 11 期,第 72～74 页。

中，99%的县和市镇都实行过合同外包；1982～1997 年，地方政府在选择替代性服务提供方式时，90%的服务使用合同外包的方式完成。美国政府购买公共服务涉及三个主体，即服务对象（社会公众）、服务的承接方（民间机构）以及服务的购买者（政府部门）。政府部门与民间机构建立合同关系，约定由民间机构向社会公众提供服务，政府部门进行监督。社会公众有权向政府部门反馈服务质量。①

在美国，大多数提供公共服务供给的单位都是非营利组织，他们提供的公共服务内容领域广：卫生保健、儿童日托、残疾人服务、针对低收入人群的私人教育、对吸毒和赌博人群的帮助、婚姻咨询、照顾老人等。

美国采用结果导向型管理，对公共服务的结果和费用进行监督和评估，以此来决定指出并评价承接方的服务效果。同时，为了有效监督评估公共服务效果，政府还引入民意进行评估，使得公共服务质量最优化成为可能。

（二）中国政府购买公共服务的实践

1. 我国政府购买公共服务探索阶段

我国最早的政府购买公共服务，可以追溯到 1994 年的罗湖环卫服务外包。1994 年，深圳市罗湖区为了提升城市卫生水平，为了解决城市环境卫生供给不足的情况，向香港学习政府购买公共服务。罗湖区在城市管理领域引入政府购买公共服务的做法，引导环卫工人组建环卫公司，罗湖区区政府再通过政府购买公共服务的形式向有资质的环卫公司购买城市公共卫生服务，这一改革在当时取得了很好的效果。随后，在 1995 年，上海市浦东新区也开始尝试政府购买公共服务的模式。上海市浦东新区区政府将社区活动中心“罗山会馆”委托给上海市基督教青年会进行管理。这一举动打破了传统政府垄断公共服务的模式，采取委托非营利组织进行管理的新型模式。“罗山会馆”也是我国政府向非营利组织购买公共服务的最早探索。

1998 年，深圳市进一步推进政府购买公共服务的工作，通过市场运作的方式，将深圳市的公共绿地的管养工作委托给深圳市的专业绿化公司进行管理。从此深圳市政府不用专门安排人进行管理，只需要监督受委托的公司的服务即可。这不仅将政府从绿化管理中抽离出来，而且还大大节约财政开支，大大提升了工作效率。而上海市在 2000 年的时候，上海市卢湾区民政局向社会购买了“金色港湾老年公寓”的项目，极大地缓解了当时孤寡老人的养老问题，弥补政府的失灵，引起了很大的反响。

---

① 常江：《美国政府购买服务制度及其启示》，载《政治与法律》2014 年第 1 期，第 153～160 页。

2. 我国政府购买公共服务试点阶段

2002年，上海市浦东新区成为中国首个政府购买公共服务的改革试点城市。2003年，政府颁发《中华人民共和国政府采购法》。随着政府购买公共服务的不断发展，上海市团委和禁毒委员会将社区的"失管青少年、失业、失学以及吸毒人员"的社会服务项目通过政府购买公共服务的形式委托给上海市的"阳光"、"新航"、"自强"三个非营利组织进行服务。2004年，广州市残疾人联合会将市残疾人的服务项目承接给广州市"仁爱"组织。根据"仁爱"所接受的残疾人的经济情况，残疾人联合会给予该残疾人相应的资助。2005年，无锡市大规模打破传统的政府管理模式，将多项社会公共服务委托给无锡市的非营利组织，例如路灯修护、环卫工作、设施养护、气象监测、疾病防治、城市绿化等。2006年，上海市浦东新区残疾人联合会将辖区内残疾人的护理服务工作以提供政府购买公共服务的形式委托给"新途社区健康促进社"。2007年，江西省大力促进政府购买公共服务的模式，不仅向江西有资格的非营利组织购买了几十项公共服务，而且还勇敢尝试政府购买公共服务的新形式。

3. 我国政府购买公共服务发展阶段

2007年以来，我国政府购买公共服务在范围和深度上都取得了巨大的发展。2008年，南京市鼓楼区引入市场化物业管理，将环境脏乱差的农贸市场的保洁工作经过竞标外包给南京市的非营利组织，效果显著，很快农贸市场及周围地区的环境卫生焕然一新。深圳市充分利用政府购买公共服务的模式，将深圳市的非营利组织和行政机构聚合在一起举办了一次双向洽谈会。在会上，很多行政机构和非营利组织达成协议，很多非营利组织也成功承接到了很多服务项目，一举多得。长沙市政府在2009年为了防止中小学生暑期在户外游泳溺亡，便向长沙市的一家体育场馆购买体育服务，让体育场馆免费向学生开放。除此之外，长沙市政府还购买乒乓球、篮球、羽毛球等场地免费开放。2010年初，北京市为了提升全市公共服务水平以及为了资助非营利组织发展，拟向非营利组织购买300多项服务，共计一亿多元的服务购买计划。2010年，河南省在医疗领域进行政府购买公共服务模式，并在政府购买公共服务的道路上开拓出一种新尝试——按绩效支付、凭合同服务的"河南模式"。

从我国政府购买公共服务的实践历史可以看出，该模式正在不断成为我国的一项不可缺少的公共服务提供模式。前途是光明的，但在实践的路上并非一帆风顺，"实践困境"越来越突出。政府对于购买公共服务的目的、原因、意义、方法以及选择什么样的承接方等方面存在责任不清、界定不明、相应的法律法规不健全的问题。从社会承接方来看，承接方在社会公信力、服务能力等方面参差不齐。而从双方的关系上来看，政府在对承接方的监督和评估方面做得有些太过或者不足。有时候采取严格的管控措施,十分压抑非营利组织的发展,有时候又缺乏必要的监管和评估。

第二节　政府购买公共服务的机制

一、政府购买公共服务的原则

政府购买公共服务的原则包括:协力原则、市场竞争原则、责信原则、法律保留原则、正当程序原则、需求导向原则和公益性原则。

(一)协力原则

协力原则是我国政府购买公共服务制度的一项基本原则,是指在我国的政府购买公共服务的立法和实践中,模糊承接方和政府之间的传统界限,经过建立伙伴关系、协商等方式来协调承接方和政府之间的关系,从而达到相应的治理目标的实现。政府购买公共服务在协力原则下,政府和承接方并不是两个相互独立的主体,它们虽然在这其中各司其职,但是两者之间相互依存,共担责任,共同为建设优质高效的公共服务而努力。在协力原则下,承接方不仅仅只是生产某项公共服务,不仅仅只是追求自身利益,承接方还要充分了解政府在这项公共服务中的意图和职责,还要为社会承担更多义务。

公私合作、协力治理这一模式的核心在于其运用公私合作的形式解决裁量权滥用、传统行政效率低以及行政程序回应性不强等问题。协力原则有以下五点特征:以解决问题为导向;行政利害关系人参与决策过程的所有阶段;解决行政过程的不确定性问题;超越传统治理中公私角色的责任;行政机关灵活主动。

(二)市场竞争原则

政府购买公共服务相比于传统政府的垄断公共服务,本身就是公共服务市场化的一种措施,市场竞争原则本是其应有的原则。市场竞争意味着效率、优质服务。将市场竞争作为政府购买公共服务的一个原则,核心则是为了利用市场竞争机制的激励作用,以及为了克服政府垄断公共服务所带来的公共服务品质不佳、效率低下的问题。在市场竞争原则下,政府在向社会购买公共服务时,过程公开透明,所有的企业或者非营利组织地位平等,政府能够通过比较选择最适合的承接方,从而可以提供最好的服务。

但我们也应该知道,竞争、效率只是政府工作中众多目标中的一个目标。虽然竞争能给政府带去效率,但是如果竞争妨碍其他目标的实现,并且这些目标的重要性不比竞争性低,那么政府可能就不会坚持竞争原则。但是现在存在的很多问题并不是因为竞争原则导致的,而是政府的能力所致。比如在政府购买公共服务中,光知道依赖非营利组织提供服务,却不懂如何管理它们,不懂如何协调它们之间的关系。

(三) 责信原则

责信原则是指政府和承接方要为自己的行为、产品、决定等承担相应的责任。学者们将责信原则归纳为八大类——道德责信、行政责信、政治责信、管理责信、市场责信、法律或司法责信、选举关系责信与专业责信。[①] 政府购买公共服务或多或少都和这些责信有直接或者间接的关系。

随着我国政府购买公共服务事业的不断发展,越来越多的非营利组织加入到承接公共服务的事业当中,这时候就越来越突出公共服务承接方和政府之间的主体重叠的责信问题。在一些公共领域,公私界限越来越模糊,亟须统一适用的责信原则弥补相关领域的责信空白。所以在我国的政府购买公共服务模式中,责信制度也必须进行创新。建立起一个混合型的责信制度,在公共服务承接方和服务对象之间建立起行政责信制度,在承接方和政府之间建立起市场责信制度。对于前者,可以把公共服务的承接方作为行政问责的主体,可以独立或者和政府一起承担责信义务;对于后者,就按照人民对服务的质量和公共服务的响应度来评判。

(四) 法律保留原则

法律保留原则作为行政法的一项基本原则,对于建设法治国家以及依法治国具有十分重要的意义。作为行政治理的一部分,政府购买公共服务必须遵守法律保留原则。

科学界定政府购买公共服务的范围是政府购买公共服务是否能充分实现价值的关键所在。政府如果购买公共服务范围过宽,购买服务过多,则政府财政将会不堪重负,影响整个国家的发展。而购买公共服务范围过窄的话,就不能充分发挥非营利组织的作用,不能充分满足公民的需求,这样就会使政府购买公共服务的效果十分有限。一言以蔽之,政府购买公共服务的法律保留原则就是界定公共服务购买范围大小的问题。

(五) 正当程序原则

只要政府购买公共服务的程序正当、公平、透明,使政府购买在透明化、阳光下运作,就基本能杜绝腐败行为的产生。政府购买公共服务的透明化可以从以下三个方面进行界定:内容透明、标准透明以及程序透明。政府购买公共服务的内容透明是指政府购买的公共服务的相关信息要及时在信息发布平台进行发布。政府购买公共服务的标准透明是指政府要全面、准确、及时地向参与的非营

---

① 项显生:《论政府购买公共服务的基本原则》,载《中共福建省委党校学报》2014 年第 2 期,第 37~44 页。

利组织和人们公布购买的此项公共服务的标准。政府购买公共服务途径透明是指政府要透明公布其购买公共服务信息的途径和渠道,比如在报纸、广播、电视、网站等媒体上公开等。了解购买公共服务的标准,正当程序原则也可以具体分为以下几个方面:信息公开、参与原则和回避原则。对于政府购买公共服务的信息要积极向社会公开,鼓励公民对于政府购买公共服务的决策进行参与,对于与政府相关联的有利害关系的承接方要注意回避。

(六)需求导向原则

政府购买的内容必须要准确把握公众的实际需求,不能脱离群众需求进行拍脑袋购买。政府要对公共服务的需求进行周密的调查研究,了解公众对该社会服务的真实需求情况,以及调查社会上提供该公共服务的承接方的竞争情况,明确公众需求,确定政府工作方向。

政府购买公共服务,在发布一项公共服务进行购买之前,必须要做好实地考察,经过一番了解确认公共服务的需求之后才能进行购买,否则就会造成严重的资源浪费。

(七)公益性原则

政府购买公共服务无论是政府还是非营利组织,都应该是以追求社会效益最大化为目标。可以允许有有限的利润,但是不允许非营利组织以盈利最大化为承接购买服务的目的。政府发布的每项公共服务都应该是社会亟须提供的,而不应该为了政绩盲目对公共服务进行购买。对于非营利组织,承接公共服务的提供是为了实现本组织的使命和愿景,服务更多服务对象,而不是为了追求经济效益。

二、政府购买公共服务的考虑因素

充分利用社会力量,政府购买公共服务是目前中国的趋势,但并不是政府的所有职能、服务都要开放给社会供给。那么,如何判断一项公共服务是否适合以政府购买的方式来提供呢?

判断一项公共服务是否适合以政府购买的方式来提供,主要需要考虑四个方面的因素。

(一)公共服务必须有合适的承接方

市场上有足够数量的有资质的承接方,政府才可能对这个公共服务进行购买。只有购买方和承接方都存在,购买关系才能形成。如果某个公共服务公众需求很大,但是市场上没有足够资质、有能力的承接方,则该公共服务还不能进行政府购买。

我国的非营利组织不仅近年来在数量上不断发展,而且在服务的领域上也得到了很大的拓展。我国非营利组织承接公共服务的能力和资质越来越强。

（二）公共服务事项必须有比较明确的量化指标

有量化的指标，才能进行服务的定价和监督评估、绩效考核等等问题。一项公共服务，其量化指标越明确，则该公共服务越适合采用购买服务来提供。如果一项公共服务指标很难量化，就不能很好地监督和评估承接方的工作，也就不能进行政府购买。

在量化指标的设定方面，目前我国存在以下一些不足。第一，部分指标设定不符合具体性和可衡量性的要求，很多省市项目的指标过于主观和宽泛化，不能很好地进行评估；第二，项目的指标相互之间缺乏逻辑性，整体并不在一个体系系统中；第三，在实际的评价中，应该更重视承接方提供的公共服务的效果和结果，但是指标体系中忽视直接服务结果的评价指标，而关于机构管理评估的比重比较高；第四，评估的各指标权重分配不合理，缺乏科学性，同时满意度的测量很少关注细分指标的评估。

（三）公共服务的购买有明确的资金来源

政府购买公共服务要有相应的资金，只有政府安排好了资金之后，该公共服务才能被实施购买提供。同时，购买服务过程中的所有资金交易都要在阳光下进行，公开透明。

根据财政部和中国人民银行相关规定，目前我国政府采购资金主要来源于财政性资金和与财政性资金相配套的单位自筹资金。财政性资金是财政预算安排（含预算执行追加）的资金和按规定缴入财政专户的财政性资金（原“预算外资金”），单位自筹资金是采购机关按政府采购项目要求比例单位配套安排的资金。[①] 但因为我国目前政府购买公共服务主要包括政府集中、部门集中和单位自主等购买方式，每种购买方式的资金来源都不相同，需要政府在购买公共服务的过程中时刻明确购买的资金来源，以保证政府购买公共服务能够持续稳定发展。

（四）公共服务的购买是否具备竞争性市场

随着政府购买公共服务的发展，目前大多数公共服务都可以用购买的形式进行提供。政府购买公共服务的内容大致包括：① 养老服务。随着中国人口红利的逐渐消失，人口老龄化越来越严重，老年人的养老服务日益成为社会十分重要的问题。但是政府又没有时间、精力和专业能力很好地解决养老问题。所以目前需要政府积极鼓励非营利组织承接购买服务来推进养老。② 残疾人服务。由于残疾人的需求复杂、多样、特殊，使得服务残疾人需要一定的专业能力和充

① 张明：《强化我国政府购买服务预算管理和资金监管的建议》，载《财政监督》2014年第9期，第9～13页。

足的时间精力。政府不能很好地服务残疾人，而非营利组织十分适合服务残疾人。非营利组织能够很好地应对残疾人的多样化、复杂化的需求。在残疾人服务上进行购买服务能够大大提升服务水平。③ 教育，包括职业教育和特殊教育。政府可以向教育类非营利组织进行教育服务的购买，让该类型非营利组织发挥其专长，向社会提供优质教育资源。④ 公共卫生和农村医疗卫生服务。非营利组织的专业性、非营利性等属性决定其能够提供优质的公共卫生服务，其中包括农村医疗服务、疾病防控、医疗社会工作、社区康复，等等。⑤ 社区发展。中国城市社区是我国的基层组织单位，在社区内居民拥有广阔的需求，政府通过向非营利组织购买公共服务能够大大提升社区公共服务的质量和数量。⑥ 就业促进、保障性住宅和其他社会问题解决。非营利组织专业性强，具有非营利性、志愿性等属性，能够在一定程度上弥补市场失灵和政府失灵的缺陷，是政府购买公共服务的良好的承接方。

三、政府购买公共服务的流程

我国政府购买公共服务拥有一套严密的流程，确定服务需求、购买服务方式、招标方式、监督审核方式等都有严格的程序。

政府购买公共服务必须经过以下程序：考察和确定购买需求；编报购买服务的计划；确定政府购买方式，明确合同类型、规模以及预算；设计招标程序；公布政府购买公共服务的信息；确定竞标组织的资质；评估竞标者以及评估风险；确定中标单位；明确权责、价格，签订政府购买公共服务合同；落实绩效保障，对承接方进行监督和评估；解决法律保障和争议；对购买公共服务合同履约验收；政府支付购买公共服务资金。①

比如上海市杨浦区政府购买社会组织的公共服务的工作流程如下：项目设立，预算申请，立项审查，汇编目录，公布信息，项目申报，资质认定，竞标评审，中标公告，签订合同，项目管理，评估验收，资金拨付等。

① 项目设立：主管部门根据购买服务项目需求设立项目。

② 预算申请、立项审查：上报财务进行预算申请，然后上级部门开展可行性立项审查。

③ 汇编目录：根据立项审查结果，公布区政府购买公共服务的目录。

④ 公布信息：公布购买服务的信息，包括项目名称、内容及范围；项目总体资金规模；需要提供的有关材料；受理的相关事宜等等。

⑤ 项目申报：要求资质证明材料、项目可行性分析报告、项目预算报告等材料。

---

① 王名：《非营利组织管理概论》，中国人民大学出版社 2010 年版。

⑥ 资质认定：区民政局和项目购买方对承接方进行资质的认定，初步确定竞标服务的承接方名单。

⑦ 竞标评审：项目评审采用项目购买方评审，委托的第三方专业评审对项目进行竞标评审。

⑧ 中标公告、签订合同：区政府将竞标评审结果进行社会公示，双方谈好细则后签订合同。

⑨ 项目管理：立项指导、中期检查以及结项评估。

⑩ 评估验收：根据项目完成效果、满意度测评、资金审计以及项目成功报告四个方面进行评估验收。

⑪ 资金拨付：资金拨付分为两次：预拨和清算，在签订合同时拨付一部分，项目评估验收后付最后一次。

第三节 非营利组织的服务供给管理

改革开放以来，中国经济得到飞速发展，但在经济高速发展的同时，中国也面临着越来越多的社会问题，且社会问题呈现出日益复杂的趋势，政府无法对社会问题一一进行有效及时回应。面对大量亟须解决的社会问题，且在这些领域出现“政府失灵”“市场失灵”现象的时候，非营利组织大量出现并快速发展。特别是近十几年以来，非营利组织在服务质量、服务数量以及服务领域有了质的突破，非营利组织已经成为社会公共服务的一个不可或缺的供给主体。

一、非营利组织提供公共服务的优势

（一）“非营利性”特征的优势

“非营利性”是非营利组织区别于企业等私人组织根本的特征。非营利组织是为解决社会问题而存在和发展的，虽然会运用商业手段，但是使用商业手段是为了解决社会问题，而不是为了盈利。这一特征使一些特定的公共服务只能由非营利组织提供。

非营利组织的“非营利性”特性体现在三个方面：首先，非营利组织不以营利为目的。非营利组织是为了解决某个社会问题而诞生的，其愿景和使命都是为了解决此项社会问题。其次，非营利组织不能将组织的剩余收入进行分红。企业的剩余收入可以用于股东的分红，但是非营利组织的剩余收入只能用于组织的自身发展以及各项社会活动。再次，非营利组织的管理者不能将组织的资产以任何方式转为自己的私人财产。非营利组织的资产并不属于组织所有，也不属于捐赠者所有，它们作为“公益或者互益资产”，应该属于社会。

非营利组织的“非营利性”特征使非营利组织不会像企业一样，过分追求经

济效益。一旦追求经济效益，一些经济效益小但社会需求大的领域往往就会被企业所忽视，造成“市场失灵”。而非营利组织由于其“非营利性”特征，在提供公共服务，尤其在提供被“市场失灵”“政府失灵”所忽视的领域的公共服务上具有很大的优势。

（二）能够满足公共需求的多样性和异质性。

非营利组织是民间自发的组织，随着近年来的发展壮大，非营利组织所涉及的领域已经遍布社会各领域，能够很好地满足社会公众需求的多样性和异质性。

截至2015年底，全国共有非营利组织66.2万个，非营利组织所涉及的领域几乎遍布社会各领域，吸纳社会各类人员就业734.8万人。全国共有社会团体32.9万个，其中：工商服务业类3.7万个，科技研究类1.7万个，教育类1.0万个，卫生类1.0万个，社会服务类4.8万个，文化类3.3万个，体育类2.3万个，生态环境类0.7万个，法律类0.3万个，宗教类0.5万个，农业及农村发展类6.2万个，职业及从业组织类2.1万个，其他5.3万个。全国共有各类基金会4 784个，其中：公募基金会1 548个，非公募基金会3 198个；民政部登记的基金会202个、涉外基金会9个、境外基金会代表机构29个。全国共有民办非企业单位32.9万个，其中：科技服务类1.6万个，生态环境类433个，教育类18.3万个，卫生类2.4万个，社会服务类4.9万个，文化类1.7万个，体育类1.4万个，商务服务类3 355个，宗教类114个，国际及其他涉外组织类7个，其他1.9万个。①

近几年来，我国非营利组织不仅在数量、服务领域上快速增长，而且非营利组织的专业性也逐年不断提升，在各个领域中都取得很大的作用，能够在一定程度上满足公共需求的多样化和异质化的需求。

（三）非营利组织十分贴近群众生活

非营利组织还具备一个优势就是贴近群众，甚至一些非营利组织就是从群众中产生的，如社区社会组织、草根组织等。相比较于企业和政府，非营利组织在了解群众需求、群众心理以及调动群众开展活动方面具有得天独厚的优势。贴近群众生活，就能真实了解群众的生活需求，就能了解到群众迫切需要的公共服务，从而在一定程度上弥补政府和市场缺位造成的“政府失灵”和“市场失灵”。

对于与自己朝夕相处的非营利组织，居民们更愿意去相信、去参它们组织的活动，居民们在参与活动的过程中更愿意去表露对这个活动的看法以及希望以后展开什么活动，使得非营利组织在提供公共服务方面更具有针对性，更具有社会价值。

---

① 《2015年社会服务发展统计公报》。

二、非营利组织的服务供给管理

为了更加高效、高质地提供服务，非营利组织的服务供给管理应该做到以下六点：制度建设、数据库管理、推荐机制建设、质量管理、风险管理、绩效管理。[①]

（一）制度建设

制度建设是一个组织持续健康稳定发展的基础，非营利组织通过建设各项规章制度，可以约束和激励组织以及组织的工作人员的工作，进而推动工作发展。

（二）数据库管理

数据库管理是将所有非营利组织的信息，比如非营利组织的资质、类型、专长、信用以及推荐人等录入数据库。既可以实现非营利组织之间的横向交流，又很方便政府购买公共服务时对承接方组织的选择。非营利组织的所有数据将会录入数据库中，所以一方面会将绩效不好或者信用低的非营利组织淘汰出局，另一方面也会激励更多的非营利组织努力工作。

（三）推荐机制建设

推荐机制建设，就是在政府购买公共服务的过程中，非常需要独立于非营利组织和政府之外的第三方组织对非营利组织的承接工作进行专业评估、资格认证以及能力评估。

（四）质量管理

质量管理是在政府购买公共服务中，非营利组织作为承接方提供公共服务，所以提供服务的质量关系组织的生死存亡，非营利组织需要不断制定质量方针和方案，对其进行控制和改进，以保证组织的核心竞争力。

（五）风险管理

风险管理，非营利组织在承接政府购买的服务时，要做好各种可能出现的风险的预案，要充分考察市场中的竞争对手以及服务对象的需求，等等。

（六）绩效管理

虽然非营利组织是一个不以营利为目的的组织，但并不意味着非营利组织就不用实行绩效管理。实际上，非营利组织作为公共部门，更应该实行严格的绩效考核，进而更好地提供公共服务。特别是在承接政府购买的公共服务时，非营利组织要做好自我的绩效管理，满足政府和人民关于公共服务的要求。

---

① 王名：《非营利组织管理概论》，中国人民大学出版社 2010 年版。

第四节　政府购买公共服务的管理与发展

政府购买公共服务，关系到政府各部门之间的合作，关系到政府与社会承接方的联系和沟通，还关系到社会民众对政府的评价和满意度。而要保证政府购买公共服务圆满完成，除了要明确购买关系和管理制度外，还需要通过全过程管理来保证服务达到预期效果。所以，建立起政府购买公共服务的全过程管理机制，显得格外重要。

为了提升政府购买公共服务的过程管理能力，国务院发布《国务院指导意见》，对流程中的关键要素进行规范指导。政府购买公共服务的管理与发展主要内容为以下几点：

一、前置管理

政府在购买公共服务之前，需要做以下四点工作：

第一，政府要完善关于政府购买公共服务的法律法规。因为政府购买公共服务这一模式在中国的发展历史不长，处于一个新兴事物阶段，再加上政府向社会购买公共服务的过程过于复杂，利益相关者如政府、事业单位、非营利组织、企业、人民群众等等过于众多。建立完善的法律法规可以让具体的政府购买公共服务工作有序进行，对利益相关者进行一定的约束激励，继而能够提升服务的质量。

第二，将公众的公共服务需求作为政府购买公共服务的工作起点，政府要完善公共服务的公众需求调查机制。这和传统政府提供公共服务的模式不一样，所以需要政府转变传统观念和做法，转而尊重公众的表达、选择、需求。要完善公众需求调查机制，政府可以做到以下两点：第一，政府将公共服务的需求调查作为购买服务的前提。在征税购买之前，要进行详尽的实地调研，获得真实的需求信息；第二，除了实地调研获得需求信息之外，还可以将关注点集中在公众对政府已有的公共服务的绩效评估结果上，其中主要是评估群众不满意的服务。

第三，在政府购买公共服务的过程之前要建立完善的科学合理的流程设计。政府购买公共服务必须经过以下流程：考察和确定购买需求；编报购买服务的计划；确定政府购买方式，明确合同类型、规模以及预算；设计招标程序；公布政府购买公共服务的信息；确定竞标组织的资质；评估竞标者以及评估风险；确定中标单位；明确权责、价格，签订政府购买公共服务合同；落实绩效保障，对承接方进行监督和评估；解决法律保障和争议；对购买公共服务合同履约验收；政府支付购买公共服务资金，等等。通过进行科学合理的流程设计，流程之间能够实现有效的衔接，相互促进和激励，进而提升公共服务的整体绩效。

第四，要健全公共服务购买的目录筛选机制。政府购买公共服务模式相较于传统的政府服务，就是引入市场化模式。所以根据公共服务的需求、内容性质，检测监管的难易程度等因素，对购买公共服务的目录进行筛选是十分必要的，可以防止财政资金被滥用。

二、中期管理

在政府购买公共服务的过程中，政府要保证以下两点工作：

第一，为了推动政府购买过程的竞争性和独立性，需要健全政府购买的招投标机制。健全政府购买的招投标机制，需要做到以下三点：第一，在招投标环节中，应该约束规范政府部门的权力。特别是评标环节中，决定权应该在独立的专家组，政府部门权力应该退出。第二，应该充分运用网络的作用，通过网络平台将承接方组织的竞标书发给全国各地的专家进行匿名评标，可以充分发挥专家的作用，进而遴选出更优秀的承接方。第三，要保证政府购买公共服务招投标的过程完全公开和透明，并接受人民群众、政府纪检部门等检查部门的参与和监督。

第二，在购买过程中坚持信息公开、公众评价以及动态管理。我国实行政府购买公共服务的目的是为了提升公共服务水平，为了更好地为公民服务，所以政府购买公共服务中的公民的参与和监督是至关重要的。这既实现了该模式的合法性问题，又推动该模式持续健康的发展。

三、后期管理

政府在购买完公共服务之后，需要做好以下两点工作：

第一，政府要完善对购买服务项目的绩效评估。对政府购买公共服务的结果进行绩效评估，是对政府公共财政负责的表现，是为了更好的服务公民，提高公共服务的激励。建立绩效评估体系，需要政府建立多元参与的评价结构，比如服务对象、政府、相关专家以及社会公众等，让他们参与、监督项目，并对其做出评价。

第二，政府要建立项目承接方组织的末位淘汰机制，加强项目的后期管理。通过实行承接方组织末位淘汰的方式，将承接政府购买的公共服务工作不认真、工作效果差等的承接方组织淘汰出局，不能参加下一次的政府购买公共服务。同时，对所有的承接方组织建立信用数据库，数据作为下一轮项目评审的参考等。①

---

① 陈建国：《政府购买公共服务过程管理研究——以北京市为例》，载《理论探索》2012 年第 4 期，第 115～119 页。

四、未来发展

政府通过向非营利组织购买公共服务，将政府干不了、干不好、不愿干的公共服务通过购买方式转移给非营利组织承担，不但能够推动政府转变职能，为社会民众提供更多更优质的公共服务，还极大地推动非营利组织成长。为了更好地做好政府购买公共服务，我们需要注意一下几个问题。

（一）明确公共服务的边界

政府购买公共服务的边界问题是其实现制度设计价值的关键，政府购买公共服务的购买范围过于狭窄，则不能很好满足公众和社会的需求，政府购买公共服务的工作的目的也就没有达成。如果政府购买公共服务的范围过宽，则会使政府负担大量的财政负担，进而会影响社会整体的发展，最终损害人民利益。所以明确政府购买公共服务的边界，对于政府、非营利组织、国家的发展都具有极大的作用。

我国虽对政府购买公共服务边界进行了规定，但是仍存在指导思想异位、界定范围不清、操作性不强、立法层次太低和地域性差异考虑不周等问题。①

政府应该尽快研制出政府购买公共服务目录，明确政府购买公共服务的边界。政府购买公共服务是政府职能转变的一部分，但是购买公共服务并不意味着政府可以向社会扔“包袱”。一些公共服务由原来直接由政府提供到现在间接由政府提供，并不是说政府就对这些公共服务完全没有了责任，政府还要对这些公共服务的承接方进行严格的监督和评估。

政府要明确自身定位，对于政府干不了的、干不好的领域，可以通过购买服务的形式让企业和非营利组织进行承接，但是有关国家稳定安全以及政府核心职能等领域，只能由政府提供。明确公共服务的边界，不仅是一个理论问题，还是一个实践问题。政府界定公共服务的边界并不是杂乱无章没有规律可循，政府界定公共服务边界一定要紧紧结合我国国情和社情民意。

（二）以市场化的方式购买公共服务

购买服务的本质在于市场化，市场化意味着公开透明、平等竞争以及高效。所以，无论用哪种政府购买公共服务的模式，都应该以市场化的方式进行，这样才能防止暗箱操作，才能进行正当合适的购买。而做到这一点需要国家建立并监督管理各项法律规章制度，还应充分发挥人民和媒体的监督作用。

政府通过政府购买公共服务的形式，引入市场化竞争，发挥市场机制作用，可以很好地保证公共服务承接方提供公共服务的能力，更好地满足社会对于多样化、个性化、优质化公共服务的需求。同时也可以吸引更多社会力量参与到公

---

① 项显生:《我国政府购买公共服务边界问题研究》,载《中国行政管理》2015 年第 6 期,第 38～45 页。

共服务的提供上来，有力促进我国公共服务的提升发展。这要求政府在进行购买服务的同时，加强对公共服务承接方的绩效考核，完善监督机制。首先需要政府推动信息公开。在政府门户网站上及时建立健全政府购买公共服务的信息平台，所有政府购买公共服务的信息都在门户网站上及时公布，确保所有满足条件的组织能够平等地参与竞争，杜绝暗箱操作。其次，政府要加强资金的管理，确保购买公共服务能发挥这些资金足够的效益。在政府购买公共服务的资金管理中，预算的绩效管理必不可少，要强化政府部门资金使用的责任，最大程度上提高资金的使用效益。最后是建立第三方的综合性评审机制，寻找独立于政府、购买主体、服务对象的第三方机构对此进行综合评审，评审结构向社会公示。

政府应该尽快建立一个公开透明的公共服务购买流程。规范招投标、询价、委托等不同方式的操作流程，以保证各类承接主体的公平竞争。

（三）与政府改革和事业单位改革同步推进

财政部副部长刘昆曾指出，推动政府购买公共服务是我国加快转变政府职能、提高国家治理能力的必然要求，是我国建设服务型政府的重要途径。政府购买公共服务有利于改变政府垄断公共服务的提供，大包大揽的传统做法，鼓励和引导社会力量进入公共事业领域，有利于促进政府自身运作方式的改革，提高政府管理和服务社会效率。①

政府购买公共服务是一个复杂的机制，任何一方弱或强导致整体不平衡就会大大削减政府购买公共服务的效果。最理想的结果是政府购买公共服务和政府改革与事业单位改革同步推进，一旦政府改革不到位或者非营利组织（承接方）发展不到位，都会大大削弱公共服务的效果。

政府购买公共服务中，政府作为“主角”，如果如传统的政府一样，则购买公共服务的工作无法健康持续进行下去。而政府购买公共服务之后，大大放宽了市场的准入，对于一些公共服务，事业单位不得不和社会上其他组织一起竞争，所以，事业单位为了竞争到公共服务的政府购买，也不得不进行事业单位改革。所以，政府购买公共服务的工作绝不是“独角戏”，没有政府和事业单位的改革加入，政府购买公共服务工作会大打折扣，到最终甚至可能流产。

（四）保障非营利组织的独立性

非营利组织的独立性是指非营利组织独立地自我管理自己，能够独立地制定规章制度，独立地实施计划，独立地开展活动，不受其他部门或者组织的控制。这种独立性使得非营利组织能够公平和客观地影响公共政策，提供公共服务。

① 钱凯：《我国政府购买公共服务问题的观点综述》，载《经济研究参考》2014 年第 71 期，第 38～49 页。

也正是由于非营利组织的独立性，使得其可以更近地了解公民信息，更真实、更快速地了解公民的真正需求。

要保障非营利组织的独立性，除了政府做出一定措施之外，更重要的是非营利组织自身要加强建设，保持独立性。首先，非营利组织要明确本组织的使命和愿景，并为此制定策略，开展活动；其次，非营利组织要调整其资金来源比例，保证独立性，比如靠政府扶持的资金比例要控制在一定比例内。要努力提升组织的资金造血能力；再次，组织运作要兼顾公平和高效，接受社会的监督；最后，非营利组织之间横向之间应该多进行合作，增强力量，摆托政府和企业的牵制，保证非营利组织的独立性。

严禁政府借着购买公共服务之际“收编”非营利组织，或者让政府的附属非营利组织购买公共服务。保证非营利组织的独立性，使非营利组织和政府相互协调、合作共赢，这更能提供优质的公共服务。

（五）注重完善购买方式

在我国政府购买公共服务的实际运行中，政府应该着重在确定承接主体、费用支出承担两个环节来完善政府购买公共服务的购买方式。

在确定承接主体环节，应引入竞争机制，通过采用公开招标、邀请招标、竞争性谈判、询价、单一来源等方式来确定政府购买公共服务的承接主体。其中除单一来源采购外，其他四种方式都是竞争性购买。在我国政府购买公共服务的实际操作中，原则上应该采取竞争性购买的方式。因为只有通过有效的竞争，才能遴选出最适合提供服务的承接方来提供服务。如果没有公开公正的竞争，政府购买公共服务就会有寻租的空间，从而会造成暗箱操作和腐败等情况的发生，进而导致公共服务提供水平低下以及资金浪费等。对不符合竞争性条件的领域以及社会组织数量较少的地方，可以采取非竞争性购买的方式进行采购，但必须在合同签订、过程监控、监督评价等方面加强管理，确保服务购买的高效。

同时，在费用支出承担环节，应建立分担机制。在公共服务供给中，完全依赖政府部门、社会组织或者市场自身都是不可取的。对于义务教育、基本医疗、基本社会保障、公共安全以及生态环境保护与治理等公益性明显的公共服务，政府部门应承担主要责任。但是对于社区服务、非义务教育、非基本医疗服务、养老等准公共物品性质的公共服务，应按照“谁享用，谁付费”的原则，对公共服务收取适当的使用付费。也就是说，社会公众在使用社会组织提供的公共服务时，需要支付部分成本费用；与此同时，政府对承担公共服务的社会组织或民办机构给予一定的资助①。

① 徐彬又：《推进政府购买服务应做到“六个注重”》，载《中国财政》2015年第5期，第75～76页。

（六）加强招投标管理

招投标管理要本着公平公开公正透明的原则，向全社会符合资质的组织和单位开放。通过加强对招投标的各方面管理，选择最适合的承接方，提供优质公共服务。

目前一些地方政府在进行政府购买公共服务的过程当中，并没有很好地实行招投标程序、信息公开等，而是直接暗箱操作，选择下属的非营利组织或者有利益关系的其他组织，这就使得政府购买公共服务在基层实际运作中变了味，偏离轨道了。因此，必须加强对政府购买公共服务的招投标管理，出台完善规范政府进行购买服务的相关法律法规，对政府购买公共服务的各方面，如购买主体、承接组织、购买内容、购买资金、购买程序、信息公开等在法律上进行规定，使得基层政府进行购买服务时能有法可依，能够有所约束。除了法律上的规定之外，还要在实际工作中对于政府购买公共服务的范围、标准、服务对象范围、政府购买方式、程序管理、资金管理、绩效考核等等进行明确，规范管理政府购买公共服务的招投标。

（七）加强监管和问责

防止政府购买公共服务中的利益相关，加强对利益冲突的申报、监督和管理。保证公平透明的购买服务秩序。

在实际的政府购买公共服务的运作当中，必须加强对政府购买公共服务全过程的监管和问责，不然就会导致资金浪费、腐败黑箱、服务质量效果不好等问题。

要做好全过程的监管和问责，需要做好以下五点：一是要建立起监督检查机制。通过建立监督检查机制，形成政府购买公共服务过程前、过程中、过程后以及服务的购买方、承接方、需求方相互制约的监控机制，由此形成内部监督、外部监督、审计监督和财政监督相结合的监督体系。二是要建立绩效管理机制。在政府购买公共服务的过程中，既要引入多元化的评估体系，还要加强对购买服务的绩效评价。通过对购买服务进行绩效评估，评估的结果可以做下一次政府购买公共服务各项工作的参考，比如承接对象的资格、财政的预算。通过不断的绩效管理机制，不断的评估、改进，进而不断提升财政资金使用效益和公共服务的质量。三是要建立政府购买公共服务的信息公开机制，避免暗箱操作，保证公平公正。政府及时将购买服务的所有信息公布在公开平台上，不仅可以提升透明度，而且可以让社会公众、社会有资质的承接方了解并且参与，同时也接受他们的监督。四是要建立公众参与机制。在政府购买公共服务的过程中，通过听证会等形式让人民群众能够发表看法，参与到这项工作当中来。五是要建立问责机制。通过对相关责任进行追究，可以很好约束和激励工作人员，从而更好地提供公共服务。

思考与练习

1. 政府为什么要购买公共服务?
2. 哪些领域适合政府购买公共服务,哪些领域不适合政府购买服务?
3. 非营利组织较企业组织在承接公共服务方面有哪些优势?

案例分析

政府向社会组织购买服务的温州经验

政府向社会组织购买服务不是新工作,但始终是社会管理创新的热门话题。政府向社会组织购买服务,改变了公共服务提供的政府单一主体状态,是十八大报告中提出的“党委领导、政府负责、社会协同、公众参与、法治保障”的社会管理的一个最有效诠释。

所谓的政府向社会组织购买服务,是指政府将原来直接提供的公共服务事项,通过直接拨款或公开招标方式,交给有资质的社会服务机构来完成,最后根据择定者或中标者所提供的公共服务数量和质量,来支付服务费用。我国内地政府购买社会组织服务1998年发端于上海,随后在南京、宁波、深圳、北京、温州等城市试水。温州也是最早实施政府购买社会组织服务的城市之一。

一、温州市政府购买社会组织服务的主要类型

由于功能、成本、效果等诸多因素的缘故,温州市政府购买社会组织服务分为四种类型。

1. 功能型购买

功能型购买是一种相对固定的形式,是通过社会组织在某个领域的特定功能定位来实现的。在这个过程中,政府仅仅是购买“服务的效果”。2011年开始,温州市建立政府购买民办教育机制,2011学年以当地同类公办学校生均教育事业费为基准,建立政府向基础教育阶段民办学校购买服务的经费投入制度,义务教育阶段每生补助30%～50%,学前教育、高中段教育每生补助20%～30%。市本级7所民办学校审核合格,共拨付资金6350多万。各县(市、区)1.33亿政府购买服务资金落实到位,永嘉县已率全市之先,在10月底落实资金800多万。市人大常委会专门跟踪并审议此项工作。

2. 项目型购买

项目型购买就是政府主动在众多社会组织中寻找自己需要的公共服务,然后出钱以项目或者团购形式购买使用。2012年7月,瓯海区在净水社区、岩下社区、新明瓯社区、蟠凤社区等6个社区进行社区社会组织培育,成立社区法律服务社、社区居家养老服务照料中心、社区残疾人康复站、社区环境卫生服务站、社区青少年阳光服务社等社区民办非企业社会组织，并承担政府购买社区法律服务、残疾人服务、卫生保洁服务、居家养老日间照料服务和青少年服务等服务工作，整个经费340万元。目前街镇和社区司法行政系列服务、残疾人服务政府购买工作已经实现全覆盖，有条件的街镇和社区要开展其他社区服务政府购买服务工作。

3. 补缺型购买

通常这些商品政府是没有的，自己生产成本不合算，或者质量和效果差强人意。温州市司法局向温州市湖北商会购买社会事务管理与服务，主要是面向在温州的湖北人，并与之相关的法律服务、人民调解等事项。还有，温州市委组织部等就干部教育培训向全国知名高校和培训机构购买服务。

4. 期许型购买

这类购买服务不是即现的，而是一种不确定的预期。它是构筑在政府无需考虑自身功能的建设上，租用社会组织的功能来实现。浙江省电器行业协会、温州市电器行业协会、乐清市电器行业协会，合署办公，三块牌子，一套人马。乐清市和柳市镇每年向电器行业协会购买公共服务，即全程举办每届乐清市电器文化节，购买资金额度各为100万元。

二、温州市政府购买社会组织服务的主要成效

1. 推动政府职能转变，有利于实现政府角色转型

政府有所为，有所不为。政府向社会组织购买服务优化了政府职能，为政府转型提供支撑：政府从部分公共服务生产者、提供者、监督者过渡到提供者和监督者。政府专注于自己熟悉的领域，把优质服务提供机会给予社会组织。同时，也建立起政府、市场、社会组织三方共同参与提供公共服务机制的建立。温州民办教育率先在全国破冰，其意义非同凡响。

2. 提高公共服务质量，提升了政府部门服务意识

政府购买社会组织服务，使公共服务的提供实现多元化生产的路径。社会组织有其独特优势，植根于社会，贴近服务社区，反应迅速，机制灵活，能够为公众提供多样化、个性化公共服务。也在适当时候弥补了政府在某方面专业上不足。乐清市电器行业协会承办的电器文化节，为中小微企业搭建宣传、营销、交流、服务的平台，为区域性产业升级和品牌打下良好基础。

3. 促进社会组织发展，拓展了社会组织成长空间

社会组织筹资是决定社会组织生存是否优质很重要的方面。未来政府购买社会组织服务并提供资金支持是主要方向。政府、企业、社会组织三元社会构建，最大前提必须让社会组织发展提供足够的空间。政府购买社会组织服务，也意在这里。

4. 搭建社会组织平台，构建公共服务体系供给

温州市率先在全国构建“五位一体”和“四级网络”的社会组织服务平台，主要是给政府购买社会组织服务建立一个孵化和服务体系。社区社会组织服务中心建立，为社区“草根社会组织”提供支持，使他们抱团有机会得到政府购买服务的法律依据。

（来源：政府向社会组织购买服务的温州经验_温州日报 http://www.wzrb.com.cn/article427264show.html）

思考题：

1. 温州市政府为何要购买公共服务？

2. 比较一下温州市政府购买社会组织服务的四种类型，你觉得哪种方式更好？

3. 你觉得我国的政府购买公共服务还有哪些方面做得不足，如何改进？

第七章 非营利组织的评估与问责

本章重点

1. 了解非营利组织评估的概念
2. 理解非营利组织评估的内容、指标与具体方法
3. 了解非营利组织评估存在的困境与对策
4. 理解非营利组织问责与公信力建设的重要性
5. 理解非营利组织问责的组织基础与制度基础

近年来，随着社会的不断进步，我国非营利事业在发展过程中逐渐显现出追求效率和效益的取向。传统公益事业中不重视方法、过程和结果，而更多倚靠“约定俗成”的道德与社会责任感作为关键枢纽的公益活动操作办法，在应用到非营利事业的过程中，日益受到公众的质疑。越来越多的声音开始表达对缺乏有效控制的非营利行为的不满，人们也越来越认识到，非营利事业的发展也应当受到制度和规范的限制，必要的法律规范、制度化的框架和行之有效的行为控制，是保证非营利组织保持初心、赤诚践诺的重要前提。

由此，对非营利组织及其活动、资金的各项评估，逐渐进入公众视野。随着非营利组织影响力的日益增强，政府、企业和公民对非营利组织的关注度也日益上升，为建设更透明高效的非营利组织，各种评估理论和随之而来的许多评估工具也逐渐受到重视并得到良好应用。在此基础上，我国的非营利事业正向着一个更好、更高效的方向稳步前进。

第一节 非营利组织的评估

一、非营利组织的评估综述

（一）评估概述

1. 概念及作用

对非营利组织的评估，也就是对其各方面进行评价和估量。从较为专业的角度来讲，评估是运用数理统计或运筹学的方法以特定指标体系为评价标准，按照统一的操作程序，通过定量或定性分析，对被评组织、机构、项目等一定时段的

业绩、效益、效率、影响和持续性做出科学、客观、公正的综合性评判。[①]

为什么要对非营利组织进行评估？一方面是由于公众、政府等对于非营利组织的了解和监督的需要，一方面则基于评估这一过程自身的优势作用。

公众和政府对非营利组织的了解与监督需求是始终存在的，并且这种需求是正当的，需要长期得到正视。非营利组织在中国生根发芽以来，在社会多元治理方面发挥了较大的作用，不断参与塑造具有长效沟通与合作特征的善治格局。但非营利组织的监管问题在中国复杂特殊的国情下，需要得到更多的重视，社会公众显然应当花更多的时间去思考非营利组织的定位，并且通过监督与问责的方式来促使其贯彻自身的非营利性。另一方面，政府作为非营利组织的直接利益相关方(既然非营利组织的一个重要经济来源是政府拨款)，也有责任监督非营利组织如何运作，评价非营利组织的工作质量，判断其工作是否达到改善社会的目标。而这一切监督都要在评估的基础上进行。

此外，评估本身的作用是明确的。通过评估，非营利组织可以实现对本组织的了解、自查、激励、约束和提升。评估首先能给非营利组织提供许多有参考意义的一手资料，这些资料反映组织当前的运作状况，包括资金运转、项目进展、员工管理、存在的问题和困难等；在掌握这些资料之后，非营利组织能够有针对性地对组织内部和外部出现的问题进行改善和解决，以追求新的机遇，更好地面对挑战。同时，基于对现实情况的了解，激励和约束过程也变得更加简单，通过评估指标的规划，制定相关规章制度，划定组织运作的"红线"以及奖惩方案，能够保证组织整体的稳定与高效。因此，有效的评估促使非营利组织较好地检视自身，以便更好更快地靠近组织的愿景、践行组织的使命承诺。

非营利组织的评估过程通常具有如下特点：① 时限性(时效性)，即评估活动是在一定期限或时段内完成的，而非贯穿整个项目或计划始终。因此评估的时间也成为划分评估类型的重要标准，通常来说，事后评估更为常见。② 科学与规范性，评估不同于一般的检查或总结活动，而是在一套完整的评估理论体系下，借助评估框架和具体评估方法而进行的定性、定量或二者相结合的评定与估量活动。③ 学习性，评估的过程可视作学习和进步的过程。一方面，评估的本质和要求促使评估对象不断进行学习；另一方面，组织在面临评估时也会自然而然产生学习的要求，从而推进学习活动的开展。[②]

2. 类型划分

非营利组织的评估，根据不同的划分标准，可以分为不同的类型，以下介绍

① 国家民间组织管理局：《中国民间组织评估》，中国社会出版社 2007 年版，第 93 页。

② 徐顽强：《非营利组织管理》，科学出版社 2013 年版，第 219 页。

五种较为常见的划分方法。

(1) 根据评估的时间顺序,可以将评估分为事前评估、中期评估与事后评估

事前评估即在项目开始前通过综合研究影响项目实施的整体环境、准备工作、资源等要素,对项目预期情况进行前瞻性评估。事前评估的内容主要包括:对项目实施对象发展趋势的预测、对项目可行性的预测、对项目效果的预测。

中期评估发生在项目进行到中期的某个时点或某个阶段,其主要目的在于衡量结果预期实现的可能性,因此中期评估的内容包含两个方面:对前期工作的总结与评价、对后期工作的展望与预测。前期工作进展情况如何,对结果最终能否很好地实现具有重要意义,该情况的好坏在中期的时候已经可以初步得出结论,此时对前期工作的总结与评价将成为后续工作开展的起点与重要参考,故需要得到重视并合理进行评估;后期工作的展望与预测,是中期评估的另一主要方面,这也是一种预见式的评估,它依据对现有基础资源、条件、项目情况的考量,能够促使组织改进工作方法、优化资源配置、加强人员的有效分工,从而增加实现预期目标的可能性。

事后评估即在事后进行的评估,是一种回顾式、总结式的评估。事后评估主要依据项目运作过程中产生的一切效益和成果(包括经济的、社会的,有形的、无形的),来判定项目的具体完成情况,以及了解是否实现了早期订立的预期目标。绩效评估就是事后评估的一种典型做法——通过对绩效结果的考核,决定奖惩、晋升。目前,非营利组织对事后评估的重视度最高。

事前评估与事后评估区别较大,除了评估时点不同以外,它们还在评估的目的、数据等方面存在差异。事前评估的目的是确定项目、计划或政策是否可以立项,这一过程是站在项目、计划或政策的起点,应用各种预测方法分析评价未来的收益,推算可行性。这一阶段的数据来源主要是以往的历史资料和经验性资料,以及相关的行业标准和实践的情况等;而事后评估的目的是回顾总结,同时又对后续项目进行前景预测,依据的主要是项目、计划或政策实施时的实际数据。①

(2) 根据评估的内容,分为专项性评估和综合性评估

非营利组织评估的内容较为繁多,有时在评估活动中不需要对所有内容进行评估,而只对特定的内容和方面进行针对性、专业化的评估,以达到特定的评估目的,即所谓专项性评估。常见的专项性评估有内部治理情况评估、财务评估、组织透明度评估、公信力评估等。

综合性评估,是指对非营利组织整体运营情况、制度和人力资源管理、工作

① 林修果:《非政府组织管理》,武汉大学出版社 2010 年版,第 340 页。

水平与项目运作情况等进行的全面性评估，也就是说，其评估内容涵盖非营利组织的方方面面。常见的形式有组织综合能力评估和组织发展前景评估。

专项性评估有时也会与综合性评估交叉使用，根据特定需求采取有机的组合方式。

(3) 根据评估者的来源，可以分为自我评估（或称内部评估）和外部评估

自我评估即内部评估。顾名思义，就是组织内部自己组织开展的评估活动。具体形式不固定，有自上而下的项目式评估，也有组织内部跨层级的自发性评估。然而，由于评估对象和评估者的一致性，这种评估方式因主观可操作性较强而时常遭到质疑。

外部评估在某种程度上要以内部评估作为基础，但在外部评估中需要注意的是，评估方不应当与被评估方存在直接的利益相关。常见的外部评估的做法是，由非本组织的评估主体（主要是第三方机构）应用特定的评估方法进行评估，此举的结果具有较强的客观性。但有时由于评估者对评估对象缺乏了解，也会导致结果不具信服力。因此，外部评估开始前，评估者还应当对评估对象有基本的了解，以更好地结合实际情况，调整评估的某些具体步骤和细节，增强评估结果的参考价值。

(4) 根据评估的适用范围，分为普适性评估和特定性评估

普适性评估，是指能够普遍适用于多数类别的非营利组织或整个非营利部门的评估。普适性评估的明显特征是，将评估视为特定管理机制中的一个环节，并随着这种管理机制的普及而普遍应用于多种非营利组织（包括但不限于基金会、社会团体和社会服务机构），评估范畴包括公信力评估、组织绩效评估、财务效能评估等。

特定性评估，是指仅适用于某一类或少数几类非营利组织的评估。由于非营利组织分类多样，不同类型的非营利组织之间的评估需求具有差异性；即使是同类非营利组织，若彼此的主营内容不尽相同，则在评估上要求上也会产生不同。例如，由于组织类型的不同划分，社会团体和基金会的评估内容和方式不可能完全一样；即便同为基金会，儿童福利型基金会与扶贫开发型基金会之间主营方向差别较大，在评估的时候自然也不能一概而论采取相同的评估体系和指标。

(5) 根据评估的重点，分为效果导向评估和行为导向评估

效果导向评估，是指以行为结果为主要内容的评估。效果导向评估重在结果而不是行为，强调“做出了什么”，即非营利组织所带来的社会效益情况。组织绩效评估、目标管理评估都是效果导向评估的典型形式。行为导向评估，是指非营利组织评估主要着眼于组织运作过程中的行为或活动本身，关注行为是否体现宗旨、是否规范、是否违法或违反规则，重点在于“做什么”和“怎么做”。非营

利组织规范性评估、透明度评估多是此类。

相比较而言，效果导向评估重结果而忽略过程，行为导向评估重过程而忽视结果。因此在非营利组织中，成果产出可以有效进行测量的工作更适宜采用效果导向评估；而考评者有机会或有能力观察非营利组织需要考评的行为时，应采用行为导向评估。①

（二）评估的框架

1. 评估的框架概述

所谓框架，即设定评估的维度、内容、方式。评估框架重视指标的设计，强调采用指标结合具体评估方法来衡量和描述评估的结果。非营利组织的评估框架常常呈现多元化与全方位的特征，即在评估的维度和内容方面涉及较广，在评估方式方面也并不刻板应用唯一的一种或几种方法，而能根据实际情况对多种评估方法进行选择、组合，甚至互相借鉴指标设计和具体实施评估的思路，以达到最好的评估效果。

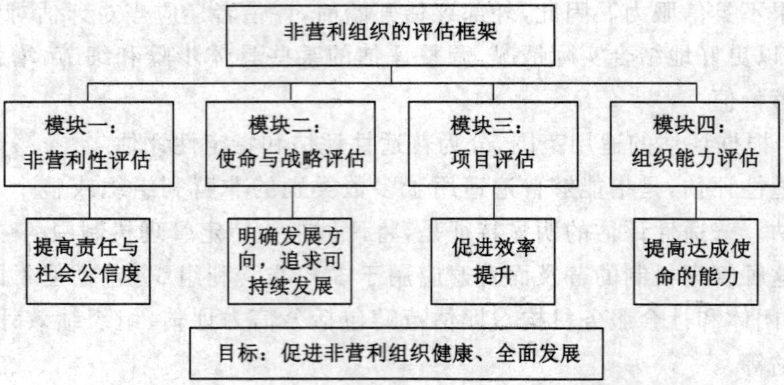

图 7-1　非营利组织的评估框架②

图 7-1 所示的评估框架设定了非营利组织在非营利性评估、使命与战略评估、项目评估和组织能力评估四个方面的内容。这些内容各自指向特定的目标，但最终所有因素组合，则汇聚成促进组织发展的总目标。可见，非营利组织的评估框架通常重在勾勒评估的内容、方向与重点，为评估指标设计、评估方法应用提供了重要前提。其最终目标必然回归到促进非营利组织的健康与全面发展上。一个有效的评估框架能够为评估工作划定好大致的方向，规划好评估的范畴，使得评估工作事半功倍。

① 张冉：《非营利组织管理》，北京大学出版社 2014 年版，第 309-310 页。

② 邓国胜：《非营利组织评估体系研究》，载《中国行政管理》2001 年第 10 期，第 41～43 页。

2. 评估的内容

评估的核心是由评估主体对评估客体的价值进行判断和评价，或是对社会干预的效果进行考察和研究。① 从这个层面上来说，评估的内容应当是多元的。

与企业不同的是，非营利组织产生于社会治理格局变革的大趋势之中，以改善社会问题、实现社会正向效应为己任。随着现代社会的进步，非营利组织应当借助商业化思维实现自给自足的说法被广泛提倡。非营利组织需要摆脱一味靠社会捐赠和政府拨款的旧状，依靠项目的优势吸引资金的流入，实现可持续发展。在评估的主要内容的表述方面，非营利组织需要在评估上并重社会效益与财务效益。

此外，非营利组织的评估还要关心内部治理、人力资源、组织成长状况、员工满意度等内容，它们对于绩效的达成具有十分显著的影响作用。具体而言，内部的治理情况反映出组织的内部结构、人员设置和权力分工，内部治理的优化取向将会由内至外地为组织的外部表现创造动力；人力资源管理秉承着将人视为资源的理念，通过制度的引导和人为影响力的感召，使得组织内部的工作人员充分发挥自身优势，为组织的使命和未来做出贡献；现期组织的成长状况能够预测组织的未来状况，为组织的发展方向提供借鉴；员工的满意度常常能够影响工作效率，因此对该内容进行评估也是有必要的。

当然，非营利组织的具体评估内容设置不应是教条主义的，而应当立足于组织的实际情况来设定。如图 7-1 所示，许多学者认为非营利组织的评估内容应当设置为非营利性评估、使命与战略评估、项目评估与组织能力评估四个方面，但实际上每个组织的现实操作情况不尽相同。由于性质、结构等方面的差异，不同组织在不同的评估内容方面或有所侧重，或有所创新。总而言之，评估内容以时间、条件为转移是十分必要的。

3. 评估指标

为了进一步加强对社会组织评估工作的管理，推进社会组织评估工作的规范化和标准化，近年来民政部在广泛征求各方意见的基础上，制定和修订了非营利组织的评估指标，为我国非营利组织的评估提供了良好的参考。以基金会为例，根据 2011 年 8 月下发的基金会评估指标文件，基金会的评估指标设定为“基础条件、内部治理、工作绩效、社会评价”四个一级指标，每个指标下设二级指标，并有具体的分值。其中：

基础条件部分包括法人资格、章程、登记和备案、遵纪守法四个方面；内部治理包括组织机构设置、人力资源管理、财务资产管理、档案、证章管理四个方面；

① 张远凤：《社会创业与管理》，武汉大学出版社 2012 年版，第 327 页。

工作绩效包括社会捐赠、募集和政府购买服务、公益活动规模和效益、项目开发与运作、信息公开与宣传四个方面；社会评价包括内部评价、公众评价、管理部门评价三个部分（表 7-1）。

表 7-1 民政部下发的基金会评估指标

一级指标	二级指标
基础条件	法人资格
	章程
	登记和备案
	遵纪守法
内部治理	组织机构设置
	人力资源管理
	财务资产管理
	档案、证章管理
工作绩效	社会捐赠、募集和政府购买服务
	公益活动规模和效益
	项目开发与运作
	信息公开与宣传
社会评价	内部评价
	公众评价
	管理部门评价

注：图表内容系编者根据相关文件整理所得。

从分值设定来看，分值最高的二级指标分别是财务资产管理（199 分）、公益活动规模和效益（160 分）、项目开发与运作（110 分）、组织机构设置（104 分）、信息公开与宣传（100 分）。可见，该评价指标侧重于非营利组织内部治理的有效性以及工作绩效的良好实现，同时也不忽略如工作流程、公信力建设等其他指标的作用。

对于评估指标应为定性或是定量，不同的评估理论中出现了一些分歧。目前更为普遍接受的一种观点是，非营利组织以其服务性和非营利性，在评估方面操作难度较大，因此通常更多采用提问或访谈的方式进行测度评估，因此指标设计偏向于定性化。

此外，在对非营利组织的评估中，将更多的注意力集中于其使命与战略的实现情况是必要的。即使一个非营利组织在项目实施过程中吸引了许多关注，效果和口碑极佳，但若这些项目活动违背了组织的使命与战略，甚至存在营利性质疑，那么在对其进行的评估中，该组织定然难以得到比较正面的评价。因此，非营利组织的评估指标应当把使命、战略与愿景作为核心，由此延伸出其他方面的指标。

事实上，目前大多数非营利组织在进行自我评估或接受第三方评估的时候都对指标有较强的敏感性和灵活性，评估体系在衡量工作绩效（包括财务绩效与社会绩效）的基础上合理地吸纳其他指标，并且在实践过程中对指标和整个评估体系进行完善。这显然是一个很好的评估发展趋势。

二、非营利组织的评估方法

（一）评估的步骤与主体

1. 评估的步骤

非营利组织的评估是需要规划的，合理有序的步骤常常能使评估的过程事半功倍。通常情况下，非营利组织的评估包含五个步骤，分别为：制定评估计划、选择合适指标、决定评估方式、进行具体的评估、报告评估结果。对非营利组织进行评估的过程中，每一个步骤的侧重点各有不同，五个步骤的延续性和搭配是为了更好地实现评估目标，以服务于组织的发展进步（图 7-2）。

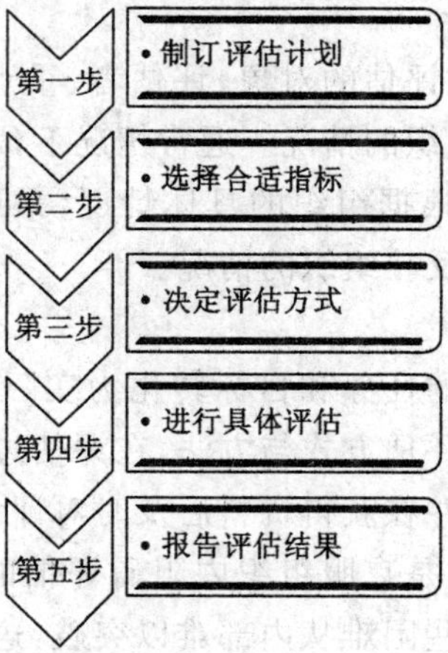

图 7-2　评估的五个步骤

第一步，制订评估计划。

主要分为两块工作，第一块工作是组建一支专于评估的团队，这个团队的人员来源可能不固定，可以是组织内部人员，也可以是其他利益相关方人士，或者二者兼有之。第二块工作则旨在回答：第一，何时、何地以及如何进行评估。非营利组织中，评估的数据必须明确“由谁提供、由谁记录、何时开展评估”等问题，以便于监督和质询。第二，如何获取和存储数据。确定数据如何获取和留存，要注意的问题首要是保证数据源的可靠性，故需要设计好获取数据的流程。其次还要对数据资料的储存做好备份，以防丢失。第三，如何将数据应用于实践。数据用于实践主要有两种形式，一种是在非营利组织的内部如何使用这些数据，一种是对外公布和接受监督时又该如何使用这些数据以及使用哪些数据。此外，还要弄清使用数据的重点和相应的使用权限，在数据信息的可获得性基础上注重数据的有效性。总体而言，第一步是整个评估步骤程序的起点。

第二步，选择合适指标。

选择可以真正代表非营利组织的社会使命和经济绩效的关键指标。这是一个较为复杂的过程：首先，这些指标至少包括两大类，第一类是代表整个组织良好运营状况的指标，第二类是代表组织某个正在实施项目的绩效指标；其次，在选择指标的时候，应该注意选择多个有意义的指标，比方说衡量社会影响力指标，不能仅仅看非营利组织服务对象的数量，还要设法了解服务对象的满意度、具体问题的改善程度；最后，在重视社会使命和经济绩效的同时，也不能忽视其他能够反映组织运营情况的指标，要使得指标的设计科学、严谨、全面化，以便更好地从各个角度反映组织的情况。

第三步，决定评估方式。

这一步主要是确定绩效评估的对象、评估者、重点、方法、周期等内容，这些内容的选定要结合被评估组织的情况。通常情况下，对非营利组织进行评估时，最好的评估方式是，评估者根据组织的具体情况，采取定制化的评估步骤和方法，以便评估的结果真实地反映组织的情况。

第四步，进行具体评估。

在这个部分，要将评估的任务和目标转化为实际的行动。根据先前制订的计划、选取的指标和确定的评估方式与方法，在评估过程中可利用灵活的手段和时间安排来获取一手资料，并在获得资料后及时对评估的结果进行初步的分析。这个过程中需要特别注意的是克服组织内阻碍评估的各种困难，如突破官僚主义结构的阻碍。当然，也有些困难从内部难以突破，这时候专业的第三方评估机构组建的评估队伍就能够发挥很好的作用。

第五步，报告和公示评估结果。

对于前期所做的一切评估，在系统地分析数据以后，应该对数据进行合理的归纳与整合，然后予以报告和公示。在这个过程中，应当确保数据透明度和公正性，也允许相关利益者的咨询和反馈。① 这是非营利组织进行信息公开的重要

① 苗青：《社会企业：链接商业与公益》，浙江大学出版社 2014 年版。

方式，能够推进组织的内外监督和公信力建设。这一阶段对评估结果的认识、审视和反馈最终也要作用到组织提升上。

除了评估的步骤，评估的主体有时也十分重要。所谓非营利组织评估的主体，其实指的就是由谁来对被评估对象开展评估工作。例如前文所述，第三方评估组织在评估过程中由于其专业性和客观性，占有更多优势，也会得到更多的信任。除此之外，还需要考虑影响组织生存和发展的利益相关者在非营利组织评估中的角色和地位。

2. 评估的主体

非营利组织评估的主体主要包括：非营利组织自身、政府部门、第三方评估机构、同业性组织、媒体与社会公众、资金提供者等。在实际评估操作中，除非营利组织自身外，非营利组织主要依靠外部评估主体进行评估。最常见的外部评估主体包括以下三类：

(1) 政府部门

政府部门对非营利组织的评估又称为行政性评估。作为唯一具有法律权威对非营利组织进行监督、管理的部门，政府在非营利组织的评估中发挥着独特作用。一般而言，政府部门所实施的评估往往具有强制性与威慑性，能够有效地对非营利组织的行为施加影响。更具体地说，政府部门作为评估主体，其对非营利组织的评估实践体现出规范性特征，内容也更多是行为规范性内容，强调与追问非营利组织的各项工作是否遵守相应的法律法规，如果非营利组织的行为被评估为与相应的法律法规相悖，政府部门有权勒令整改。从这个层面上来看，政府部门的评估对非营利组织起到外部监督与管理的作用。

(2) 同业组织

在非营利事业较为发达的国家，为更好地促进非营利组织的公信力建设，非营利组织通常会自发、自愿成立各种同业组织(如自律联盟)，以更好地对本领域的成员组织进行约束和监管、定期对成员组织进行评估，促进共同进步。这些同业组织虽然是自发形成的，没有严格的法律纽带作为连接，但它们的存在与运作却是一种有效的互相促进和评估监督的手段，因为通常情况下，除了信息交流、组织会议、研究公共政策等外，同业组织还肩负着增进非营利组织的信息公开和透明、相互监督、互相评价的使命，在实践中效用显著。

(3) 第三方机构(专业评估机构)

第三方评估机构也称专业评估机构，是采取市场化运作的评估组织，它们通常能够自主开发和应用特定的评估模式和工具，对被评估对象采取针对性评估。由于一些专业的非营利组织的评估机构是针对非营利组织专门建立起来的，它们熟悉非营利组织的各种业务并能为被评估的组织设计出合理的评估框架。因此，相比政府部门的评估，专业机构的评估更体现为市场化的行为，更为专业、公正和客观，其评估方式也更加为非营利组织的利益相关者所信服，已经逐渐成为西方发达国家非营利组织评估的有效手段。①

当然，在非营利组织的评估过程中有一些需要注意的地方：首先，要特别注重组织的非营利性，即思考如何衡量被评估组织的非营利性特征，并将之量化表现出来；其次，注重以使命、愿景为核心的指标体系的建立，要有一套多元的、多层次的评估指标体系，才能更好地满足非营利组织复杂的评估要求。应用科学的评估方法也是不可或缺的，后文将简单介绍目前较多用于非营利组织评估的几种常见方法的理论以及一些具体的评估方法。

（二）评估理论

1. 逻辑框架法

逻辑框架法（Logical Framework Approach，LFA）是美国国籍开发署在1970年开发并使用的一种项目开发、计划和评价的工具，具有较强的实用性（表7-2）。逻辑框架法最初主要运用于对项目的评价，后来应用范围逐渐扩大化，并获得了许多国际组织的认可。目前，世界上已经有大约三分之二的国际组织把逻辑框架法作为项目的计划、管理和评价的主要方法。近年来，一些学者尝试将它应用于公共部门的评估。总体来看，该模型注重把项目产生的短期结果、中期影响和长期战略之间的关系概念化，其核心内容是事务层次间的因果逻辑关系。

表 7-2 逻辑框架法的基本模式

项目结构	指标	检验方法	假设
宏观目标	目标指标	统计调查	实现目标的条件
微观目的	目的指标	统计调查	实现目的的条件
产出	产出物指标	监测报表、调查	实现产出的条件
投入	投入物指标	监测报表、调查	落实投入的条件

(1) 逻辑框架的四个层次——投入、产出、目的和目标

投入（input）是指项目实施过程中所投入的人力、经费、设备和时间等资源；产出（output）指的是项目投入的直接产物；目的（purposes）是指为什么要实施这个项目，即项目的直接效果；目标（goal）是指项目实施后在最高层次的结果。宏观目标一般超越了项目的范畴，具有更长远和宽泛的特点，适用于一个部门、地区乃至国家。

① 张冉：《非营利组织管理》，北京大学出版社 2014 年版，第 323～324 页。

（2）垂直逻辑关系

上述各层次的主要区别是，项目宏观目标的实现往往由多个项目的具体目标所构成，而一个具体目标的取得往往需要该项目完成多项具体的投入和产出活动。这样，四个层次的要素就自下而上构成了三个相互连接的逻辑关系（表7-3、图7-3）。

表 7-3　　垂直逻辑关系四个要素的层级逻辑

等级	前提条件	预期内容
第一级	有效的资源投入和项目管理	预期产出情况
第二级	产出活动有序、顺利进行	预期具体目标的实现
第三级	项目具体目标的实现	预期对宏观目标的促进性

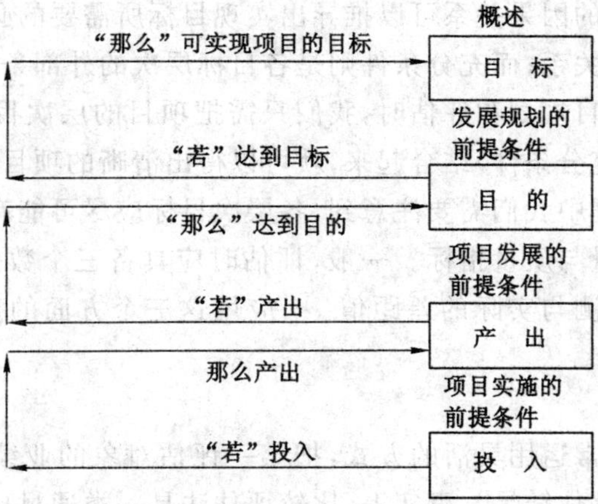

图 7-3　垂直逻辑中的因果关系①

第一级是如果保证一定的资源投入，并加以很好的管理，则预计有怎样的产出；第二级是如果项目的产出活动能够顺利进行，并确保外部条件能够落实，则预计能取得怎样的具体目标；第三级是项目的具体目标对整个地区乃至整个国家更高层次宏观目标的贡献关联性。这种逻辑关系在逻辑框架法中称为"垂直逻辑"，可用来阐述各层次的目标内容及其上下层次间的因果关系，四个要素之间的逻辑关系通常是较为明确和固定的。

（3）水平逻辑关系

① 王青、郭薇、裴艳：《面向企业经营的电信基础设施共建共享评估体系建设》，载《现代电信科技》2013 年第 10 期，第 75～78 页。

水平逻辑分析的目的主要是通过验证指标和验证方法来衡量一个项目的资源和成果。与垂直逻辑中的每个层次目标对应，水平逻辑对各层次的结果加以具体说明，由验证指标、验证方法和重要的假定条件所构成。

此外，在项目的水平逻辑关系中，还有一个重要的逻辑关系就是重要假设条件与不同目标层次之间的关系，这种关系是成串的、具有延续性的。其具体内容是：一旦前提条件得到满足，项目活动便可以开始；一旦项目活动开展，所需的重要假设也得到了保证，便应取得相应的产出成果；一旦这些产出成果实现，同水平的重要假设得到保证，便可以实现项目的直接目标；一旦项目的直接目标得到实现，同水平的重要假设得到保证，项目的直接目标便可以为项目的宏观目标做出应有的贡献。

因此，综上可知，对于一个理想的项目策划方案，如果以因果关系为核心，进行双向推导，很容易推导出项目实施的某些必要条件和充分条件。具体比如：项目不同目标层次间的因果关系可以推导出实现目标所需要的必要条件——这就是项目的内部逻辑关系；而充分条件则是各目标层次的外部条件，属于项目的外部逻辑。在进行项目规划和评估时，我们只需把项目的层次目标（必要条件）和项目的外部制约（充分条件）结合起来，就可以得出清晰的项目概念和设计思路。

当然，在此过程中我们需要注意到，各层次目标应尽可能有客观的可度量的验证指标，包括数量与质量指标。一般，评估时应具备三个数据，即原来的预测值、实际完成值、预测与实际的差距值。① 应用这三个方面的数据，我们可以更好地把握项目情况。

2. 比较评估法

比较评估法通常运用灵活的方式，把某一评估对象的业绩与其他相似的对象相比较，以获得评估结果。事实上，比较评估法是一类通过比较的方法来进行评估的方法的总称，其内涵较为丰富，常见的主要有三种，分别为：前后比较、有无比较、综合对比。从特征来看，这类方法具有定量分析的特征（尤其在与逻辑框架法相对比时，这一特点比较显著），由于存在参考对比项，其评估的数据和结果较为直观。

(1) 前后比较法

前后比较法，顾名思义，就是将项目实施前的情况与项目完成后的情况进行对比，用前后状况的变化来描述项目效果的方法。前后比较法可以用公式来表达，即所求的项目效果等同于项目前后的测值的差，因此公式为：

$$P=I_2-I_1$$

---

① 林修果：《非政府组织管理》，武汉大学出版社 2010 年版，第 354～355 页。

其中 P 表示项目效果；I_2 表示项目完成后的测值；I_1 表示项目实施前的测值。

虽然前后对比评估的方法看起来简单易行，但实际操作时，还需要注意到以下两个方面的问题：

其一，评估中往往缺乏前测值。即使前测值是最重要的数据之一，但许多非营利机构由于缺乏资金或出于节约成本的考虑，在项目实施前往往不进行前测工作，而仅仅在项目完成后进行后测工作。此时，由于数据获取的消极行为，前测值只能通过后期的其他手段（例如简单估量）来获得，使得整个评估过程缺乏用于对比的真实、准确的数据基础，难以达到预期正常、有效的评估效果。

其二，前后比较法本身存在一些局限。前后比较法含有一个核心假设：项目结果如何只取决于项目实施情况的好坏。而实际上，影响项目结果的因素往往较为复杂，除项目实施情况好坏的影响结果外，还有许多项目以外的因素（例如政策、经济环境等）也经常会影响到项目最终的结果。如此看来，用后测与前测值之差来表现项目实施的结果这一做法的有效性，还需更多的有力的研究和论证提供依据。

(2) 有无比较法

如果将前后比较法视作时间线上纵向的比较，那么有无比较法的做法则是横向的。所谓有无比较法，即选定一个与项目组近似的但未实施项目的对照组（控制组），通过将实施项目的结果与没有实施项目的对照组结果进行对比，从而评估项目效果的方法——其内涵与自然科学研究中的“控制变量法”是相通的。为了更好地理解，有无比较法同样可以利用公式来表示：

$$P=I_2-C_2$$

其中，P 表示项目效果；I_2 表示项目完成后的情况（后测值）；C_2 表示对照组同期的情况（对照组的后测值）。

然而，在实践中我们却容易发现，同时采用前后比较法和有无比较法进行评估，二者的结果有时相差甚大，甚至可能会得出完全相反的结论。这给我们的启示是，在进行评估时，要特别慎重审视评估的要求和评估环境，衡量项目的各项影响因素，选择合适的评估方法。在评估中使用前后比较法还是无比较法，主要考虑三种可能的情况，列举如下：

第一种情况主要考虑项目实施结果的影响因素。在项目的结果一般只受项目因素影响，而很少受到其他非项目的外部因素影响的时候，可以选择前后比较法；而当项目结果除受项目因素影响外，还受许多非项目的外部因素影响的情况下，适宜于采用有无比较法。

第二种情况主要考虑项目评估投入的各项成本。由于有无比较法需要同时对项目组和对照组进行测度，往往会增加评估所耗费的时间和金钱，特别是当对照组与项目组之间因为地域、环境或其他因素所致测量不便时。因此，当评估预期投入的时间、资金等较为有限时，适宜于采用前后比较法，否则可以采用有无比较法。

第三种情况主要考虑前测值的有无。由于有无比较法依托参照组，不需要前测值（前提条件是假定项目组和对照组的基线值相同），因此在缺乏前测值的情况下，前后比较法难以适用，可以考虑采用有无比较法。

然而，有无比较法的理论逻辑上也存在局限性，它假定项目组和对照组的基线值相同，而在实际生活中，这一假定条件往往并不存在，尤其当项目组和对照组基线值相差较大时，采用有无对比方法有较大误差。这时，则可以采用另一种对比法，即综合对比法。

（3）综合对比法

综合对比法综合了前后比较法和有无比较法的思想，是一种通过比较项目组前后测之差与对照组前后测之差以评估项目效果的方法。

根据前后比较法和有无比较法的公式，综合之后可以得到公式：

$$P=(I_2-I_1)-(C_2-C_1)$$

其中，P 代表项目效果；I_2 代表项目组后测值；I_1 代表项目组前测值；C_2 代表控制组后测值；C_1 代表控制组前测值。

综合比较法从某种程度上将前两种的优点结合了起来，但应用这种方法时需要注意的是，虽然利用综合对比法获得的结果相对准确，但它对评估经费与评估时间的要求更高，既需要项目实施组与对照组的前测值，也需要后测值，这对于非营利组织来说需要投入更多的人力物力，会造成较大的负担。因此，在非营利组织的实际评估过程中，综合对比法并不经常被使用。[①]

3. 快速乡村评估法[②]

传统的评估方法（如比较评估法）通常对数据质量的要求较高，获取数据的过程烦琐，导致评估的成本较高，给非营利组织造成了较大负担。为节约成本、简化流程，从 20 世纪 70 年代末开始，出现了一种新型的评估方法——快速乡村评估法（Rapid Rural Appraisal，RRA）。由于易用性和低成本性，快速乡村评估法在面世后的几十年间逐渐替代了部分正规的社会调查评估方式。

快速乡村评估法建立在诸多非量化资料的技术基础之上，是一种快速而不断学习的评估方法。它的主要做法是：

（1）组建多元主体的多学科小组

① 周恩毅：《非营利组织管理概论》，西北工业大学出版社 2014 年版，第 138～140 页。

② 林修果：《非政府组织管理》，武汉大学出版社 2010 年版，第 357～358 页。

“多学科”主要是指评估过程中需要不同的知识，这些知识来源于不同的学科，包括评估学、经济学、社会学、人类学等等。而“多元主体”的内涵有两个层面，第一个层面是来自于多学科的专业人员；第二个层面是项目的利益相关者。通常，多学科小组成员除了捐赠者代表、非营利组织的代表、评估专家之外，有时也请政府的代表加入。

(2) 注重信息的真实高效

即区别于以往的通过正规的问卷调查或访谈调查等单一方式收集信息的做法，快速乡村评估利用不同方法(包括正式的、非正式的，不同学科、不同专业的)来收集同一种信息，通过不同的研究和讨论方式来处理信息、商讨结论。这种做法可以更好地保证信息的真实性和有效性。

(3) 避免主观偏见

快速乡村评估法在调查中强调仔细倾听、深入调查，不仓促下结论，即要用认真、慎重的态度纠正主观偏见，以获得真正反映实际状况的信息。

(4) 直接面向受益群体

在传统的评估调查中，评估者有时并不直接参与调查，而是委托调查员进行问卷调查或访谈；由于评估者并不与受益人直接接触，从而难以获得许多第一手的材料、得出客观结论。而快速乡村评估法在很多情况下强调并鼓励受益者参与，评估者通过直接观察、访谈等一系列方法，直接与受益群体接触，获取信息并了解目标群体的想法，同时也通过与受益群体的接触不断思考如何改进自己的项目。

总而言之，与那些严格烦琐的调查相比，快速乡村评估法具有见效快、费用低、提供的资料更丰富等优势。它特别适用于评估时间紧迫、预算的评估费用较少的情况，因此得到了许多草根非营利组织的青睐。

4. 参与式评估法

参与式评估法(Participatory Rural Appraisal，PRA)是当前国际上最为流行的评估方法之一，是以快速乡村评估法为基础产生的。这种评估方法行如其名，注重参与(主要是受益人的参与)。也就是说，评估调查的过程更多依靠受益者自身，通过受益者对项目的信息反馈和评价来衡量项目的实施效果。这一方法的优点在于评估者可以更好地了解受益者的需求，明白受益者的需求点。这有利于非营利组织提供的服务走向优质化。

参与式评估的具体做法是组建评估小组(成员包括项目管理人员和受益者)，通过对项目管理的系统评估，对项目的目标或方案进行必要的调整，甚至对组织机构进行重新安排、为资源分配重新制定方案。区别于传统的由专家或项目管理人员直接得出评估结论的做法，这种评估方法要求受益者参与评估全过程：包括评估指标的选择、设计数据收集系统、收集和整理数据、分析结果、将评估信息用于目标实现等步骤。因此可以说，参与式评估打破了传统评估模式——它意识到了传统的一些评估方法中"自上而下"的僵化问题，充分看重受益者的积极作用，探索专家和受益人共同参与评估的有效模式。

（三）评估方法

相对于逻辑模型法、比较评估法、参与式评估法这些较为抽象的评估方法理论，有一些评估方法更加具体，并且操作性较强。这些评估方法有的是以上评估方法的具体化，有的是结合了其他评估理论而产生的。

以下主要介绍平衡计分卡评估框架、社会投资回报评估模型以及 APC 评价模型三种具体的评估方法。

1. 平衡计分卡

平衡计分卡（Balanced Score-Card，BSC）评估模型是 1992 年由哈佛商学院的罗伯特·S. 卡普兰和大卫·P. 诺顿，经过为期 1 年对在绩效测评方面处于领先地位的 12 家企业的研究总结后提出的，是一种从组织的最终目标出发，回溯、检视和评估组织的方法。作为新型的绩效管理体系，平衡计分卡从财务、客户、内部运营、学习与成长四个角度，将组织的战略落实为可操作的衡量指标和目标值。在这四个层面中，财务评价是组织的最终目的，顾客评价是关键，内部业务流程评价是基础，组织学习与成长评价是核心（图 7-4）。

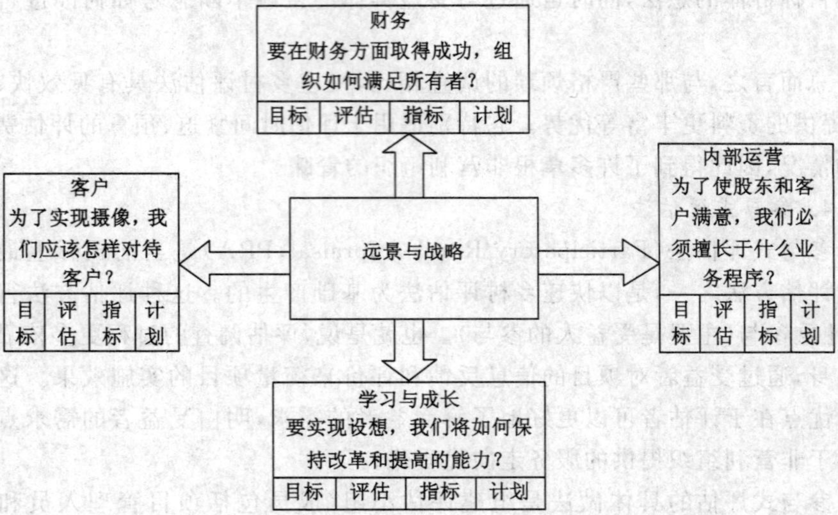

图 7-4　平衡计分卡一般结构示意图

平衡记分卡四个层面的指标体系紧密相连，具有深层的内在关系。组织通过管理能力的提高为客户提供更大的价值；客户的满意导致组织实现良好的财务效益；组织合理高效的内部流程能保证产品的高质量、产品按时交付和良好的售后服务，而这又有赖于组织内部高素质员工的努力工作；此外，高质量的职员必须通过不断的学习和培训获得。设计平衡计分卡的目的就是要建立"实现战略为导向"的绩效管理系统，从而保证企业或组织的战略得到有效的执行。近年来，平衡计分卡在非营利组织评估领域得到越来越广泛的应用，并且获得了一些经验与教训。

具体来看，平衡计分卡最突出的优点就是将组织的远景、使命和发展战略与组织的业绩评价联系起来，把组织的使命和战略变为具体目标和测评指标，以实现战略和绩效的有机结合。"平衡"是指在以下四个方面间保持平衡：长期指标与短期指标之间的平衡、外部计量（股东和顾客）和内部计量（内部流程学习与成长）之间的平衡、所求的结果和这些结果的执行动因之间的平衡、主观性测量和客观性测量之间的平衡。

战略是非营利组织平衡计分卡模型的核心，所有维度及其指标都应该围绕这个核心来设计。诚然，非营利组织在制定战略时常常会遇到很多问题，许多非营利组织都想编制好自己的战略，但他们往往只是详细地列出确保资金使用的程序和行动。① 事实上，对于非营利组织来说，最重要的不是追求利润的最大化，而是完成其使命与愿景，解决社会问题，从这一层面看来，传统单一的财务指标模型难以很好地评估非营利组织。而平衡计分卡模型突破、弥补了单一财务指标的不足，因此更适用于非营利组织的评估（图 7-5）。

这一模型还强调学习和成长的重要性，对于非营利组织未来整体的发展具有意义。除此之外，由于前人对平衡计分卡的广泛应用，平衡计分卡暴露出的一些问题和缺陷，以及相应的行之有效的改进方案，使得这一评价模型更加成熟。由此，在应用过程中非营利组织得以较好规避其弊端，充分考量这一方法并加以改进。

马来西亚的一家非营利组织采用平衡计分卡开展评估。这家名为"E-Veritas"的非营利组织是一家为穷人服务的机构，它建立了一个基于平衡计分卡理论的绩效评估框架（图 7-6）。在这个评估框架中，顶层的核心内容设置为组织的使命，即为穷人提供质优价廉的产品，之下分别为财务维度、顾客维度、内部业务流程维度、学习与成长维度四个方面的内容，四个维度之间既有分层也有联系，共同作用于组织使命的实现。

---

① 叶常林、杨丽华：《应用于非营利组织平衡计分卡模型分析》，载《现代管理科学》2006 年第 4 期，第 85～87 页。

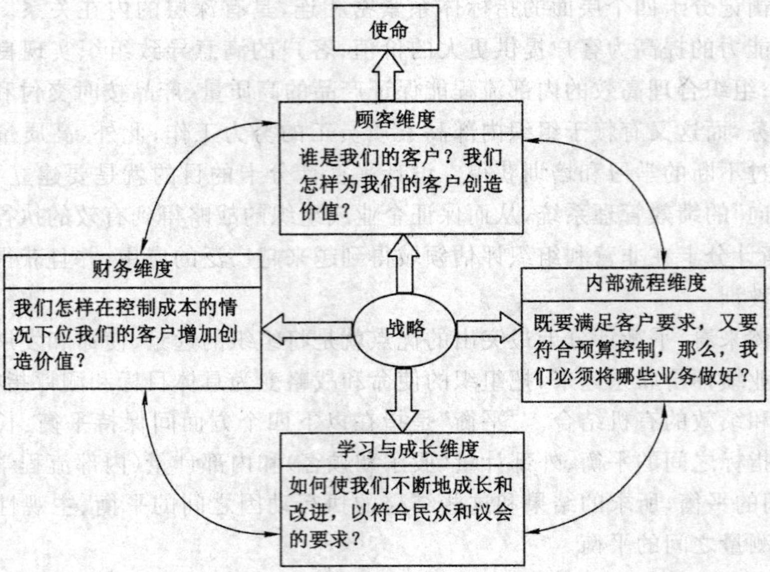

图 7-5 E-Veritas 的平衡计分卡模型

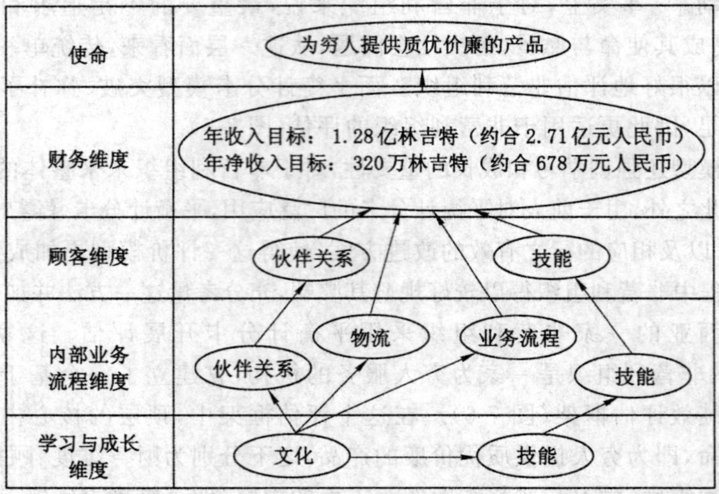

图 7-6 E-Veritas 的绩效评估框架①

由此我们可以看到，平衡计分卡的评估逻辑可以很好地与非营利组织的情

① 张远凤：《社会创业与管理》，武汉大学出版社 2012 年版，第 341 页。

况相结合，从而搭建出全新的、有效的评估模型，对非营利组织的运作情况施以合理、全面的评估，使得非营利组织能够发现自身的问题，从而在坚持使命战略与愿景的前提下，利用灵活的办法适应不断变化的现实，改善组织的处境。

2. 社会投资回报评估模型

社会投资回报(Social Return of Investment，SROI)是非营利组织绩效评估的主要方法之一(一般更多用于社会企业的评估，下文主要以社会企业为主体进行说明)，它被专门设计用于分析与绩效相关的社会收益和社会成本。社会投资回报也可以看作是对非营利组织影响力的评估和报告，是对社会、经济和环境所产生的影响力与价值的综合反映。目前为止，它是测量组织社会影响力最公认的、最严格的测量模式。

社会投资回报对于社会企业的重要性，就如同投资回报率(Return of Investment，ROI)对于私人企业的意义一样，尤其当一家社会企业想要吸引投资和外部资金支持时，社会投资回报这个指标就显得更加重要。社会投资回报分析主要有四个步骤：① 实时的社会绩效数据收集；② 优化数据；③ 把优化后的数据引入管理决策和报告中；④ 确认已体现的社会价值和有待进一步挖掘的社会价值。

社会投资回报分析框架主要包括六个方面的指标测量：

① 经济价值(现值)。这一指标主要测量社会企业直接创造的净现值(Net Present Value，NPV)，即未来净收入的现值。其计算方式为：预测它的未来现金流量，并用一个适当的折现率，计算它的现值，亦即 $NPV=FV/(1+r)^n$。其中 FV 代表未来现金流量；r 代表折现率；n 代表对应的年限。

② 社会价值(现值)。这一指标主要测量社会企业创造的价值，主要体现社会企业为社会所节约成本，以及上缴的税收现值。其计算方式为：预测它未来的社会成本节约和税收量，并按一个恰当的折现率折算它的现值，与计算经济价值的公式相同，只是 PV 代表的含义变为了社会成本节约数额和上缴的税收量。

③ 综合价值。这一指标主要测量社会企业社会、经济价值的综合，通过先前计算的经济价值、社会价值，结合组织的长期负债来计算。其具体计算方式为：

$$综合价值=经济价值+社会价值-长期负债值$$

④ 经济投资回报率。经济投资回报率测量的是社会企业创造的经济价值的货币化部分。计算方式为：

$$经济投资回报率=经济价值/资产总额$$

⑤ 社会投资回报率。社会投资回报率测量的是社会企业创造的社会价值的货币化部分。计算方式为：

社会投资回报率＝社会价值/资产总额

⑥ 综合投资回报率。综合投资回报率是指每单位资金投入所获得价值的货币化部分。计算方式为：综合投资回报率＝综合价值/资产总额。

上述前三个指标测量了社会企业对社会的经济回报、社会贡献以及总和；后三个指标主要将上述这些贡献与它们所需的慈善投资相比，反映投资价值。[①]

然而，SROI 模型虽然提出了社会企业定量价值计量的基本思路，为后续研究提供了理论与方法上的借鉴，但由于应用到非营利组织这一崭新的研究领域，许多相关理论资源的不成熟致使现有的 SROI 模型还存在一些需要改进的地方，例如：

① 采用假设折现率，不够严谨。

非营利组织的资金有很大一部分来源于社会捐赠、慈善基金、政府补助或补贴等，这部分资金虽然属于无偿资金，使用时不需非营利组织付出任何代价，但它却存在"机会成本"。现行 SROI 模型没有解决无偿资金资本成本计量问题，导致 SROI 模型折现率无法确定，只能采用假设折现率（0～25%）。从这个层面上来看，非营利组织的评估与社会现实脱节，价值计算难以真实有效地反映实况，因此非营利组织的价值计量需要寻找更合适的方法估测折现率。

② 未能解决资本总额在社会目的投资额和企业目的投资额之间的分配问题。

现有 SROI 模型中，企业价值回报率、社会目的价值回报率和混合回报率的计算均以投资总额为分母。然而事实上，这种计算方式没有充分考虑非营利组织（尤其社会企业）的资金与活动性质。例如，社会企业以低廉价格向弱势群体提供商品或服务，其活动本身具有双重性质：一方面通过销售商品或服务获取微薄利润以维持社会企业运营，从这个意义上讲，社会企业投资具有企业目的属性；另一方面，社会企业在销售商品或服务的同时为弱势群体大幅让利，从这个角度观察，社会企业投资具有社会目的的属性。可见，社会企业资金兼具企业目的投资额和社会目的投资额双重性质，为提高 SROI 模型计算准确性，需要将资本总额合理地分配于社会目的投资额和企业目的投资额。[②]

3. APC 评价模型

非营利组织在我国的起步较晚，虽然在近二十年间探索步伐逐渐加快、内容逐渐深化，但从目前来看，仍然面临着诸如信度不足、治理结构不健全、组织

---

① 苗青：《社会企业：链接商业与公益》，浙江大学出版社 2014 年版，第 174～176 页。

② 孙世敏、张兰、贾建锋：《社会企业业绩计量理论与方法的研究进展》，载《科研管理》2011 年第 12 期，第 74～81 页。

能力弱小、组织绩效低下等方面的问题。大多数理论并不能很好地解决我国非营利组织面临的实际问题——因为我国非营利组织面临的情况更为复杂。例如，由于我国的政治体制、民主发育形态、经济发展水平、社会文化传统等与西方国家有显著的不同，因而在组织的几个基本属性上，我国的非营利组织与西方国家的存在较大差异，在“非政府性”与“独立自主性”方面有不同程度的缺失。因此，在现阶段，我们需要建立符合自己国情的非营利组织评估框架及指标体系。

2001年，清华大学非营利组织研究所所长邓国胜及其团队在大量调研的基础上，针对中国非营利组织面临的实际状况提出了非营利组织绩效评估体系的四模块框架，即非营利性评估（诚信评估）、使命与战略评估、项目评估、组织能力评估；2004年，在国外评估理论基础上，针对我国非营利组织客观存在的、迫切需要解决的问题，这套评估系统框架被升华为了更为成熟的适合我国非营利组织发展的APC评估理论。

所谓APC评估理论，即对非营利组织在问责（accountability）（有时又译为公信度）、绩效（performance）、能力（capacity）这三方面进行评估的理论。由于立足于我国的实践，这套评估理论非常切合我国非营利组织评估的现实，在评估过程中特别强调非营利组织问责与能力评估的做法，被认为是较为先进和科学的。

具体来看，问责部分主要强调非营利组织应当进行社会交代，阐述本组织对各项资源的利用情况，说明资源去向。也就是说，问责性评估是对非营利组织社会交代程度及其具体情况如何的评价。通常，非营利组织问责性评估包括：组织的治理结构是否健全和高效、组织的活动是否与组织的宗旨一致、组织有关的信息是否透明等方面。从效果层面来看，问责性评估除了保证组织的公信力建设，还对组织起到了监督和规范作用。

绩效评估是对非营利组织创造的经济效益和社会效益的评估，具体指标包括经济价值、顾客满意度、社会影响力、可持续发展能力等。APC评估理论中的绩效评估框架汲取了“3Es”、“4Es”和“顾客满意度”理论的优点，并增加了适当性、社会影响和持续性等方面的内容，更适合非营利组织的综合绩效评估。

能力部分主要衡量非营利组织开发项目、开展活动和落实组织使命宗旨的技能和本领。其评估内容具体包括：拥有的基本资源、内部管理能力、外部的公共关系与动员资源的能力、自我评估与自我学习的能力等。从实践看来，此项评估不仅使得非营利组织及其利益相关者了解组织情况（尤其在能力方面），还有利于促进非营利组织可持续能力的提高。

以上三个方面的内容紧密关联、相关作用，共同构成了完整的APC评估理论。在具体操作过程中，三者相互搭配、共同作用以实现完整的评估效果。其中，问责性评估保证非营利组织公信度的制度安排，旨在促使非营利组织做正确的事情，有助于提升非营利组织的责任感、社会声望与合法性，而声望和合法性是非营利组织成功的必要条件之一；绩效评估保证非营利组织合理高效地使用有限资源，旨在促使非营利组织正确地做事；组织能力评估旨在促进组织管理能力的提升，也是非营利组织持续提升组织问责性与绩效的基础。若将三者割裂开来，将会严重损坏 APC 评估的效果——例如，只是对非营利组织的绩效进行评估，过分强调效益的实现，容易导致评估流于形式，评估结果难以发挥作用，组织的能力也难以得到相应的提升。而若仅仅进行问责性评估，也许能够在某种程度上实现评估的初衷，但是从实际角度出发，组织资源的使用效率可能不高；同样的，若仅仅进行能力评估而忽视另外两个方面，也无法保证组织完整地实现目标。

总的来说，APC 评估吸收了以往评估理论的精华，同时又克服了以往评估理论的不足，是一套较为理想的、全面的、综合性的评估框架。它更有针对性，更适合我国的非营利组织，更有助于中国非营利组织的健康与可持续发展。①

三、非营利组织评估的困境与出路

（一）非营利组织评估的困境

1. 评估内容难以量化衡量

评估内容难以量化的问题，集中体现在对组织能力、绩效方面的评估上。以绩效评估为例，非营利组织的绩效评估听起来容易，实际操作过程中却有很多难以跨越的困境。单说现有的绩效评估模型，它们自身都存在大大小小的问题，尤其对于社会价值实现标准的界定上，不成统一的话语体系。

非营利组织的绩效可以分为两个部分——经济绩效和社会绩效。从经济绩效方面来看，非营利组织的经济绩效评估不应该只参照其财务数据，与企业的财务绩效评估混为一谈，而应当把社会服务对象、社会福利等指标考虑在内。从社会绩效来看，由于评估的对象过于抽象，在实施中不得不调用庞大的数据群来进行分析和归纳，难度可想而知。除此之外，财务压力也是制约对社会绩效进行全面评估的一个重要原因，非营利组织资金分配需要遵循相关规定，旨在解决社会问题的项目开发与投资是主要的资金流向，将资金大规模从项目上转移到用于组织的社会绩效评估，有悖于非营利组织的形式逻辑，难免受到诟病。

总而言之，绩效评估的涉及面大，执行难度大，又缺乏统一标准，如今的大

---

① 林修果：《非政府组织管理》，武汉大学出版社 2010 年版，第 347～349 页。

多数评估方法事实上都基于一种对结果的模糊估算，并不多么科学严谨。而且这个问题在未来的很长一段时间都将是非营利组织评估研究的一大突破重点。

2. 评估的方式和模式单一

尽管从 2008 年开始，我国的非营利组织不断取得较大的发展成就，但相对于企业而言，非营利组织还有很长的路要走。企业管理产生以来，许许多多的企业家、学者和民间人士就企业的评估问题进行日益深入的探索，发展出了各种各样的评估理论与评估方法。而非营利组织的评估理论和具体方法大都取经于企业评估管理，真正为非营利组织量身定制的评估理论尚未经过时间的洗礼，缺乏不断验证的过程。

因此，就当下而言，我国非营利组织的评估方式和模式还较为单一，能够被广泛使用和论证的评估方法数量不多；并且这些评估方法在不同方面多多少少地存在难以短时间内解决的问题，例如指标难以设置、效益难以衡量、效果难以测算等。因此，未来在非营利组织的评估方面的研究上，应当更多地发展评估理论、改进评估方法、创新评估模式，以更好地利用评估来促进非营利组织的健康成长。

3. 评估未能体现组织目标或脱离实践

在评估的实践中，一些问题是经常产生的。尤其在非营利组织采取自我评估方式的时候。由于缺少第三方专业评估机构和其他利益主体的介入，在评估的过程中，非营利组织可能会在指标设置方面有失偏颇，在关键程度较低的指标上设置过大的权重，导致那些真正能够直观反映组织使命、组织成长和组织运营情况的指标受到忽视。

还有一种情况是，一些非营利组织在评估过程中刻板遵守评估理论，采用僵化的评估方法、生搬硬套，而非结合组织的实际情况设计评估过程和细节。这种脱离组织实践的评估，往往无法真实反映组织的情况，达到评估的预期目的。

（二）非营利组织评估的优化策略

1. 评估的重点在于组织使命战略的完成度

非营利组织的战略目标和使命是它们一切行为和活动的出发点和终点。在一个评估的具体过程中总要有主次和轻重之分，对于非营利组织而言，评估的重中之重就是衡量组织的使命战略等方面的完成度，其他指标同样值得重视的前提是，这些指标都围绕着组织的使命战略核心而延展。在以组织使命和战略目标完成程度为核心的基础上，评估指标体系的设计应当形成一种较为稳定的有机关系，彼此之间相互独立又相互联系，共同反映出组织的实际情况，以使组织能够通过评估好好地了解与检视自身，为未来的发展奠定基础。

2. 多种评估方法结合

评估方法层出不穷，每一种评估方法都有自身的优势和缺陷。一个较好的评估模型应当是结合几种具体的评估方法、扬长避短而成形的。不同方法之间的组合通常能够产生智慧的碰撞，从而为评估本身注入更多的活力。

3. 评估与实践相结合

实践总是能够反映最真实的组织情况。在具体实践中，一个组织的筹款能力、项目设计与运营能力、社会影响力等等方面的状况都能全面地体现出来。因此，在评估的过程中，要十分重视将评估理论与方法结合实践，依据现实情况划定指标权重、设计评估的步骤。此外，面临组织变革时，要依托组织内外环境，了解组织的内外状况，适当地调整评估模式和相应的细节，以使评估的结果更好地贴近组织的实际状态。

第二节　非营利组织的问责与公信力建设

一、非营利组织问责的含义与问责机制

（一）问责概述

在起源上，“问责（accountability）”一词来自盘格鲁－诺曼语系，从历史渊源和语义方面来看，问责与交代（accounting）密切相关。[①] 许多学者认为，问责起源于会计责任，其原意为借款人向当地教堂或地主等贷款人借款时，借款人对贷款人负有解释说明的责任，因此会计学中将问责翻译为受托责任。从现代实际释义来看，问责表示一个主体对某些事情（尤指负面的）接受质询，进行报告、自辩与解释，同时为承担其个人行为和行为造成的后果，指出责任归属。

基于此，非营利组织的问责可以理解为非营利组织就其行为，通过公开的途径向问责主体进行说明、解释和辩护，理清行为结果应由谁负责，确定责任的归属，并据此进行奖惩，以提升非营利组织的绩效与价值的过程。[②]

问责的类型划分，不同理论持有不同观点。目前较为普遍接受的一种观点是学者 Romzek 和 Dubnick 的分类理论。他们从组织控制来源及组织行为控制程度两个维度，提出了问责的四种类型：等级问责、专业问责、法律问责和政治问

① 傅金鹏：《我国非营利组织提供公共服务的问责逻辑》，复旦大学 2012 年版，第 22～23 页。

② 于常有：《非营利组织问责：概念、体系及其限度》，载《中国行政管理》2011 年第 4 期，第 45～49 页。

责。[1] 四种问责类型在问责过程的操作中经常交叉、结合出现。

此外,还有学者根据问责的时间维度和强制维度的不同组合,提出了针对非营利组织的四种问责类型理论(表 7-4),将非营利组织的问责分为功能问责、使命问责、商业问责、战略问责。

表 7-4　　四种问责类型划分[2]

时间维度 / 强制维度	短期	长期
强制	功能问责	使命问责
自愿	商业问责	战略问责

(二) 问责的逻辑、主体与机制

1. 问责的逻辑

问责的逻辑有三种,一是代表形式的逻辑,即"我选举你来代表我,因此你要为你在被选举的职位上采取的行动对我负责";二是契约形式的逻辑,主要是委托人雇请代理人的模式,在此前提下,代理人从事的活动和具体行为要对委托人负责;三是利害关系方(利益相关者)形式的逻辑,由于人们在社会中难免会发生各种社会关系,因此彼此间会达成相互包容和彼此合作的治理形式。[3] 在现实情况中,这三种逻辑形式的应用都较为普遍。

2. 问责的主体

在问责的逻辑之下,非营利组织问责的主体也需要得到区分。

根据利益相关者理论,非营利组织提供公共服务的利益相关者是多样化的。政府(包括作为规制者的政府和作为公共服务规划者的政府)、第三方组织(评估机构和其他中介机构)、捐赠者、受益人、一线员工和志愿者属于核心利益相关者,共同组成对非营利组织提供的公共服务问责的重要主体。各主体之间的差异使得它们可以被分成两类:政府、第三方组织和捐赠者由于掌握着公共权力或控制着资金和其他重要资源,处于公共服务供给链的上端,可以看作自上的问责主体;从另一端看,受益人是公共服务的受惠者,处于公共服务供给链的底端,而

① B S Remzek, P W Ingrham:《Cross Pressure of Accountability: Initiative, Command, and Failure in the Ron Brown Plan Crash》, Public Administration Review, 2000, 60(3)。

② 蔡瑞林、陈万明、陆玉梅:《基于社会责任的非营利组织问责研究》,载《天津行政学院学报》2015年第3期,第18～22页。

③ 《全国公共管理硕士(MPA)核心课程教学指导纲要》,中国人民大学出版社2014年版,第221页。

一线员工和志愿者在组织内部等级链的末端，地位较为被动，二者都可以看作是自下的问责主体。①

3. 问责的机制

那么，问责应该如何进行？这牵涉到问责机制的问题。问责机制即问责的正当性及其相应的合法程序。问责机制主要包括认证和评级、制定行为准则与标准、监控与评估、报告与检举、选举与参与几种方式，在实际实施问责的过程中，通常采取多种方式结合的综合手段以实现更好的问责效果。

事实上，问责机制也反映了权责关系，说到底它既是一个谁来问责的问题，又是一个向谁负责的问题。对于非营利组织而言，接受问责也就是主动地要向各个利益相关者负责，其过程通过问责机制来实现。问责机制有其自身的意义，对于非营利组织有以下两点体现：

第一，具有约束和规范作用。依然是在权责关系统一的前提之下，问责机制强调了"权力越大，责任越大"的理念，使得非营利组织在受到政府政策优惠、接受社会公众和私人部门捐款的同时，明确责任意识，约束和规范自身行为，以贴合使命和战略的要求。

第二，增强利益相关方的满意度。对问责机制的设置促使非营利组织规范运转，使得组织在实际项目开发与自身发展上符合其他利益相关方的期待，有效提高利益相关方的满意度与信任度。这一结果同样反过来作用于非营利组织自身，能够提高非营利组织工作人员的工作满足感与积极性。

二、非营利组织问责的制度基础

(一) 信息公开制度

1. 信息与信息公开

信息，指音讯、消息、通讯系统传输和处理的对象，泛指人类社会传播的一切内容。人通过获得、识别自然界和社会的不同信息来区别不同事物，得以认识和改造世界。在一切通讯和控制系统中，信息是一种普遍联系的形式。

信息公开指的是各种组织机构向社会公众公开或开放自己所拥有的信息，使其他组织机构和公众个人，可以基于任何正当的理由、采用尽可能简便的方法获得上述信息。通常情况下，组织信息公开的重点是会计信息的披露。

2. 非营利组织的信息公开

非营利组织的信息公开是指非营利组织依法将其组织活动或者业务活动的有关信息通过一定的形式向社会公布的行为。信息公开根据不同的标准可以划分为不同的具体类型，通常情况下，以下两种分类方式最为常见：

---

① 傅金鹏：《我国非营利组织提供公共服务的问责逻辑》，复旦大学 2012 年版学位论文。

以公开主体为标准，非营利组织信息公开主要分为社会团体信息公开、民办非企业(社会服务机构)信息公开、基金会信息公开三类。

以公开的方式为标准，非营利组织信息公开可以分为主动信息公开和被动信息公开。主动信息公开，是指非营利组织主动向社会公布其组织活动或者业务活动的相关信息；被动信息公开，是指非营利组织依有关主体的申请或者请求向社会公布相应信息。[①]

(二) 信息公开的意义

探究非营利组织为何要信息公开这个问题，可以从内外两个方面入手。

从外部原因来看，非营利组织的信息公开是由于利益相关方有权、也应当了解非营利组织的具体运营情况。非营利组织的问责主体中包括的所有利益相关方里，政府和社会公众(包括捐赠人、受益人和其他群众)对非营利组织的监督、问责诉求最多。

政府通常对优秀的非营利组织给予拨款和援助，同时，非营利组织作为社会多元治理的一部分，为了更好地履职，理应要受到政府更多的关注和监管；而社会公众群体中，捐赠人关心捐赠资金的去向和用途、受益人关心非营利组织的项目运作及资金流转、其他群众关心非营利组织的公信力建设，这些都要求非营利组织对本组织的信息进行公开，增强透明度。因此，非营利组织的信息公开有一部分原因源自于外部的需求和压力。

从内部来看，信息公开是非营利组织的责任和义务。首先，非营利组织的资金有很大部分来自于捐赠和拨款，这一特点使得信息公开具有合理必要性——信息公开是非营利组织对资金去向和使用方式的正当性的证明，是非营利组织保证自身纯洁性的重要机制。其次，非营利组织的活动具有公益性，公益性代表着非营利组织应当面向社会，重申其不为私利的本色，问心无愧。再次，非营利组织进行信息公开也是对自身机制建设完善的过程，有利于组织更好、更稳定地发展。

(三) 非营利组织信息公开存在的问题[②]

尽管我国对于非营利组织的信息公开已经有了许多规定，但这些规定在实践中并没有得到认真贯彻。现实中，正是由于信息公开义务履行不到位，非营利组织常常陷入深重的信任危机，人们追讨非营利组织的非营利性、合法正当性的

① 刘志欣、孙莉莉、杨洪刚:《非政府组织管理研究:结构、功能与制度》，清华大学出版社 2013 年版，第 141 页。

② 刘志欣、孙莉莉、杨洪刚:《非政府组织管理研究:结构、功能与制度》，清华大学出版社 2013 年版，第 149～150 页。

同时,公益捐助资金的流向也会受到社会公众的广泛质疑。

通过对我国非营利组织信息公开制度的研究,以及在实践层面上的各项考察,可以发现我国非营利组织在信息公开方面还存在着诸多问题。具体罗列如下:

1. 核心问题在于法律机制的不健全

首先,非营利组织信息公开无法可依的窘况仍然存在。由于我国非营利事业的发展尚在深入探索阶段,国家在非营利组织信息公开方面的法律建设尚不健全,许多法律约束能力不强或不完全适用。虽然在新《慈善法》出台后,此问题得到了部分解决,但仍有许多遗留问题需要时间来慢慢消解。此外,非营利组织有法不依的情况也十分严重。早期的《社会团体登记管理条例》和《民办非企业单位登记管理暂行条例》等通知文件就对社会团体、民办非企业的信息公开提出了要求,在教育、供水、供气、供热等领域也均有信息公开的制度和要求,但这些规定在实践中却形同虚设,很难真正落实到位。

2. 缺少对信息公开程序的规范

信息公开程序是指非营利组织信息公开所依据的步骤、次序、方式和时限。非营利组织信息公开制度虽然对信息公开的方式做了大致的规定,但对具体环节例如信息公开的步骤、次序和时限等未有明确的规范。这种缺失导致了非营利组织在信息公开活动中有较大的裁量自由,常常进行选择性、策略性的信息公开。

3. 缺乏信息公开责任制度

造成非营利组织有法不依的另一个重要原因是非营利组织信息公开责任制度的缺失。早年的非营利组织管理条例中虽然对非营利组织的信息公开提出了要求,但是却没有明确违反信息公开义务时应该承担哪些责任。导致的结果是,当非营利组织违反了信息公开义务时,行政机关难以依照法律法规追究其法律责任。另一种情况是,虽然非营利组织的相关管理条例已经明确说明不履行信息公布义务或者公布虚假信息应当承担法律责任,但由于缺少信息公开责任追究程序,致使责任规定形同虚设。

4. 缺乏多元化的监督机制

非营利组织信息公开的监督来源主要包括政府监督、社会监督和自我监督。从我国情况来看,政府监督由于人力、财力等方面的原因时常未能充分发挥作用;自我监督,根据理性选择理论,公共部门也具有经济人的特征,“自干自管、自我监督”的模式很难有较大成效。此外,作为非营利组织监督的重要一环,社会监督在我国当前环境下也有待完善——网络、媒体及第三方独立组织对非营利组织信息公开状况所进行的监督缺乏专业性和连续性。可见,若要提高对非营利组织的监督效率，应当设法建立和完善多元化的监督机制。

（四）完善非营利组织信息公开制度的建议

要想完善非营利组织的信息公开制度，核心在于立法。尽管不同类型的非营利组织主体各具特点且彼此有一定差异，但在完善非营利组织信息公开制度时，仍然应当采取统一立法的路径。统一立法不但可以解决我国单行立法所产生的立法空白，还能避免为各种类型的非营利组织单独进行信息公开立法所带来的烦琐和困难。

当然，统一立法是一个较为复杂的过程，在进行非营利组织信息公开统一立法时，至少应当考虑以下要素：信息公开的主体、信息公开的对象、信息公开的程序和形式、信息公开的内容，等等。

1. 对信息公开对象进行界定

对于信息公开的对象而言，制度上应当严格对非营利组织的范围加以界定，将所有合法登记的社会团体、民办非企业（社会服务机构）、基金会及事业单位都纳入信息公开的范围，以实现法律规范的普适性和无例外性。

此外，还必须更多考虑非营利组织之间的差异性，以及各类组织自身信息的层次性。根据目前的现实情况，非营利组织有公益型组织与互益型组织的之分；信息根据性质分类，有一般信息与特殊信息。在行业协会等互益型组织中，一般信息还包括业内信息与组织内部管理信息等。因此，统一立法在进行信息公开对象设计时，应当重点关注公益型组织与一般信息的公开问题，同时对互益型组织和特殊消息的公开采取特殊规定。

2. 对信息公开程序和形式进行考量

程序规范的缺失将影响到权利的行使，相反，完备的程序规定能保障各种权利充分实现。因此，非营利组织信息公开可以建设申请制度，即由非营利组织自身、社会公众或其他利益相关者提出信息公开公示申请，然后组织按照规章进行程序化的信息公开。在申请程序方面，应当明确申请步骤、次序和时限，通过明文规定的方式保证非营利组织及时、准确地进行信息公开。此外，要重视信息公开可能引发的争议，可以规定将争议提交民政管理部门或者司法机关进行裁决。

在信息公开形式方面，应紧跟时代和科技发展的步伐，随时更新信息公开的方式，推动非营利组织的信息化建设。目前，在网络化、信息技术化趋势下，大多数非营利组织都选择在网上公开组织的信息，接受社会监督和质询。

3. 对信息公开内容进行约定

根据一项关于公众对非营利组织信息公开需求的网络调查结果，分别有79％和73％的公众希望了解非营利组织的业务活动信息、财务信息，而44％和

36%的公众则关注非营利组织的基本信息、内部管理信息。

事实上，由于组织内部存在一些特殊信息甚至行业机密信息，非营利组织不可能将所有信息公之于众。因此，信息公开内容主要是指非营利组织的一般信息，尤其是组织内部情况信息和业务活动信息，具体包括组织的年度工作报告、组织募捐活动情况及开展公益资助项目情况等内容，尤其是涉及资财收支的部分。

4. 对信息公开成效进行监督

鉴于我国一些非营利组织在信息公开时有法不依情况严重，立法时应当加强信息公开的监督制度建设。信息公开的监督包括以下两个方面：

第一，完善责任追究程序的设计。未依法履行信息公开义务的，应当明确其责任追究程序。责任追究程序应当全面包括追究程序的启动方式、追责主体、追责方式等内容。第二，健全社会公众监督机制：立法应当明确社会公众对非营利组织的信息公开进行监督的路径与方式，如通过登记管理机关、业务主管单位或者司法机关等途径开展监督活动，以此加强公众参与的积极性和合法有序性。

5. 建立信息公开的惩戒制度

第一个方面，是对不公开信息的非营利组织进行惩戒。拒绝公开信息不但不利于非营利组织检视自身问题，而且不利于非营利事业的透明化建设，可能会影响整个公益事业的公信力，因此要对不公开信息的非营利组织施以适当的惩戒。

第二个方面，对违反公开信息的真实性、时效性等原则要求的组织进行惩戒。信息公开的初衷在于使非营利组织保持纯洁性和服务性，同时保障各利益相关者对非营利组织运营状况的知情权。非营利组织若在信息公开时采取不当行为遮掩真实信息，或刻意延迟信息公示以逃避追责，也应当给予严惩。

总而言之，信息公开是非营利组织社会公信力建设的基础性前提，只有保证全方位、多层次的信息公开，将自身变为“玻璃组织”，践行组织使命、实现公众期待，非营利组织才能获得长远发展的机遇，完成自我飞跃。[①]

思考与练习

1. 什么是非营利组织的评估？非营利组织的评估有哪些方法和步骤？
2. 简述非营利组织评估的困境及其出路。
3. 若对非营利组织进行问责，需要把握哪些要点？

① 刘志欣、孙莉莉、杨洪刚：《非政府组织管理研究结构、功能与制度》，清华大学出版社 2013 年版，第 150～153 页。

4. 联系实际回答，非营利组织如何有效地进行公信力建设？

案例分析

看欧文基金会如何做工作评估①

一、总结过去在工作评估中的收获

与其他非营利组织相比，私人基金会有他者不可比拟的自由度，在追逐自身使命的同时而不受各种限制。这种自由也可能成为一种挑战，因为没有外部力量可以驱使基金会去达成结果。如同《有成果的公益》一书中写道："在公益界，'杰出'二字任凭自己所赐。"这种现实促使我们做出决定，建立一个新的工作框架——基金会工作评估框架——来帮助我们评估詹姆斯·欧文基金会(James Irvine Foundation)的工作。

二、重视工作评估框架

2003年的一项重要策略性规划使欧文基金会简化了项目关注点并创立了新的工作评估手段。在这次详细的回顾和规划后，我们更新了使命陈述，并且将原本六项关注领域减至三项。在确定了关注领域和目标后，我们将注意力放到如何测量和评估我们的工作进展上面来。我们召集了一个包括董事会成员和基金会员工的特别委员会进行这一工作，耗时数月研究了其他基金会的优秀做法。然而，我们意识到，极少数基金会有关于工作评估的详细方法，所以这成了欧文基金会为这一新兴领域开拓新鲜想法和方法的机会。

在基金会工作评估仍处于萌芽阶段的情况下，我们推出的"工作评估框架"对六个方面进行关注——前三个聚焦我们的项目工作，后三个则将视野放大到机构范围。包括：我们项目领域的背景是什么？我们向项目目标做出了什么样的进展？我们的项目工作经验如何有助于改善我们的工作手段？基金会如何在这一领域践行它的领导功能？关键的利益相关方如何看待我们，他们的看法如何影响着我们的工作？我们如何对财政健康和组织有效性进行测量？

三、重视评估的演变、调整与改进

我们的工作评估框架从采用来自董事会的反馈演变至创建和采用年度工作报告，其中最重要的一项演变是改变议题的次序和重要程度。评估框架最开始主要回顾报告年的新增拨款，但后来我们重新进行调整，将关注重点转到对在此之前所拨出款项的进展和结果上面来。我们将每年拨出款项的汇总以附件的形式放在年度工作报告末尾，但我们更倾向于用季度报表的方式提醒董事会成员

① 本文作者系欧文基金会主席詹姆斯·卡纳雷斯等。欧文基金会成立于1937年，致力于为加利福尼亚州的百姓提供改变的机会、谋求利益。欧文基金会(The James Irvine Foundation)官方网站：https://www.irvine.org/。

最近所做的款项批准。

创立工作评估框架的重要之处在于将基金会的工作以整体对待，而不是零散的各部分。正是这种全局性的审核才促使我们做出这份按话题进行的报告，而不是按一个个的项目。

四、确定评估报告的读者

长久以来，我们一直思寻着我们工作评估报告的阅读对象。我们年度工作报告的主要读者应是基金会的董事会成员。这份报告是每年我们与董事会进行深度探讨时所递上的基础衡量物之一。在评估框架几经演变，并且参考了董事会的意见后，我们又确定了另外的三方读者。

我们的员工，尤其是项目员工，是评估报告下一位重要的读者，他们能够从评估过程和结果中有所收获。年度工作报告实际上是一项对我们持续性策略制定和修改过程的定期检查，我们对工作的评估能够将项目员工凝聚至目标和成果上面来。我们发现工作评估的不足之处通常都是我们工作策略需要修改和精心设计的部分。撰写年度工作报告的过程也帮助我们发现现有的进展对将来的工作有何种预示作用。

在这两组内部读者之外，我们认为对年度工作报告的分析，有助于我们的受助方和其他资助方理解我们如何定义该项工作的成功。一段时间过后，我们更认为这种理解能够促进各方对于共同目标的迈进。

公众则作为我们的第四组读者。我们在面对公众年报中加入了更多的工作评估信息，并使其方便地被公众获取，希望能以此方式帮助公众更好地理解公益在社会中的角色。

（来源：腾讯网。看国际基金会如何做工作评估[EB/OL]. http://gongyi.qq.com/a/20130227/000010_all.htm）

思考题：

1. 欧文基金会的评估模式有什么特点？
2. 欧文基金会的评估经验能给我们什么样的启发？
3. 非营利组织为什么要重视评估？
4. 结合欧文基金会的案例谈谈非营利组织如何更好地进行评估？

参考文献

[1] 蔡瑞林,陈万明,陆玉梅.基于社会责任的非营利组织问责研究[J].天津行政学院学报,2015(3):18~22.

[2] 车峰.非营利组织管理[M].北京:中央民族大学出版社,2015.

[3] 崔向华,张婷.非营利组织管理导引与案例[M].北京:中国人民大学出版社,2013.

[4] 德鲁克.社会的管理[M].上海:上海财经大学出版社,2003.

[5] 丁莎莎.我国非营利组织筹资绩效评价指标体系研究[D].青岛:中国海洋大学,2010.

[6] 董文琪.非营利组织的持续性发展与领导力培育[J].理论与改革,2005(1):116~119.

[7] 傅金鹏.我国非营利组织提供公共服务的问责逻辑[D].上海:复旦大学,2012.

[8] 胡家瑛.柯氏评估模型在新员工培训评估中的运用[J].国网技术学院学报,2016,19(1):52~57.

[9] 康晓光.非营利组织管理[M].北京:中国人民大学出版社,2011.

[10] 李政辉.论非营利组织理事义务的标准选择[J].福建江夏学院学报,2015(3):31~42.

[11] 林明源.台湾非营利组织领导行为与组织绩效之关系研究[D].长沙:中南大学,2006.

[12] 林修果.非政府组织管理[M].武汉:武汉大学出版社,2010.

[13] 刘清.论非政府组织(NGO)的资金筹集机制[D].北京:中国政法大学,2005.

[14] 刘婷.社会组织在推进国家治理现代化中的角色定位研究[D].郑州:河南大学,2015.

[15] 刘雪影.服务型领导的理论与实践[M].成都:电子科技大学出版社,2010.

[16] 刘志欣,孙莉莉,杨洪刚.非营利组织管理:结构功能与制度[M].北京:清华大学出版社,2013.

[17] 马仁杰，王荣科，左雪梅. 管理学原理[M]. 北京：人民邮电出版社，2013
[18] 马瑞民，肖立中. 战略管理工具与案例[M]. 北京：机械工业出版社，2009.
[19] 苗青. 社会企业：链接商业与公益 [M]. 杭州：浙江大学出版社，2014.
[20] 宋斐然. 我国 NGO 志愿者激励问题研究[D]. 济南：山东财经大学，2013.
[21] 汤臻茹. 中国 NGO 人力资源管理研究述评[J]. 中国人力资源开发，2015(17)：6～13.
[22] 王名. 非营利组织管理概论[M]. 北京：中国人民大学出版社，2010.
[23] 王向南. 中国非营利组织发展的制度设计研究[D]. 长春：东北师范大学，2014.
[24] 王智慧. 非营利组织管理[M]. 北京：北京大学出版社，2012.
[25] 吴玉霞. 公共服务链：一个政府购买服务的分析框架[J]. 经济社会体制比较，2014(5)：141～147.
[26] 项显生. 论政府购买公共服务的基本原则[J]. 中共福建省委党校学报，2014(2)：37～44.
[27] 徐莹. 当代国际政治中的非政府组织[M]. 北京：当代世界出版社，2006.
[28] 姚裕群. 职业生涯与管理[M]. 长沙：湖南师范大学出版社，2007.
[29] 叶常林，杨丽华. 应用于非营利组织平衡计分卡模型分析[J]. 现代管理科学，2006(4)：85～87.
[30] 于常有. 非营利组织问责：概念、体系及其限度[J]. 中国行政管理，2011(4)：45～49.
[31] 张明. 非营利组织的治理机制研究[D]. 广州：暨南大学，2008.
[32] 张鸣旭. 我国非营利组织志愿者现状研究[J]. 管理观察，2016(24)：55～58.
[33] 张冉. 非营利组织管理[M]. 北京：北京大学出版社，2014.
[34] 张瑜. 中国非营利组织领导力问题研究[D]. 北京：首都经济贸易大学，2013.
[35] 张远凤. 社会创业与管理[M]. 武汉：武汉大学出版社，2012.
[36] 周恩毅，非营利组织管理概论[M]. 西安：西北工业大学出版社，2014.
[37] 周慧. 我国非营利组织营销的困境与对策[D]. 重庆：西南政法大学，2009.

后　记

20世纪八九十年代以来，随着现代社会问题的不断涌现，政府失灵和市场失灵的弊端日益显现，非营利组织作为政府和市场界限之外的社会力量，以专注于解决社会问题与实现社会公益目标的特征使得它们的社会影响力日益增强。同时，为呼应善治社会的前瞻性理念，我国在过去十年间越来越重视扶持与培育非营利组织，为构建多元共治的社会公共治理新格局而努力，使得非营利组织进入一个空前的发展期。为适应现实与理论的探索需要，编者及团队共同思考和写作《非营利组织管理》一书。本书采用系统分析方法，描绘现代非营利组织的发展路径与未来走向，致力于为新时期我国非营利组织的存在、运作及成长的各个阶段提供借鉴并引导必要的反思。

本书以理论介绍为主线，辅助案例分析和问题引导，可以帮助读者通过理论联系实际加深对非营利组织管理的理解。本书一共分为七个章节。第一章为全书知识体系的导入部分，主要解读各国非营利组织的产生背景，非营利组织的定义与属性，非营利组织在各国现代化背景中如何存在与发展，以及我国非营利组织的现状与特点；第二章描述非营利组织如何在现代化浪潮中实现领导、战略管理与战略规划；第三章分析非营利组织的人力资源管理及具体实现方式，重点介绍非营利组织志愿者管理的步骤和方式；第四章从营销管理、筹款管理、项目管理三个角度阐述非营利组织的日常活动，各个部分都进行了适度的深入拓展研究；第五章在将非营利组织与营利单位（企业）相对比的前提下，从财务和税务两个角度对非营利组织的财务活动和资金业务进行分析，总结出相应的特点与要点；第六章以政府购买公共服务的模式作为起点，探索其理论、实践与现实；第七章聚焦于非营利组织的评估与问责问题，主要从方法论层面对此二者进行分析并提出规范建议，以促进非营利组织的公信力建设与组织的长效发展。

回顾整个书稿编写过程，编者及团队成员为本书的材料收集和编撰做出了巨大贡献——按照章节分工如下：第一章唐雅莉、邓勇新；第二章与第三章王硕；第四章唐雅莉；第五章陈绅；第六章邓勇新；第七章陈绅、刘蕾；刘蕾及陈绅共同完成书目的统稿和校对工作。

本书为国家教育科学规划基金项目“基于大学生公益创业能力提升的社会支持体系研究”（项目编号：CIA150190）和2017年度江苏省学校共青团研究课

题(项目编号:ZL2017003)的研究成果。本书在编写过程中,借鉴了国内外相关研究理论,汲取了其他学者的研究经验,不一一列出,再次一并致谢。

未来十年,非营利组织在我国的发展依然将处于黄金时期,我们完全有理由相信,非营利事业在我国的土壤上能够盛开出足够灿烂的花朵。念念不忘,必有回响,不忘初心,方得始终。也正因如此,我国非营利组织的相关政策法规、理论与实践还将不断变更革新;加之编者能力限制,许多问题难免有所疏漏,欢迎并感谢来自各方面的批评和建议。

作者谨识

2017 年 6 月